Inteligência e Investigação Criminal em Fontes Abertas

Alesandro Gonçalves Barreto
Emerson Wendt

Inteligência e Investigação Criminal em Fontes Abertas

4ª edição

BRASPORT
Rio de Janeiro
2024

1ª edição: 2013
Reimpressão: 2014
2ª edição: 2017
Reimpressões: 2017, 2018, 2019
3ª edição: 2020
Reimpressões: 2021, 2022, 2023
4ª edição: 2024

Editor: Sergio Martins de Oliveira
Gerente de Produção Editorial: Marina dos Anjos Martins de Oliveira
Editoração Eletrônica: Abreu's System
Capa: Use Design

Dados Internacionais de Catalogação na Publicação (CIP)
(Câmara Brasileira do Livro, SP, Brasil)

Barreto, Alesandro Gonçalves
Inteligência e investigação criminal em fontes abertas / Alesandro Gonçalves Barreto, Emerson Wendt. – 4. ed. – Rio de Janeiro : Brasport Livros e Multimídia, 2024.

Bibliografia.
ISBN 978-65-6096-014-5

1. Direito processual penal – Brasil 2. Inteligência 3. Investigação criminal 4. Proteção de dados – Leis e legislação I. Wendt, Emerson. II. Título.

24-203714 CDU-343.1(81)

Índices para catálogo sistemático:

1. Brasil : Investigação criminal : Direito processual penal 343.1(81)

Eliane de Freitas Leite – Bibliotecária – CRB 8/8415

MISTO
Papel | Apoiando o manejo florestal responsável
FSC® C111076
FSC www.fsc.org

BRASPORT Livros e Multimídia Ltda.
Rua Washington Luís, 9, sobreloja – Centro
20230-900 Rio de Janeiro-RJ
Tel./Fax: (21)2568.1415
e-mails: marketing@brasport.com.br
vendas@brasport.com.br
editorial@brasport.com.br
www.brasport.com.br

Agradecimentos

Agradeço, primeiramente, ao meu amado DEUS, pela graça de expressar pensamentos e compartilhar conhecimentos através desta obra e ainda pelas pessoas excepcionais que o senhor colocou no meu caminho.

À minha amada esposa Vanubia pelo amor, companheirismo e paixão. Sou eternamente grato por ter você todos os dias ao meu lado.

Às minhas filhas Karolinne e Camila, maiores bênçãos da minha vida. À minha saudosa mãe que partiu tão nova, mas nos deixou um legado de amor que continua até hoje iluminando nossas vidas.

Ao meu pai Francisco e aos irmãos Givago, Anuscka e Rafaella.

A todos aqueles que têm contribuído na minha carreira, amigos de OSINT, Cyber e, em especial, a todos os delegados de polícia, agentes, escrivães, investigadores e peritos.

Aos amigos do Ministério Público e do Poder Judiciário.

À Polícia Civil do Piauí. Que estas páginas sirvam como uma homenagem a vocês, heróis anônimos, cujo compromisso inabalável e cujo sacrifício pessoal são fundamentais para a preservação da paz e segurança no nosso Estado.

Aos amigos do Laboratório de Operações Cibernéticas – CIBERLAB e das Delegacias de Repressão aos Crimes Informáticos. Vocês são nossos guardiões dos bits e bytes que trabalham de maneira incansável na infinidade da internet em busca da justiça digital.

Aos amigos João Leonardo e Mardem que perderam suas vidas durante a COVID-19. Suas contribuições para o mundo cyber nunca serão esquecidas.

"A gratidão é a virtude das almas nobres." – Esopo

Alesandro Gonçalves Barreto

Agradecimentos nunca são os mais justos, pois inúmeras pessoas os merecem.

No entanto, a gratidão é válida e fundamental quando destinada aos meus pais, Nilo e Neli (*in memoriam*). São pessoas que me orientaram e tiveram empenho na minha educação, orientação e, efusivamente e com entusiasmo, foram a mola condutora e formadora de um caráter voltado ao certo e justo.

À minha parceira de caminhada, Valquiria Wendt. Sem teu apoio e incentivo muitas das coisas que faço não teriam ocorrido e não seriam possíveis. Também preciso citar os meus filhos queridos, Luiz Augusto Wendt e Anna Vitória Wendt, por estarem sempre presentes ante a minha ausência em vários momentos e, mesmo assim, sempre são capazes de direta ou indiretamente incentivarem a caminhada escolhida. Sinto tanto orgulho de vocês!

Às Polícias Civis de todo o Brasil. PCRS, escolheste a mim e me enamorei de ti, sentindo orgulho de pertencer aos teus quadros e de batalhar, todos os dias, em prol da segurança pública, em especial a dos gaúchos, do povo do Rio Grande do Sul, que foi e é berço de todo o meu conhecimento de investigação criminal e inteligência policial.

A todos os colegas policiais civis e federais do Brasil, aos profissionais da área de Tecnologia da Informação, de Segurança da Informação e de Inteligência Policial, que muito têm colaborado para aumentar a sensação de segurança no Brasil por meio de modernas técnicas de investigação criminal qualificada.

Aos meus colegas de Mestrado e Doutorado em Direito pela Universidade La Salle Canoas. Em especial, à minha orientadora acadêmica, Profª Drª Renata Almeida da Costa, pelos ensinamentos e críticas. Enfim, à academia, seja do Direito, seja da área Policial, por sempre me desafiar.

Emerson Wendt

PREFÁCIO DA EDIÇÃO DE 2024

Envaidecida e honrada pela agradável incumbência de prefaciar a 4ª edição da obra "Inteligência e Investigação Criminal em Fontes Abertas", de autoria dos estimados Doutores Alesandro Gonçalves Barreto e Emerson Wendt, já deixo consignado desde logo que o livro se constitui em um verdadeiro 'divisor de águas' na esfera da atividade policial investigativa, porquanto de maneira didática e ao mesmo tempo rigorosamente técnica traz subsídios, nos aspectos teóricos e práticos, para a consecução das atividades policiais de inteligência e investigação mediante o uso de um dos mais importantes meios de obtenção de prova, que se tornou, no mundo moderno, indispensável para a apuração e repressão da criminalidade.

Vem esta obra a público em momento no qual a tecnologia tem evoluído de modo extremamente rápido e, por consequência, gerando impacto em vários setores da sociedade, notadamente no mundo jurídico.

Na estrutura da obra observamos temas essenciais para profissionais que atuam na área jurídica, apresentando-se o assunto em quinze capítulos.

Na primeira parte, com rotineira maestria, são expostos conceitos primordiais sobre inteligência digital, abrindo caminho para a devida compreensão dos demais tópicos.

Os autores explicam, com rara profundidade, os conceitos de inteligência digital e de crime digital, conceituando em seguida as denominadas fontes de coletas de provas – aberta e fechada.

Depois, na segunda parte, superada a definição do tema central, os dignos autores discorrem com erudição sobre os permissivos legais, indicando estudo de casos, pontualmente sobre "fake news" e a utilização de fontes abertas nas investigações. Como se não bastasse, tratam do uso de fontes abertas no contexto dos 'Jogos Olímpicos e Paralímpicos Rio 2016', impondo a antecipação de fatos e assegurando a devida estrutura de segurança durante eventos de tais proporções, realizados pela primeira vez na América do Sul.

Apontam ainda, numa terceira parte, mais extensa e sabidamente técnica, os 'sites' de fontes abertas importantes, devidamente enumeradas – precisamente, nos capítulos 7 e 8, ferramentas de utilidade ímpar para pesquisa e localização de pessoas na web; para pesquisa e acompanhamento de informações sobre transporte aéreo, terrestre e marítimo no Brasil e no mundo; para pesquisa de endereços, rotas e mapas; além de pesquisa de acesso a 'sites' governamentais, entre outras.

Prosseguindo, os autores ressaltam com maestria e profundidade, com certeza fruto da experiência, os aspectos operacionais de maior relevo na pesquisa OSINT (Open Source Intelligence), voltada para a análise de dados abertos como redes sociais e metadados, e para investigação patrimonial. Ressaltam a importância da utilização válida das evidências colhidas identificadas nas fontes abertas, assim garantindo a validade da prova.

A obra discorre com erudição, entre outros tantos, sobre os 'sites' governamentais e de dados públicos que permitem pesquisa e acessos, possibilitando a consulta sobre municípios e respectivos portais de transparência, inclusive para a obtenção de certidões e dados pessoais como CPF e RG, inclusive.

Chama a atenção, finalmente, a preocupação os autores sobre a "validade jurídica das evidências digitais colhidas na web", pois as referidas evidências, acostadas em procedimentos administrativos, policiais e/ou processos criminais importam na juridicidade da prova, e por consequência, na busca da verdade dentro do contexto probatório. Trata-se de tema valioso para os agentes da lei na busca da verdade dos fatos narrados como criminosos, por exemplo.

No mundo líquido da informação em que vivemos, impondo-se a permanente conduta de melhor conhecer para melhor agir, o enfrentamento da criminalidade e a sua prevenção se mostrarão muito mais eficientes quando, em nítida atividade de inteligência da informação, os paradigmas clássicos da investigação criminal forem superados por uma adequada utilização de mecanismos de obtenção de provas em fontes abertas.

Assim, o exímio trabalho será de grande utilidade não somente para a Polícia Civil, mas também para os demais profissionais da área jurídica e acadêmicos interessados na elucidação das matérias aqui objeto de estudo. Por isso que estou certa de que a leitura atenta e o estudo dos textos aqui trazidos à lume enriquecerão, sem qualquer dúvida, a nobre atividade da Polícia Judiciária.

Ivana David
Desembargadora

PREFÁCIO DA EDIÇÃO DE 2020

Com muita alegria recebi o convite para prefaciar a obra **Inteligência e Investigação Criminal em Fontes Abertas**, que já se encontra em sua terceira edição, demonstrando o grande interesse despertado pelo tema, sobretudo a partir da grande revolução tecnológica pela qual passamos nas últimas décadas.

E maior a alegria em razão dos autores, Alesandro Gonçalves Barreto e Emerson Wendt, serem colegas de profissão, ambos Delegados de Polícia Civil, com larga experiência, seja profissional ou acadêmica, vencendo a árdua tarefa de conciliar as duas com maestria ao longo de suas carreiras.

Aqui merece destaque a importância em conciliar as carreiras profissional e acadêmica, uma vez que o conhecimento puramente acadêmico, por si, muitas vezes carece da experiência de quem viveu os problemas na prática e testou suas soluções.

Tratando da obra, os autores apresentam o tema dividido em sete capítulos. No primeiro, são firmados os conceitos introdutórios e basilares para a compreensão dos capítulos seguintes, notadamente a ideia de "inteligência digital", as fontes e sua classificação.

Partindo da classificação das fontes – abertas ou fechadas – os autores aprofundam no Capítulo 2 a relação entre crime e fontes abertas. Evidenciam, portanto, a crescente relação entre a explosão das mídias sociais e aplicativos de mensageria e o aumento da apropriação de suas informações por criminosos. Hoje, a partir de diversas mídias sociais, é possível traçar um perfil bastante fidedigno de possíveis "alvos" desses criminosos.

No Capítulo 3 os autores tratam do histórico da Internet e a importância dela para a atualidade, notadamente, trazer ao leitor o conhecimento de como acessar as fontes abertas na web, os principais sistemas de busca existentes, seu funcionamento e as ferramentas que auxiliam nesse processo, com o objetivo de racionalizar e agregar valor a essas pesquisas.

Encerradas essas noções gerais e aplicações práticas, os autores passam a tratar de questões reais, como o Capítulo 4, em que tratam da utilização de fontes abertas para os jogos Olímpicos e Paralímpicos do Rio 2016, destacando a antecipação de fatos, com a finalidade de conhecer para planejar e antecipar possíveis ameaças à segurança dos eventos esportivos.

A atualidade das fake news, tema recorrente sobretudo em matéria eleitoral, é tratada no Capítulo 5, que aborda sua relação com as fontes abertas, indicando diversas ações de fact checking como ferramenta de verificação dos fatos.

Um extenso capítulo aborda os sites de fontes abertas úteis e indicados (Capítulo 6), que são ferramentas de grande utilidade para, por exemplo, pesquisa e localização de pessoas na web, nas redes sociais, por profissão e cadastros em geral; obtenção de imagens na web e verificação de suas propriedades adequadamente; pesquisa e monitoramento de redes sociais e páginas na web; pesquisa e acompanhamento de informações sobre transportes aéreos, terrestres e marítimos, no Brasil e no mundo; pesquisa de endereços, mapas e rotas; pesquisa sobre veículos, multas, carteira nacional de habilitação e gravame de veículos; pesquisas e informações sobre usuários e dados de telefonia fixa e móvel; pesquisa e acessos a sites governamentais.

O sétimo e último capítulo é dedicado à validade jurídica das evidências digitais colhidas na web, que coroa o trabalho tratando da forma de utilização válida dessas evidências colhidas identificadas em fontes abertas. Encerra-se, portanto, o ciclo de pesquisa de dados, sua identificação na construção de respostas e a apresentação de seus resultados em instrumentos oficiais. As evidências digitais e sua apresentação materializam o resultado do trabalho de pesquisa.

Por fim, como bem advertiram os autores, a proposta do livro não é ensinar estratégias de investigação criminal em fontes abertas, mas criar condições para a obtenção de conhecimentos básicos e então desenvolver as habilidades necessárias ao serviço profissional da área de segurança pública. A curiosidade do investigador e sua perspicácia na utilização dessas ferramentas disponíveis na web farão com que tenha sucesso em seu trabalho.

Assim, mais que um manual, o livro tem o condão de despertar a curiosidade do leitor a se aprofundar no tema e avançar nesse vasto mundo das fontes abertas em tudo o que ele pode oferecer para a produção de conhecimento.

Uma boa leitura a todos.

Márcio Anselmo
Márcio Anselmo é Doutor em Direito pela USP/SP e Delegado de Polícia Federal, atualmente ocupando o cargo de Coordenador-Geral de Repressão à Corrupção e Lavagem de Dinheiro. Professor de Direito Processual de Polícia Judiciária e Lavagem de Dinheiro na Academia Nacional de Polícia. Autor de diversos livros e artigos publicados.

Prefácio da edição de 2017

O mundo atual é permeado de complexidades derivadas de vários fatores, dentre os quais a globalização; a mudança do modo de produção focado na industrialização (comumente denominado por alguns como "Era da Informação"); os fenômenos criminosos de grandes amplitudes, como o crime organizado; o terrorismo e os crimes praticados no ciberespaço. Esses fatores geram um grande desafio para os estados democráticos, em especial para a área de segurança pública, haja vista as dificuldades de regulamentação, a transparência, a internacionalização do seu enfrentamento e a agilidade da mudança da tecnologia.

O mundo virtual, a vida virtual e a necessidade de estar conectado em tempo real em todos os momentos são, cada vez mais, uma constante na sociedade atual. Antigos paradigmas, princípios e valores, como a intimidade e a vida privada, que antes desfrutavam de uma aceitação unânime dentro da sociedade, não possuem ressonância nas novas gerações. Os momentos privados cotidianos são retratados nas redes sociais como se fossem parte de uma vida social virtual. Relações e vínculos sociais são criados e desenvolvidos neste mundo. O Estado, as legislações e a lentidão do mundo jurídico não acompanham a velocidade dessas mudanças e desses fenômenos.

Conhecer a forma com que os criminosos podem desenvolver seus planejamentos e executar suas ações, aproveitando-se da falta de conhecimento das pessoas, dos constantes avanços tecnológicos e da lentidão das ações estatais de regulamentação do mundo virtual, torna-se uma necessidade primordial para a sociedade e para a segurança pública.

A Inteligência de Segurança Pública (ISP), como órgão, método e processo de assessoria no enfrentamento especializado desse fenômeno, vem realizando esforços no sentido de estar no estado da arte do conhecimento e assessorar adequadamente no nível estratégico e operacional. Na vanguarda desse assessoramento, os amigos, delegados Alesandro Barreto e Emerson Wendt, contribuem com uma produção literária vasta e inovadora, sem desprezar os aspectos da prática operacional e do assessoramento às investigações complexas.

Tive o prazer de conhecê-los e compartilhar de perto o nascedouro do desenvolvimento dessas expertises em meados do ano de 2005, na primeira edição do Curso de Inteligência de Segurança Pública do Estado de Pernambuco, momento de grande debate sobre a doutrina da ISP e de conhecimento de novos saberes, como a disciplina Crimes Cibernéticos, ministrada no referido curso. Ambos possuem carreiras de destaque no âmbito dos seus estados e no país. Além disso, são verdadeiros entusiastas da ISP, grandes formadores de uma cultura de inteligência e de sua evolução no país.

Esta obra é inovadora desde a sua concepção e atualizada com vistas a acompanhar a velocidade do desenvolvimento deste mundo, ainda não completamente exaurido e compreendido pelas polícias, pelos operadores do direito e pela sociedade. Descortinar os mecanismos de utilização, produzir doutrina a fim de colaborar com o entendimento do mundo jurídico e contribuir com as policiais judiciárias e ISP, dentre outras, são colaborações essenciais desta obra.

Nos Estados Unidos, uma das recomendações do relatório da Comissão Nacional, criada em 2002 com o intuito de se debruçar nas falhas que resultaram no ataque terrorista em Nova Iorque, em 11 de setembro de 2001, foi a criação de uma agência de acompanhamento de fontes abertas.

Navegar nesse ambiente operacional é essencial para a ISP. Buscar o dado, verificar sua credibilidade, consultar outras fontes, verificar se a fonte é realmente fonte ou canal de transmissão.

Enfim, a metodologia de produção de conhecimento passou a receber uma grande quantidade de dados oriundos das fontes abertas, tendo em vista que, na atualidade, praticamente todos os dados, bem como o conhecimento, são gerados no formato digital.

Vale salientar que na seara da segurança pública, em que os nossos alvos frequentemente utilizam-se da violência para se eximir da justiça, a utilização das fontes abertas para a obtenção de dados torna as nossas ações mais rápidas, obedecendo ao Princípio da Simplicidade, conseguindo o dado de forma mais simples, fácil e segura.

Um grande marco das fontes abertas em nosso país é sua utilização nos grandes eventos. Com a coordenação do Delegado Alesandro, acrescentamos ao planejamento de inteligência de segurança pública para os Jogos Olímpicos um núcleo de fontes abertas como um dos pilares da antecipação de fatos, com a finalidade de conhecer para planejar e antecipar possíveis ameaças à segurança dos jogos.

Com certeza, haja vista o dinamismo do mundo virtual, a presente edição é apenas a primeira de muitas. O surgimento de novos elementos, bem como a adaptação dos antigos conceitos das técnicas de operações de inteligência, deverá ser alcançado, como, por exemplo, a análise de vínculos virtuais, cobertura virtual, recrutamento e vigilância virtual. Esperamos ansiosos as futuras atualizações deste trio brilhante de profissionais da Inteligência Policial Judiciária.

Com muita honra recebi o convite de prefaciar uma obra tão inovadora de três grandes profissionais da Segurança Pública e de amigos de longa data. Tenho a certeza de que o leitor terá o mesmo prazer que eu tive em assimilar os conhecimentos vanguardistas descritos na presente obra e indispensáveis à ISP e à investigação policial nos tempos atuais.

Romano Costa
Delegado de Polícia Coordenador Geral de Inteligência – DINT/SESGE/MJ

PREFÁCIO DA EDIÇÃO DE 2013

Na sociedade do conhecimento, tratar de "Inteligência Digital" é estar aberto para outras tantas formas de inteligência, a exemplo das resultantes das pesquisas realizadas por Howard Gardner, desde a década de 1980, e muito claramente explicada em suas obras, denominada e conhecida por Teoria das Inteligências Múltiplas. Entre estas, para o tema proposto pelos autores, em se tratando de alcance prático, a interface se manifesta "Inteligência Lógico-Matemática", presente nos cientistas, programadores de computadores, contadores, advogados, banqueiros e matemáticos (cf. LURIA, 1981, p. 25).

Pensar em "Inteligência Digital" é recorrer à ideia da tessitura do conhecimento em mídias e redes, buscando sistematicamente viver e vivenciar o fenômeno da cibernética, o que implica em estar aberto para o bem ou para o mal (cf. MAFFESOLI, 1998). Na verdade, o tema "Inteligência Digital", enquanto pertença da Sociedade do Conhecimento, não se distancia do pensamento de Lenin (1975), quando afirma: "O conhecimento é o processo pelo qual o pensamento se aproxima infinita e eternamente do objeto". Já o autor sagrado assim se reporta: "Em Deus se encontram a sabedoria, o conhecimento e a ciência da lei" (Eclesiástico 11, 15).

Por outro lado, pensar em "Inteligência Digital", a exemplo dos autores, é contribuir com a "Comunidade Digital", auxiliando seus integrantes com a apresentação organizada de dados sobre o assunto, com vistas a oferecer subsídios conceituais, com base em fontes abertas, apropriados à prática da atividade de inteligência e do ciclo de produção do conhecimento, nos seus diferentes níveis de atuação: estratégico ou tático.

Muito me alegra a sutileza dos autores – Alesandro Gonçalves Barreto e Emerson Wendt – ao falarem da pretensão que têm com o lançamento deste livro, qual seja:

"criar condições para que o leitor obtenha conhecimentos básicos e possa exercitar algumas habilidades necessárias ao serviço profissional da área de segurança pública, em colaboração com a Inteligência de Segurança Pública e a Investigação Policial".

Se esta é a lógica que conduz a linha de pensamento de ambos, creio que esta também seja a lógica a motivar o leitor a ler e, com habilidade e profissionalismo, recorrer a esta valorosa fonte de informações sobre a "Inteligência Digital", pois, quando bem aplicadas, estão sendo valorizadas e ampliando espaço para o surgimento de novos e significativos instrumentos legais, o que implicará em avanços e fidelidade às tendências tecnológicas do século XXI, cujos estudos costumam sinalizar a "formação profissional continuada" como forma de assegurar ao Brasil e ao povo brasileiro a real significância da Inteligência Digital Institucionalizada, por sua vez movida pela "força invisível" da Internet e da rede mundial de computadores (world wide web – www).

André Fagundes Mendes
Delegado de Polícia Civil de Rondônia e Coordenador-Geral de Inteligência da Secretaria Nacional de Segurança Pública

Apresentação

A obra que apresentamos aos leitores tem um conteúdo inovador e foi um trabalho que tem se aprimorado com o passar do tempo [10 anos!]. O conteúdo inicial do livro "Inteligência Digital" (primeira edição) foi transformado em "Investigação Digital em Fontes Abertas" (segunda edição), voltando-se, a partir da terceira edição, a ampliar a possibilidade de leitura e o uso das ferramentas propostas e destacadas, especialmente voltadas às áreas de Inteligência e de Investigação Criminal. Por isso, o nome "Inteligência e Investigação Criminal em Fontes Abertas", mantido agora na 4ª edição, foi dado pelos autores, que repetem o anseio da primeira edição e tendem a se manter fiéis ao projeto original.

O tema evoluiu e a experiência nos permitiu a ver que as complexidades do dia a dia do analista e/ou investigador podem ser canalizadas e, em face disso, haver o aperfeiçoamento sempre no intuito de auxiliar, de dar caminhos mais curtos às perguntas feitas por analistas de inteligência e/ou investigadores. Assim, as ideias aqui expostas permitem aos policiais encontrar pessoas, objetos, locais e endereços na rede mundial de computadores, dentre outras peculiaridades tecnológicas.

Portanto, este livro sempre teve – e continua tendo – o objetivo de fazer com que o leitor encontre dados que podem auxiliá-lo nos processos de execução de qualquer investigação moderna, em especial a criminal, além de permitir a produção de conhecimentos para os profissionais de Inteligência de Segurança Pública, em especial a Inteligência Policial Judiciária. Também pode servir a outros usuários, como jornalistas, profissionais de TI e estudiosos da Internet e de suas relações com outras áreas, culturais, sociais e jurídicas.

Tal qual a primeira edição, não fugimos dos aspectos conceituais, embora este não seja o principal direcionamento da obra. Não incluímos todas as ferramentas e debates possíveis, mesmo porque na Internet eles estão em constante evolução, porém deixamos um caminho para que o leitor possa ser perspicaz e evoluir consigo mesmo e com as experiências alcançadas. Não pretendemos esgotar o assunto, mesmo porque hodiernamente isso é impossível [dada a evolução da Internet]. No entanto, nesta edição elencamos alguns tópicos extremamente importantes, quais sejam, uso das fontes abertas e sua relação com grandes eventos (o exemplo das Olímpiadas no Brasil) e com as fake news.

Assim, a mesma advertência feita no original "Inteligência Digital" permanece: a proposta deste livro não é ensinar ao leitor todas as estratégias de investigação criminal em fontes abertas, especialmente as fontes digitais, mas criar condições para que ele obtenha conhecimentos básicos e exercite algumas habilidades necessárias ao serviço profissional da área de segurança pública, em colaboração à Investigação Criminal e, quiçá, à Inteligência de Segurança Pública.

Assim, a curiosidade do investigador e sua perspicácia na utilização das ferramentas disponíveis na web farão com que tenha sucesso em seu trabalho.

Boa leitura!
Os autores

Sobre os autores

Alesandro Gonçalves Barreto

Alesandro Gonçalves Barreto é Delegado de Polícia Civil do estado do Piauí. Graduação em Direito pela Universidade Regional do Cariri, Especialização em Ciências Criminais pela Universidade Federal do Piauí e Mestrado em Cibersegurança e Continuidade do Negócio pela Universidade Católica de Múrcia – Espanha. Foi Diretor da Unidade do Subsistema de Inteligência da Secretaria de Segurança Pública do Estado do Piauí de 2005 até 2016. Integrou o Grupo de Trabalho revisor da Doutrina Nacional de Inteligência de Segurança Pública. Professor de Cursos de Inteligência Cibernética pela SENASP – Secretaria Nacional de Segurança Pública – e SEOPI – Secretaria de Operações Integradas.). Gestor do NUFA – Núcleo de Fontes Abertas – da Secretaria Extraordinária para Segurança de Grandes Eventos do Ministério da Justiça durante os Jogos Olímpicos e Paralímpicos Rio 2016. Coordenador Geral de Contrainteligência da Diretoria de Inteligência da DINT/SENASP (17/18) e Coordenador-Geral Substituto da Polícia Judiciária e Perícia da Diretoria da Força Nacional de Segurança Pública da Secretaria Nacional de Segurança Pública. Coordenador do Laboratório de Operações Cibernéticas da Secretaria de Operações Integradas do Ministério da Justiça e Segurança Pública. Autor do e-book "Cybercards" e coautor dos livros "Manual de Investigação Cibernética", "Deep Web", "Vingança Digital", "Cibercrimes e seus Reflexos no Direito Brasileiro", "É bom demais para ser verdade", "Conectado e Inseguro – Comportamentos que você deveria evitar na internet", "Crônicas de um Investigador Seguro".

Emerson Wendt

Delegado da Polícia Civil do Rio Grande do Sul. Formado em Direito pela Faculdade de Direito da Universidade Federal de Santa Maria e Pós-graduado em Direito pela URI-Frederico Westphalen. Mestre e Doutor em Direito pelo Universidade La Salle Canoas-RS.

Ex-Chefe da Polícia Civil do Rio Grande do Sul, tendo sido também Diretor do Departamento Estadual de Investigações do Narcotráfico e Diretor do Gabinete de Inteligência e Assuntos Estratégicos, ambos da Polícia Civil gaúcha. É membro e foi Presidente do Conselho Superior de Polícia da Polícia Civil do Rio Grande do Sul. Em 2019, foi Diretor do Departamento de Inteligência de Segurança Pública da Secretaria de Segurança Pública do Estado do Rio Grande do Sul. Em 2021 foi Secretário Municipal de Segurança Pública de Canoas-RS.

Professor da Academia de Polícia Civil nos cursos de formação nas cadeiras de Inteligência Policial e Investigação Criminal, além de docente no Curso de Pós-Graduação em Gestão da Investigação Criminal da Polícia Civil gaúcha. Também, é/foi professor dos cursos de pós-graduação e/ou extensão do Senac-RS (Passo Fundo), IDC (Porto Alegre), Verbo Jurídico (Porto Alegre), UNIRITTER (Canoas e Porto Alegre), EPD (São Paulo, SP), IMED (Passo Fundo e Porto Alegre), ESMAFE/RS (Porto Alegre), UNITOLEDO (Porto Alegre), Unifacs (Salvador, BA) e Uninorte (Rio Branco, AC), FEMA (Santa Rosa-RS), CEISC e UNISC (Santa Cruz do Sul-RS), AJURIS (Porto Alegre-RS), FMP (Porto Alegre-RS), UPF (Passo Fundo), IDESP/FABAD (São Paulo), FDSM (Pouso Alegre-MG), Meu Curso (São Paulo), PUC/RS (Porto Alegre), UPE (Recife) e Unisinos (São Leopoldo). Já ministrou aula nas Academias das Polícia Civis de Pernambuco, Pará, Goiás, Paraná, Acre, Alagoas, Sergipe, Rondônia, Espírito Santo, Santa Catarina, Rio de Janeiro, Mato Grosso, Mato Grosso do Sul, Distrito Federal, Piauí e Amapá. Já ministrou aulas aos Ministérios Público de Rondônia, Ceará, Pernambuco, Goiás, Mato Grosso e São Paulo.

Membro da Associação Internacional de Investigação de Crimes de Alta Tecnologia (HTCIA), do PoaSec e do INASIS, além de integrante, em 2019, do Comitê Gestor de Tecnologia da Informação da Secretaria de Segurança Pública do Rio Grande do Sul (GGTIC-SSP/RS), do Comitê Técnico de Tecnologia da Informação e Comunicação (CETIC-RS), da Comissão Mista de Reavaliação de Informações do Rio Grande do Sul (CMRI-RS) e do Conselho Deliberativo do Programa de Proteção a Testemunhas no RS (PROTEGE).

Autor e colaborador dos seguintes livros: "Inteligência Cibernética" (Delfos); "Crimes Cibernéticos: ameaças e procedimentos de investigação" (3ª edição: 2021), com Higor Vinícius Nogueira Jorge (Brasport); "Inteligência Digital", "Investigação Digital em Fontes Abertas" e "Inteligência e Investigação Criminal em Fontes Abertas", com Alesandro Gonçalves Barreto (Brasport); "Investigação Criminal: ensaios sobre a arte de investigar crimes" e "Investigação Criminal: Provas", juntamente com o Fábio Motta Lopes (Brasport e Livraria do Advogado); "Internet & Direito Penal – Risco e Cultura do Medo" (Livraria do Advogado); "Tecnologia da Informação & Direito", com Ângela Kretschmann (Livraria do Advogado); "Direito & TI: cibercrimes" (Livraria do Advogado Editora); "O Direito Vivo", juntamente com Valquiria P. Cirolini Wendt (Brasport); "Infiltração Policial: da tradicional à virtual", com Cristiano de Castro Reschke e Mayumi Matsubayaci (Brasport); "Investigação de Lavagem de Dinheiro e Enfrentamento à Corrupção: Leading Cases", Volumes I e II, com Cristiano de Castro Reschke (Brasport); "Direito Policial: na raiz dos problemas", com Valquiria P. Cirolini Wendt e Joaquim Leitão Jr. (Brasport); "Tratado de Inteligência Policial: aplicada a investigação criminal", com Cristiano de Castro Reschke (Brasport).

Autor de diversos artigos e capítulos na área de Direito e Internet e Editor-Chefe da Revista Eletrônica Direito & TI (www.direitoeti.com.br, Qualis Capes B1).

Sumário

1. INTRODUÇÃO AO TEMA INTELIGÊNCIA DIGITAL

A ideia, quando pensamos para o primeiro livro, de inteligência digital (ID), foi de construir, criticamente, um conceito viável e perceptível a todos os profissionais envolvidos, e listar os tipos de uso e sua abrangência, enfocando-os no seu ambiente de trabalho e, principalmente, como isso pode auxiliar os profissionais no processo de elaboração de conhecimentos.

Não se trata de inovar, mas de sermos, enquanto profissionais em busca de conhecimentos, maleáveis frente ao universo de informações existentes no mundo, sabendo, sobretudo, como buscá-las e utilizá-las regularmente, seja na atividade de inteligência, produzindo conhecimentos, seja na investigação criminal, coletando evidências que auxiliem na elucidação de fatos e autores de crimes, seja – ainda – nos processos judiciais, formatando indícios/provas que podem influenciar na avaliação do contexto probatório do caso em julgamento.

Conceitos

Quando falamos de Internet já pensamos em um mundo virtual com vastos e incontáveis dados e informações, organizados ou não, que estão disponíveis e podem ser utilizados a favor ou contra as pessoas; tudo, é claro, dependerá do ponto de vista.

Da mesma forma, esses inúmeros dados e informações, na maioria das vezes sequer catalogados, estão lá disponíveis e não são usados pelos operadores de segurança pública, mais especificamente os de Inteligência e de Investigação Policial/Criminal. De outra parte, os operadores do Direito também ignoram a maioria das informações, seja para ajudar em uma acusação, seja para auxiliar a absolvição ou improcedência em um processo penal ou cível, respectivamente. Se avaliarmos a questão dos processos trabalhistas, muitas evidências que podem justificar uma demissão por justa causa podem ser coletadas no ambiente de rede, seja esta privada ou pública.

Outro ponto é a contratação de um interessado não só com base nas suas capacidades, mas de acordo com as informações coletadas em mídias sociais – cybervetting. Assim, as empresas podem encontrar dados que não foram fornecidos pelo interessado, além de verificar sua consistência, a reputação on-line e se as postagens em redes sociais se adequam aos valores da empresa.

Berkelaar (2010, p. 308) descarta esta nova maneira de selecionar os colaboradores para uma empresa:

> *O Cybervetting fornece um contexto oportuno e exclusivo para avaliar as implicações das TICs na seleção de pessoal, carreira e normas sociais. Esta busca identifica e explora como os representantes organizacionais empregam novas fontes para coletar informações sobre candidatos a empregos de maneira aparentemente idiossincrática, empregando símbolos estereotipados e icônicos para avaliar ou diferenciar. Além disso, revela mudanças no uso de critérios informativos visuais e textuais pelos empregadores e destaca um novo padrão tecnológico de informação, do qual muitos candidatos não estão cientes, apesar de seu uso para avaliar características de caráter, profissionalismo, motivação e competências sociotécnicas.*

Mesmo um processo de investigação policial coordenado e baseado em fases (planejamento, coleta de dados, análise de dados e elaboração de relatório), ou um processo de produção de conhecimentos de inteligência elaborado dentro do "ciclo do processo de conhecimento" (planejamento, reunião, análise e síntese, interpretação, formalização e difusão), pode, por algum desconhecimento do investigador ou do analista, pecar pela falta de amplitude na coleta e busca do dado, gerando conhecimentos incompletos e/ou com conclusões precipitadas e imprecisas, o que pode ocasionar erros nos processos decisivos de direção de uma investigação policial ou das decisões dos gestores de Segurança Pública.

Aí está o processo de **inteligência digital**, com método prospectivo de pesquisa e análise dos dados contidos, por exemplo, na web, principalmente em fontes abertas, não deixando de considerar os ambientes restritos e as técnicas especiais baseadas em Tecnologia de Informação e Comunicação (TIC).

O que ocorre, na prática, a exemplo de quando surge o nome de alguém para aprimoramento dos dados, é o agente policial acessar imediatamente o banco de dados oficial de seu Estado para verificar o que lá contém, muitas vezes esquecendo-se de pesquisar na web, em fontes abertas, cujo conteúdo pode ser bastante aproveitado para compreensão do "alvo" de sua pesquisa.

Portanto, o agente poderá encontrar ali valiosas informações (i.e., uma foto mais atual) que podem auxiliá-lo melhor no seu intento, que, em geral, é produzir conhecimentos, podendo fazê-lo, portanto, sem maiores riscos (no exemplo da foto encontrada na web, ela evita o risco de ter-se que expedir uma Ordem de Busca[1] – OB – para o setor operacional visando fotografar o alvo).

Não existe na doutrina de inteligência ou policial um conceito específico para o termo "inteligência digital".

Assim, poderíamos defini-la como: um processo baseado na utilização de todos os meios tecnológicos, digitais, telemáticos e de interceptação de sinais, com a finalidade de obter dados e analisá-los, propiciando a produção de conhecimentos e/ou provas a respeito de assuntos de interesse da inteligência de segurança pública e, especificamente, da prática de delitos sob investigação policial ou, ainda, a responsabilidade penal de seus autores.

Uma vez definida a inteligência digital sob uma perspectiva ampla, há necessidade de se averiguar qual sua abrangência.

Abrangência da Inteligência Digital (ID)

Os conhecimentos delineados previamente – e que você leu – podem dar um direcionamento dos tipos de uso, ou seja, o aproveitamento que pode ter a ID.

Assim, o foco principal da ID é auxiliar na produção de conhecimentos, facilitando sua concepção e seu aprimoramento, principalmente com base em fontes abertas, porém não se esquecendo das principais fontes restritas existentes, tanto na web quanto nos bancos de dados oficiais, seja de governos ou de polícias civis e militares.

A investigação criminal e a formação de provas também seguem o mesmo raciocínio, conforme avaliação que faremos no decorrer desta obra.

---

[1] Ordem de Busca é um documento interno das Agências de Inteligência, elaborado pelo setor de análise para o setor de operações, que visa buscar uma informação não disponível ao analista.

De outra parte, a ID também pode se basear em processos específicos, fundamentados no uso da Tecnologia da Informação (TI), disponibilizada para a área de segurança pública, tais como: interceptações telefônica, telemática e de informática, de e-mails ou de aplicações específicas, também a ambiental (ótica e acústica), além dos aspectos relacionados à vigilância eletrônica de alvos e/ou suspeitos.

Portanto, o que está disponível em diversas fontes pode ser analisado, interpretado e suas frações significativas podem compor um amplo conhecimento a respeito de uma situação específica ou de algo mais complexo e que envolva grandes decisões políticas e/ou estratégicas. Estamos nos referindo, portanto, à produção de conhecimentos em nível tático e em nível estratégico, respectivamente.

Fontes de coleta e busca em meio digital

O que se preconiza, neste momento, é trazer uma conceituação a respeito de fontes, classificá-las e enumerá-las, baseando-as principalmente nos meios digitais, seja banco de dados restrito, seja ambiente de redes abertas, principalmente a Internet.

Conceito de fonte

Pode-se definir **fonte** como qualquer dado ou conhecimento que interesse ao profissional de inteligência ou de investigação para a produção de conhecimentos e/ou provas admitidas em direito, tanto em processos cíveis quanto em processos penais, e, ainda, em processos trabalhistas e administrativos (relativos a servidores públicos, federais, estaduais e municipais).

O conceito envolve, portanto, outros termos e suas derivações conceituais[2]:

- **Dado**: segundo a Doutrina Nacional de Inteligência de Segurança Pública (DNISP[3]), "é toda e qualquer representação de fato, situação, comunicação, notícia, documento, extrato de documento, fotografia, gravação, relato, denúncia, dentre outros, ainda não submetida, pelo profissional de ISP, à metodologia de Produção de Conhecimento".

[2] Procuraremos adotar aspectos conceituais da Doutrina Nacional de Inteligência de Segurança Pública, pois se aplicam à atividade de inteligência policial e às ferramentas que são utilizadas na investigação criminal. Ademais, são conceitos aceitos nacionalmente e derivados de uma doutrina aprovada pelo Sistema Brasileiro de Inteligência e pelos Chefes de Organismos de Inteligência de todo o Brasil.

[3] MINISTÉRIO DA JUSTIÇA, 2010. A DNISP foi atualizada, porém não está disponível abertamente para referência.

- **Conhecimento:** a DNISP o define como "o resultado final – expresso por escrito ou oralmente pelo profissional de ISP – da utilização da metodologia de Produção de Conhecimento sobre dados e/ou conhecimentos anteriores"[4].
- **Produção de conhecimento**: a mesma DNISP define produção de conhecimento como "a característica da ISP que a qualifica como uma atividade de Inteligência, na medida em que coleta e busca dados e, por meio de metodologia específica, transforma-os em conhecimento preciso, com a finalidade de assessorar os usuários no processo decisório"[5].

Costa (2018, p. 31) destaca a produção do conhecimento como uma das características da Inteligência de polícia judiciária:

> *Por meio de metodologia específica e planejamento prévio, de demandas externas ou internas, planeja, reúne, processa e transforma dados em conhecimentos, identificando vínculos e padrões, com a finalidade de assessorar os usuários no processo decisório em seus diversos níveis. Interligada a essa característica, temos os princípios da Precisão e da Imparcialidade. O primeiro objetiva orientar a produção do conhecimento verdadeiro, com a veracidade avaliada, sendo significativo, completo e útil. O segundo norteia a atividade de modo a ser isenta de ideias preconcebidas e/ou tendenciosas, de subjetivismos e distorções.*

De outro lado, as fontes de dados da inteligência de Segurança Pública são os meios pelos quais se permite o acesso a dados disponíveis em bancos de dados, restritos ou não, ou na Internet sobre determinado indivíduo, fato, ocorrência, local (ambiente operacional) etc.

Nesse contexto, podemos checar várias fontes disponíveis na Internet que podem auxiliar na produção do conhecimento, desde a aquisição de dados estatísticos no site do IBGE até informações sobre endereços, mandados de prisão e fotografias de foragidos.

Classificação das fontes

Uma vez apresentado o conceito de fontes e aquilo que lhe é correlato, há necessidade de trazer à nota a classificação das fontes.

A DNISP traz uma classificação bastante singela das fontes para a atividade de Inteligência de Segurança Pública (ISP). Dispõe a doutrina de ISP que são duas as naturezas de fontes: abertas e fechadas.

---

[4] Idem.

[5] Ibidem.

As chamadas **fontes abertas** são aquelas de livre acesso[6], sem obstáculos à obtenção de dados e conhecimentos.

Cepik (2003, p. 51) conceitua o livre acesso da informação na inteligência de fontes abertas como:

> *A obtenção legal de documentos oficiais sem restrição de segurança, da observação direta e não clandestina dos aspectos políticos, militares e econômicos da vida interna de outros países ou alvos, do monitoramento da mídia, da aquisição legal de livros e revistas especializadas de caráter técnico-científico, enfim, de um leque mais ou menos amplo de fontes disponíveis cujo acesso é permitido sem restrições especiais de segurança.*

Já as **fontes fechadas** são aquelas cujos dados são protegidos ou negados[7]. O dado protegido é aquele que necessita de credenciamento para acesso. O negado é aquele que necessita de uma operação de busca para sua obtenção.

E quando o usuário paga para ter acesso a um banco de dados, a fonte será aberta ou fechada?

Por se tratar de dado acessível a todos, consideramos este caso como fonte aberta, independentemente do pagamento para a obtenção da resposta eis que a informação estará acessível. Alguns profissionais, todavia, conceituam este tipo como fonte semiaberta.

Enumeração das principais fontes de coleta e busca através dos meios digitais

São dois os meios de obtenção de dados, humanos e eletrônicos. No primeiro, o foco central é o homem. No segundo, o uso de equipamentos eletrônicos ou sistemas informatizados é o seu principal vetor, subdividindo-se em:

a) **Inteligência de sinais:** caracteriza-se pela interceptação e análise de comunicações, telecomunicações, telemática, radares, telemetria, dentre outros.
b) **Inteligência de imagens:** envolve a obtenção e o processamento de imagens por meio de fotografias, satélites, sensores infravermelhos, dentre outros.

---

6 Ibidem, p. 15.
7 Idem.

c) **Inteligência de dados:** envolve a obtenção de dados por meio de dispositivos ou sistemas de informática. Implica, ainda, no processamento de grandes volumes de dados, cuja complexidade para análise exige metodologia especializada.

A doutrina clássica costuma apresentar a seguinte classificação:

- Na **Inteligência Humana** (INT HUM ou HUMINT) o foco da obtenção de dados e/ou conhecimentos é o homem. Por sua natureza, é produtor de informações (no sentido genérico, pois não houve tratamento ainda pelo profissional habilitado para tal). Como é um animal de hábitos, tudo o que faz, diz, deixa de fazer, executa, publica etc. é sinal que "deixa rastros", os quais podem ser recuperados e enumerados, mesmo que parcialmente, quando se torna alvo do profissional de Inteligência Policial ou de investigação criminal. Essa informação pode ser encontrada facilmente em mídias sociais ou conteúdo livremente disponível na Internet. O analista não necessita mais de vários dias para conseguir um dado útil, basta uma simples consulta. Quem nunca postou alguma informação, algum dado ou fotografia? Para ser bem-sucedido, o profissional responsável pela coleta deve compreender um dos processos mais complexos da gestão de ativos – a natureza humana. Entender as pessoas com todas as complexidades, semelhanças e diferenças é fundamental para obter o melhor resultado. A HUMINT será bem trabalhada no decorrer da obra, demonstrando a sua utilidade em buscar a informação disponível, por exemplo, no Facebook, redundando em casos de sucesso utilizados por diversas instituições policiais.
- Na **Inteligência Eletrônica** (INTEL) o foco central é o equipamento. Desse modo, de acordo com o tipo de dispositivo, temos a Inteligência de Sinais, de Imagens e de Dados. O ser humano não sobrevive mais sem comunicação. Você não consegue mais chegar em seu ambiente de trabalho e não ter acesso às máquinas, não ler seus e-mails etc. Imagine a situação: chegar ao trabalho e não existir acesso à rede, o desktop não funciona, não há telefone etc. Como seria seu dia? Por isso, a leitura desses dados, sejam sinais eletrônicos, sejam imagens, vídeos ou dados derivados do meio eletrônico e digital, é extremamente importante para o profissional responsável pela análise de determinado caso.
- **Inteligência de Sinais (SIGINT)** é responsável pela interceptação e pré-análise de comunicações, radares, telemetria etc., transcrição de informações obtidas em línguas estrangeiras, decodificação de mensagens criptografadas, processamento de imagens digitais e outras funções. Quanto mais seguro um sistema, melhor tende a ser seu aproveitamento. Caso use uma comunicação restrita a poucos e com criptografia, a dificuldade de rastreamento desses dados é maior, significando que operadores de inteligência e de investigação

têm sempre de estar atentos aos processos evolutivos das comunicações. Modelos de comunicação criptografada, simétrica ou assimétrica, são tidos como seguros, porém não superados frente aos processos de interceptação. Não obstante, a dificuldade aumenta. Problemas como não divulgação da chave criptográfica para os órgãos que realizam a interceptação, bem como a liberação de equipamentos e softwares sem exigência prévia do depósito da chave, são comuns. No aspecto da interceptação telefônica, a inteligência de sinais é feita por equipamentos como o Sistema Guardião[8], utilizado em grande parte das instituições policiais e do Ministério Público na realização dos procedimentos de interceptação telefônica e de Internet. É um dos meios mais úteis na obtenção de dados, fornecendo perspectivas novas e diferentes sobre inteligência para os gestores e tomadores de decisão.

- **Inteligência de Imagens (IMINT)** envolve a coleta e o processamento de imagens obtidas através de fotografias, satélites, radares e sensores infravermelhos. É realizada através de diversas maneiras: reconhecimento aéreo, imagens de satélite, reconhecimento facial e na análise de vídeos e imagens livremente disponíveis para auxiliar na produção de um conhecimento. Afinal, "uma imagem vale mais que mil palavras", não é? O Google Street View e os sites de mapas e imagens são formas pelas quais essa inteligência de imagens pode ser explorada. Em várias cidades brasileiras e do mundo não há mais a necessidade de se deslocar para obter uma imagem de determinado local. Basta acessar uma infinidade de sites disponíveis e obtê-la rapidamente[9].
- **Inteligência de Dados** envolve a captura de dados pela interceptação de sistemas de informática, telecomunicações e telemática. No Brasil, a partir da lei nº 9.296/96[10], tornou-se possível processar e promover os processos de interceptação telefônica e telemática, o que gerou um grande avanço nos mecanismos de repressão ao crime organizado. Assim, dados telefônicos e da interceptação telefônica têm auxiliado as polícias judiciárias de todo o país na formação da prova, seja durante uma investigação, seja para obter prova de uma circunstância anterior (i. e., em casos de homicídios, para estabelecer a localização de um telefone e o usuário no local do crime ou de "desova" do corpo). A lei nº 12.850/13, que define organização criminosa e dispõe sobre a investigação criminal, traz, como meio de provas: a captação ambiental de

---

[8] O Sistema Guardião é desenvolvido pela empresa Dígitro, de Santa Catarina (<https://www.digitro.com/>). A plataforma digital de inteligência investigativa realiza o tratamento de dados de diversas fontes de inteligência, em meio a um grande volume de informações com o escopo de geração de evidências legais.

[9] O Google Street View é um projeto da empresa Google. Abordaremos a questão prática dos mapas em tópico específico. Acompanhe mais à frente nesta obra.

[10] Regulamenta o inciso XII, parte final, do art. 5º da Constituição Federal.

sinais eletromagnéticos, ópticos ou acústicos; o acesso a registros de ligações telefônicas e telemáticas, a dados cadastrais constantes de bancos de dados públicos ou privados e a informações eleitorais ou comerciais; a interceptação de comunicações telefônicas e telemáticas; e a infiltração, por policiais, em atividade de investigação.

Os dados telemáticos são transmitidos de alguma forma, seja por cabeamentos, seja por sinal wireless, por exemplo. Embora possa ser relatada uma miscelânea de situações de irregularidades na formatação da rede de Internet no Brasil e no mundo, ela é bastante nova e tende a ser regulamentada, tanto por leis quanto por decretos. O Marco Civil da Internet, lei nº 12.965/2014, normatizou os direitos e as garantias dos usuários, a liberdade de expressão, a neutralidade da rede e a guarda e o registro de dados de conexão e de acesso dos usuários[11]. Tal legislação suprimiu uma lacuna normativa no Brasil quanto aos provedores (de conexão e de aplicação), que não eram obrigados a guardar registros de conexão e de acesso de seus usuários.

Porém, nada impede que você chegue em Copacabana (Rio de Janeiro – RJ) ou no Parque da Redenção (Porto Alegre – RS), ligue seu laptop, conecte-se à rede wi-fi, crie um e-mail ou cadastre uma página web com conteúdo criminoso usando as ferramentas certas e saia ileso. A formatação da Internet assim facilita, e mesmo controles não são suficientes para auxiliar na identificação da autoria de determinados atos danosos.

Obs.: a obtenção de produção de conhecimentos através da inteligência sobre dados foi acrescentada na DNISP, mas pode ser tida como SIGINT (sinais) porque também não deixa de sê-lo[12].

Concluindo, são essas as fontes de obtenção de dados para a Inteligência Digital:

- **Internet**, sendo ampla a possibilidade de coleta de dados sobre pessoas, objetos, coisas, lugares, através de textos, comentários, imagens e vídeos. Exemplos claros disso são as diversas aplicações usadas em dispositivos móveis e as redes sociais na Internet, nas quais as pessoas deixam não só imagens e vídeos atualizados, mas também comentários sobre seu endereço pessoal e

[11] Art. 10. A guarda e a disponibilização dos registros de conexão e de acesso a aplicações de internet de que trata esta Lei, bem como de dados pessoais e do conteúdo de comunicações privadas, devem atender à preservação da intimidade, da vida privada, da honra e da imagem das partes direta ou indiretamente envolvidas.

[12] Idem nota 3.

profissional, telefone, e-mail, relações familiares etc. Não obstante, a Internet não pode e nem deve ser a única fonte de consulta para busca de dados livremente disponíveis.

- **Bancos de dados**, privados e/ou públicos, restritos ou não, cujos elementos são importantes às correlações de análise. A mineração desses dados – data mining – pode trazer informações importantes ao analista que talvez não estejam disponíveis em outros ambientes ou sejam de difícil acesso.

Proposta de classificação de fontes

Embora a DNISP classifique as fontes como abertas ou fechadas, de acordo com a sua natureza, optamos por um processo de classificação que entendemos mais adequado e usual às atividades de inteligência e investigação criminal.

Assim, para uma melhor compreensão, preferimos dividi-las em **fontes de conteúdo fechado e aberto.**

Serão apresentadas e explicadas, primeiramente, as fontes de conteúdo fechado, com ênfase naquelas que permitem ao policial/agente de inteligência acessar os bancos de dados criminais. Posteriormente, faremos um estudo mais aprofundado das fontes abertas, pois, apesar de estarem disponíveis ao acesso de todos, são raramente utilizadas, principalmente por integrantes da atividade de inteligência, eis que entendem que caso um dado não seja sigiloso não deveria ser objeto de análise.

Fontes fechadas

Para termos acesso aos dados em fontes fechadas necessitamos de autorização especial para tal, pois o dado disponível é de caráter restrito a entidades públicas e/ou privadas. Portanto, a obtenção de dados e conhecimentos depende de algum tipo de autorização e há um obstáculo à sua obtenção.

Para esse tipo de acesso o agente irá necessitar de:

- **Autorização Judicial:** informações referentes a sigilo telefônico, bancário, bursátil e fiscal, interceptação telefônica, telemática ou informática e ambiental.

A quebra de sigilo tem sido ferramenta bastante útil na apuração de infrações penais, pois demonstra a rede de contatos e a movimentação financeira de determinado investigado. Normalmente, a quebra de sigilo telefônico é a mais utilizada nas investigações em nível federal ou estadual; entretanto, percebemos um incremento na utilização de quebra de sigilo bancário e fiscal, pois a repressão correta ao crime de uma forma geral só pode ser feita se houver um ataque financeiro ao criminoso e/ou à organização.

Ao obter essa informação sobre a movimentação financeira, origens do capital, negócios realizados, condição econômica e lucros auferidos, a persecução penal mostra-se eficiente, pois o confisco de bens e valores provoca a destruição econômica e estrutural da organização criminosa.

Já a captação e a interceptação ambiental também funcionam como fonte de busca, pois obtêm sinais eletromagnéticos, óticos e acústicos de determinado fato ou pessoa.

Celso Ferro (2008, p. 153) acrescenta a importância dessa ferramenta ao falar que:

> *Trata-se de uma evolução da metodologia investigativa e provoca mudanças procedimentais e de doutrina no trabalho policial. É necessário o aperfeiçoamento constante e capacitação dos agentes e delegados na condução das operações técnicas, quando se utilizam microfones, microcâmeras, fotografias camufladas, gravações, sistemas de vigilância, rastreamento de sinais etc. Eletrônica e Tecnologia da Informação estão associadas, tornando-se imprescindível que o organismo policial estruture setor especializado para gerenciar e assessorar no suporte operacional às unidades policiais incumbidas da investigação criminal.*

O acesso a esse tipo de fonte está afeto apenas à persecução penal, dependendo, para tanto, de autorização judicial. Não se pode, no entanto, olvidar de seu uso para fins de Inteligência Policial.

Há outras fontes de dados que poderiam ser agregadas – é o caso, por exemplo, dos dados dos censos realizados pelo IBGE, onde são obtidas informações sobre a quantidade de pessoas na residência, imóveis, patrimônio etc. Entretanto, esses dados são acobertados pela lei nº 5.534, de 14 de novembro de 1968[13], regulamentada pelo Decreto nº 73.177/73[14], o qual garante a confidencialidade das informações,

---

[13] Dispõe sobre a obrigatoriedade de prestação de informações estatísticas e dá outras providências.

[14] Regulamenta a Lei nº 5.534, de 14 de novembro de 1968, modificada pela Lei nº 5.878, de 11 de maio de 1973, de que dispõe sobre a obrigatoriedade da prestação de informações necessárias ao Plano Nacional de Estatísticas Básicas e ao Plano Geral de Informações Estatísticas e Geográficas.

assegurando seu uso apenas para os fins previstos em lei, bem como a proibição da utilização dessas informações em certidão, processo administrativo, fiscal ou judicial.

Em que pesem as opiniões de que essa lei não foi recepcionada pela Constituição Federal, até o presente momento inexiste qualquer pronunciamento do Supremo Tribunal Federal sobre o assunto. Assim, apesar dessas informações individuais serem de grande importância na produção do conhecimento, só devem ser utilizadas para fins estatísticos e jamais com outro fim. Entretanto, nada obsta que essas informações sejam fornecidas mediante autorização judicial.

- **Restrição de acesso:** em regra, por login e senha, quando, para ter acesso a determinada fonte deve haver autorização a ser dada pelo órgão ou empresa a qual esteja subordinado. É o caso de acesso restrito ao banco de dados de jornais, empresas e do setor público.

Há diversos bancos fechados de dados para consulta, principalmente de caráter nacional, que são fundamentais e diuturnamente utilizados nas investigações criminais.

Destacamos, para tanto, os bancos de dados das delegacias eletrônicas. Esse recurso é um serviço para registrar ocorrências pela Internet e dar mais comodidade aos registros de ocorrências de menor gravidade. Em sua grande maioria, só registravam e validavam ocorrências de perda ou extravio de documentos, placas de veículos, celulares e desaparecimento de pessoas ocorridos na circunscrição do Estado. Quando a ocorrência envolvia crimes cometidos com violência, a vítima era obrigada a procurar a unidade policial mais próxima para lavrar o boletim. Após a pandemia do novo coronavírus, parte considerável das ocorrências pode ser registrada de maneira on-line.

Agora, vários tipos de ocorrência são registrados à distância, tais como: Lei Maria da Penha e crimes relacionados; ameaça, furto, estelionato e outras fraudes eletrônicas, maus-tratos aos animais, crimes de ódio, crimes contra honra, roubo e furto, dentre outros. Cada estado tem suas particularidades; portanto, verifique antes de realizar o registro.

A possibilidade do registro de ocorrências de maneira on-line diminui, sobremaneira, as filas nas delegacias e oportuniza um meio mais adequado de atendimento às vítimas. Vários estados já criaram suas Delegacias Eletrônicas e alguns deles já foram integrados diretamente ao SINESP (Acre, Alagoas, Amazonas, Amapá, Bahia, Piauí,

Rio Grande do Norte, Roraima, Sergipe e Tocantins), sendo que a delegacia pode ser encontrada através do SINESP em <https://delegaciavirtual.sinesp.gov.br/portal/>[15]. Os demais são registrados em:

- CE – <http://www.delegaciaeletronica.ce.gov.br/beo/>
- DF – <https://www.pcdf.df.gov.br/servicos/delegacia-eletronica>
- ES – <https://pc.es.gov.br/delegacia-on-line>
- GO – <https://www.policiacivil.go.gov.br/delegacia-virtual-pcgo>
- MA – <https://delegaciaonline.policiacivil.ma.gov.br/>
- MT – <https://portal.sesp.mt.gov.br/delegacia-web/pages/home.seam>
- MS – <http://devir.pc.ms.gov.br/#/>
- PA – <http://www.delegaciavirtual.pa.gov.br/>
- PB – <http://www.delegaciaonline.pb.gov.br/pages/index.xhtml>
- PE – <http://servicos.sds.pe.gov.br/delegacia/>
- PR – <https://www.policiacivil.pr.gov.br/BO>
- RJ – <https://delegaciaonline.pcivil.rj.gov.br/>
- RS – <https://www.delegaciaonline.rs.gov.br/dol/#!/index/main>
- SC – <https://delegaciavirtual.sc.gov.br/>
- SP – <https://www.delegaciaeletronica.policiacivil.sp.gov.br/ssp-de-cidadao/pages/comunicar-ocorrencia>

Na iniciativa privada, especialmente nas concessionárias de serviços públicos delegados, existem excelentes fontes de consulta que fornecem informações de milhares de indivíduos, chegando, em determinadas situações, a possuir mais detalhes do que os órgãos de Segurança Pública, principalmente com uma confiabilidade maior por causa de sua atualização permanente. Alguns disponibilizam acesso somente mediante convênios com órgãos públicos.

Outros bancos de dados permitem, mediante o pagamento de mensalidade, pesquisas sobre consumidores e/ou empresas.

Um bom exemplo de fontes de consulta são os databrokers, ou seja, banco de dados que ofertam, mediante pagamento de consulta, dados de pessoas físicas e jurídicas. O conteúdo é variado, alcançando dados cadastrais de telefones, e-mails, informações de redes sociais, poder de compra, dentre outros.

---

15 Para registrar ocorrência, o usuário deve fazer o cadastro na plataforma gov.br.

Não obstante, criminosos coletam ou compram de terceiros banco de dados de consumidores e disponibilizam databrokers ilegais. Este conteúdo é utilizado para o cometimento de diversos crimes, sobretudo fraudes eletrônicas.

O golpe do WhatsApp fake ou conta impostora utiliza-se desta fonte de consulta para enganar usuários desatentos e receber depósitos na conta de 'laranjas'. Como modus operandi, o criminoso faz uma consulta sobre a vítima, sobretudo seus parentes e amigos próximos, cria uma conta impostora no WhatsApp com a foto dela e envia para seus contatos mais próximos. Como desculpa, afirma problemas na conta bancária e solicita depósitos em contas de terceiros.

As polícias judiciárias brasileiras já realizaram diversas operações contra fraudes eletrônicas, e em muitas delas o databroker ilegal foi utilizado para alavancar o golpe[16]. Há necessidade, pois, de coibir a livre oferta de informações de consumidores para mitigar os prejuízos dela decorrentes.

Fontes abertas

A fonte aberta é considerada inteligência graças às evoluções tecnológicas e, principalmente, à Internet.

São as informações disponíveis ao público e que não possuem nenhuma espécie de restrição ao seu acesso. São também conhecidas como open source intelligence (Inteligência de Fontes Abertas), ou seja, uma forma de coletar, selecionar e adquirir informações que possam ser úteis à produção do conhecimento. Podem ser obtidas através da leitura de jornais, periódicos, pesquisas de cunho acadêmico, livros, revistas e principalmente através da Internet.

---

[16] A Operação Databroker foi desencadeada em 04 de setembro de 2020 pela Polícia Civil de Goiás com o apoio do Ministério da Justiça e Segurança Pública. A ação teve como objetivo a desarticulação de organização criminosa especializada na prática de fraudes por meio de aplicativos de mensagens. Os suspeitos criavam perfis falsos no aplicativo WhatsApp, utilizando-se de imagens e identificação de médicos, dentistas, promotores de justiça e juízes para enviar mensagens e pedidos de depósito bancário a parentes e pessoas próximas das vítimas. O acesso aos dados era obtido por meio da compra das informações em sites na Internet. Durante as investigações ficou demonstrada a participação de integrantes de uma organização criminosa na prática delitiva. Fonte: Ministério da Justiça e Segurança Pública.
A Operação RockYou2023 foi deflagrada pela Polícia Civil do Distrito Federal no dia 20 de junho de 2023 e teve como objetivo o cumprimento de mandados de busca e apreensão, takedown de website, takeover de servidores, bloqueio de contas bancárias e de criptomoedas de investigados na comercialização de dados sigilosos dos brasileiros.

É muito importante não confundir fontes abertas de inteligência (OSINT) com software de fontes abertas (Open Source Software – OSS), sendo este um produto com arquitetura aberta passível de modificação. Isso causa bastante confusão na hora de utilização de motores de busca, como o Google, pois ao digitar apenas "open source" encontram-se muitas informações a respeito do Linux.

Aberto, para a atividade de inteligência, é a informação acessível à comunidade (de inteligência). Assim, qualquer pessoa pode obter informação sem nenhuma privacidade ou restrição e sem a necessidade de ser integrante de determinado grupo específico, podendo acessar, direta ou indiretamente, bancos de dados oficiais ou não.

Dentre os diversos tipos de fonte de consulta, destacamos:

a) **Comunicação:** tudo o que for obtido através de jornais, rádios, revistas, televisão.
b) **Domínio público:** dados demográficos, relatórios de governo, contas públicas, orçamento, convênios, licitações.
c) **Georreferenciamento:** softwares, imagens de satélite, mapas, informações geográficas da região.
d) **Web:** motores de pesquisa, redes sociais, aplicativos de mensageria, vídeo, sites de notícias, blogs, e-mail, vídeos, sites de bate-papo e de conteúdo web, bancos de dados, fóruns de discussão, documentos, transmissão de TV e rádio de agências jornalísticas e diversos tipos de organizações.
e) **Acadêmicas:** artigo científico, teses, pesquisas, pareceres de especialistas sobre o assunto.
f) **Softwares:** programas e ferramentas gratuitos utilizados no aperfeiçoamento da busca.

Sobre o uso dessas fontes abertas, o site Observatório da Imprensa publicou que:

> *O National Intelligence Estimate (NIE), relatório que reúne dados fornecidos pelas 16 agências de inteligência dos EUA, foi divulgado na semana passada. Além de minimizar o perigo nuclear iraniano, levantando novas questões sobre a política antiterrorismo do governo Bush, o documento revelou também que as agências de inteligência têm usado fontes mais simples e acessíveis ao público para pesquisar informações sobre armas nucleares no Irã – entre elas a Internet, jornais e relatórios não governamentais (OBSERVATÓRIO DA IMPRENSA, 2007).*

Alguns analistas da atividade de inteligência criticam o uso dessas informações acessíveis por considerarem que um dado, quando não é sigiloso, deixa de ser confiável e, portanto, não merece ser lido. Talvez seja radicalizar o assunto. É, segundo nosso entender, a paixão pelo "ultrassecreto", ou simplesmente "secreto", que faz com que haja perda de informação útil disponível.

Robert Steele, diretor executivo da oss.net, é um crítico da atividade de inteligência sem uso de fontes abertas, citando como exemplo, em matéria publicada no site da Forbes, o fracasso da inteligência nos ataques de 11 de setembro, enfatizando que o único avião que não atingiu sua meta foi aquele onde os cidadãos informados foram capazes de intervir diretamente.

> *A nossa Segurança Nacional está quebrada. 500 bilhões por ano para o Departamento de Defesa e 50 bilhões para a comunidade de inteligência falharam diante de alguns cidadãos corajosos armados apenas com telefones celulares (STEELE, s.d.).*

Steele ainda faz pesadas críticas a essa "inteligência à moda antiga", citando como exemplo o exercício do Burundi, tarefa esta que seria a reunião de informações durante o menor tempo possível sobre aquele país. A CIA trouxe apenas um PowerPoint (.ppt) com alguns dados sobre a região, enquanto Steele trouxe à tona coberturas jornalísticas, acadêmicas, político-militares, informações tribais da região e ainda diversas fotos de satélite recentes (SHACHTMAN, 2007).

Em que pese tal posicionamento, a atividade de inteligência e de investigação criminal não pode ficar acanhada diante da nova realidade. Não deve mais persistir a ideia de se restringir apenas à busca de um dado negado[17] através de operações de inteligência e/ou investigativas. Necessitamos lembrar sempre que o profissional de inteligência e de segurança pública não pode ser a única fonte autorizada na busca de informações.

As informações trafegam rapidamente no ambiente web, carecendo o investigador de atenção no desempenho do seu mister, não podendo, jamais, desprezá-las. Com a sua utilização, evitam-se riscos na busca da informação, garantindo menor custo e maior agilidade. É bom lembrar que grande parte das respostas aos questionamentos dos gestores já se encontra disponível, sem a necessidade de utilização de técnicas outras da atividade de inteligência.

[17] Dado negado é um dado não disponível ao profissional da atividade de inteligência, sendo que depende ou de outra Agência de Inteligência ou de um acesso disponibilizado com uso de ordem judicial e/ou do administrador do banco de dados.

Não obstante, necessitamos ressaltar que essa busca de dados livremente disponíveis deve ser precedida de algumas cautelas, dentre as quais a dupla verificação da fonte. A produção de conteúdo na Internet pode ser feita por qualquer um, sempre tendo em mente a importância de realizar a coleta em fontes confiáveis. Assim, não é qualquer dado que interessa e sim aquele que for útil e confiável, corroborado por outros meios legais.

Tagtekin (2014, p. 7) enfatiza a importância da utilização de ferramentas adequadas para reduzir a dependência de informações confidenciais ou de acesso restrito, além da realização de buscas realizadas de maneira mais eficaz.

Goodman (2015, p. 143) enfatiza os cuidados a serem tomados nessa confiança irrestrita no conteúdo acessível:

> *O entra lixo, sai lixo, foi suplantado pelo entra lixo, sai evangelho: se o computador está dizendo isso, então deve ser verdade. O problema com esse raciocínio é que nós, como sociedade, estamos confiando em dados incorretos o tempo todo, um problema desagradável que se voltará contra nós. Bolhas de filtro, censura invisível em ferramentas de busca, firewalls nacionais e dados incorretos significam que temos um problema de integridade fundamental com nossa maneira de ver o mundo e, mais precisamente, com a maneira como o mundo nos é apresentado e mediado por nossas telas.*

Quando, por exemplo, encontramos um conteúdo postado em um site, devemos fazer alguns questionamentos, dentre os quais:

- É .gov ou .edu?
- Há quanto tempo o site existe?
- Há *typosquatting*[18]?
- O responsável pela publicação tem autoridade para tal?
- Existem publicações semelhantes?
- A informação é consistente?
- Existem erros de português? Uso exagerado de Caps Lock?
- Ocorreu Ctrl-C/Ctrl-V (copia e cola)?

---

[18] É o registro de nomes de domínio semelhantes aos de marcas ou empresas conhecidas para alcance de usuários através de digitação errônea ou de cliques em sites falsos com aparência de originais. Dentre as finalidades desse registro, destacamos: monetização de páginas com publicidade; compartilhamento de fake news; venda de domínio ou redirecionamento de tráfego para concorrente; links maliciosos para prática de fraudes eletrônicas.

Sucede-se, portanto, a obrigatoriedade de checar essa autenticidade. Buttry (s.d., p. 17) pontua a existência de três fatores para essa verificação: 1) habilidade, persistência e ceticismo profissional; 2) conhecimento, honestidade, confiabilidade e variedade da fonte; e 3) documentação. Acrescenta ainda que:

> *A tecnologia mudou a forma como aplicamos esses três fatores: o ciclo de notícias de 24h e a ascensão das mídias sociais e dos conteúdos gerados por usuários exigem que façamos a apuração e divulgação das notícias ao mesmo tempo em que os eventos acontecem, decidindo rapidamente se uma informação foi suficientemente verificada; ferramentas digitais nos oferecem novas formas de encontrar e contatar fontes; bancos de dados e os onipresentes celulares com câmeras nos fornecem quantidades altíssimas de documentação. Uma verificação bem-sucedida resulta do uso eficaz da tecnologia, assim como do comprometimento com padrões imutáveis de precisão.*

Ademais, devemos estar atentos quando da utilização de ferramentas livremente disponíveis. Quando ofertam um serviço gratuitamente, essas plataformas, por vezes, coletam informações identificadoras dos usuários. A utilização de um serviço de Whois, por exemplo, poderá informar ao responsável pelo domínio pesquisado os dados de registro de acesso à aplicação de Internet de quem está fazendo a pesquisa. Assim, é importante que o analista/investigador em fontes abertas utilize mecanismos de navegação anônima/encoberta, no sentido de preservar não só o agente, mas também a instituição da qual faz parte.

Passadas essas peculiaridades da coleta de dados em fontes abertas, fazemos alguns questionamentos: será que vale a pena o analista de inteligência/investigador de polícia ficar de fora desse novo contexto na era da informação? O que se tem a perder com isso? Poderemos maximizar os resultados e minimizar os custos na busca de um determinado assunto? Esses dados e informações colhidos podem ser validados judicialmente.

Há vários julgados dos tribunais pátrios citando fontes abertas como forma de consulta[19].

---

[19] STF, Inq. 35633-PR; STJ, RECURSO ORDINÁRIO EM HABEAS CORPUS: RHC 47486 PA 2014/0102638-6; HABEAS CORPUS: HC 332637 PR 2015/0195915-6.

TRE-RJ, RECURSO NA REPRESENTAÇÃO NQ 3782-90.2014.6.19.0000 TJ-RJ, Apelação no 0328465- 50.2014.8.19.0001.

TJ-MS, Apelação Cível: AC 6424 MS 2012.006424-5.

STJ. Ação Penal no 830/DF. Julgado em 06 fev. 2019.

STJ, RHC Nº 96.585 – PR (2018/0074092-0). Publicado em 01 ago. 2018.

Devemos reconhecer que as informações provenientes de fontes abertas são de extrema importância para subsidiar a produção do conhecimento ou apontar elementos para a atribuição de uma autoria delitiva. O que dizer das fotografias de catástrofes naturais como tsunamis, tragédias, confrontos organizados por torcidas organizadas de maneira on-line, recebimento de informações da comunidade, localização de testemunhas, prisão de foragidos, grandes eventos e busca de evidências livremente disponíveis em diversas mídias sociais? A quantidade de informações sobre mortos, sobreviventes, comunidades isoladas e diversos dados postados através de fotografias enviadas por mensagens multimídia (MMS) e SMS (Short Message Service) é de grande importância para dar uma real dimensão da situação e subsidiar a tomada de decisões por parte dos respectivos entes governamentais em diversos desastres naturais ocorridos no Brasil. Exemplo claro dessa importância diz respeito à "tragédia de Santa Maria (RS)", onde inúmeras fotos e outros dados foram postados no Facebook e usados pela Polícia Civil do Rio Grande do Sul para incrementar a investigação policial e ditar questionamentos quando da tomada dos depoimentos.

O Wikileaks, por exemplo, é uma organização de mídia sem fins lucrativos que possui servidores espalhados pelo planeta com a função de divulgar documentos confidenciais de diversos governos. As informações são repassadas por anônimos e após minuciosa análise, através de um jornalismo investigativo, são divulgadas.

O Wikileaks já divulgou diversos filmes de ataques das forças americanas no Afeganistão, informações sobre a prisão de Guantánamo e vazou milhares de dados que eram tidos como confidenciais.

Os estragos advindos dessas publicações têm sido imensos, abalando relações entre chefes de Estado. Outro aspecto é a perseguição que seu fundador, Julian Assange, sofreu. O ciberativista foi preso na Inglaterra por acusação de crimes sexuais. Após o governo britânico conceder sua extradição para a Suécia, Assange refugiou-se na embaixada do Equador, tendo tido asilo até abril de 2019, quando foi preso (JULIAN, 2019).

No ano de 2013, Edward Snowden vazou documentos secretos do governo americano sobre o monitoramento global de telecomunicações, com a revelação da existência de programas capazes de fazer a vigilância em massa de qualquer cidadão do planeta. Após fugir para Hong Kong, teve concedido asilo político pelo governo russo e lá se encontra desde então.

É fundamental lembrar, ainda, que a informação vista na Internet trafega por um canal só, enquanto cada polícia possui seu banco de dados. Na atividade de inteligência e/ou investigação policial procuramos encontrar respostas para questionamentos que possam surgir na elaboração de determinada tarefa, sendo que muitas respostas já estão disponíveis, pelo menos em parte, na surface web e na deep web, desde que o analista saiba como buscá-las.

Acrescente-se, por oportuno, que as informações retiradas de fontes da web não podem ser analisadas como uma verdade absoluta, sob pena do analista incorrer em erro. A Internet possui ainda muito "lixo" e informações falsas que necessitam ser confrontadas com outras fontes para se ter a certeza de que o material coletado poderá compor um relatório de inteligência, por exemplo.

Discorrendo sobre a matéria, Leonardo Singer Afonso (2006) acrescenta:

> *A inundação de dados gerada pela democratização da informação e pela popularização das tecnologias da comunicação aumentou a carga sobre decisores bem como impôs entraves ao uso de fontes abertas: a quantidade exagerada e a eventual qualidade duvidosa da informação, além da falta de confiança na fonte, que está sujeita a medidas ativas de contraespionagem. Aparentemente, uma solução passível para este problema seria a seleção acurada de profissionais com perfil para a coleta e análise de fontes abertas, além de uma criação de uma doutrina especial para o exercício da função destes profissionais.*

Não poderemos jamais abdicar de valiosas informações disponíveis a todos e muitas vezes utilizadas apenas por grupos criminosos no planejamento de suas ações.

Criação e atuação de agências com base em fontes abertas

O primeiro registro que se tem sobre a utilização de fontes abertas como meio de produção de conhecimento foi através do Foreign Broadcast Information Service (FBIS) ou "Serviço de Transmissão de Informação Exterior". Durante o período da Segunda Guerra Mundial, houve a criação do setor de inteligência para coletar conteúdo livremente disponível.

O governo americano criou o DNI Open Source Center (Centro de Fontes Abertas), fato ocorrido no ano de 2005, após sugestão da Comissão de Inteligência do Senado Americano e motivado pelos ataques de 11 de setembro de 2001. Este órgão é responsável por fornecer materiais de fontes abertas para mais de 15 mil integrantes da comunidade de inteligência, reunindo informações de Internet, bancos, imprensa, rádio, televisão, vídeos, dados geoespaciais, fotos e imagens comerciais.

O FBIS (Federal Broadcast Information Service) foi quem antecedeu esse órgão. Criado na época da Segunda Guerra Mundial, teve atuação considerável na Guerra Fria. Sua principal função era coletar informações transmitidas, principalmente via rádio, sobre forças militares, economia, meio ambiente, sociedade e política.

A Austrália criou no ano de 2001 a NOSIC (National Open Source Intelligence Centre), agência para monitoramento, pesquisa e análise de informações disponíveis. Nela, apesar de existir o acompanhamento de questões internacionais, há a preocupação com as questões nacionais e regionais.

No Brasil, o assunto ainda necessita de amadurecimento. Existem apenas iniciativas isoladas na utilização dessas ferramentas de busca, principalmente das fontes abertas, o que ainda é muito pouco. Urge copiarmos rapidamente esses procedimentos que vêm dando certo, bem como avançarmos mais na criação de mecanismos, na capacitação de servidores e em softwares capazes de aperfeiçoar nosso trabalho. O que os órgãos de inteligência têm feito regularmente é acompanhado a mídia e reproduzido, através do que chamam de "Assuntos Correntes", aos gestores as repercussões relacionadas à área de atuação, especialmente segurança pública, sistema prisional etc.

Talvez a criação de uma comunidade nos moldes da Open Source da CIA, partilhando da mesma informação disponível na web, facilitasse o trabalho de análise. Precisamos amadurecer urgentemente essa ideia de utilizar, sim, as fontes abertas, pois a inteligência e a investigação policial têm o dever de estar adequadas a essa nova era do tráfego de informações.

Barreiras ao uso de fontes abertas

O idioma é uma das grandes barreiras ao uso correto das fontes abertas. Normalmente, o operador costuma utilizar dicionários on-line ou ferramentas congêneres para a leitura de determinada informação, não levando em conta os regionalismos e as peculiaridades de cada localidade.

O analista precisa compreender as conversações sobre os fatos mais comentados naquela área, entender os dialetos e as gírias, com suas interferências causadas em discursos e textos. Deverá traduzi-los, atentando não apenas para os fatos, mas para os assuntos subentendidos naquela pesquisa.

O conhecimento da língua estrangeira é de fundamental importância para o sucesso da busca, devendo ser um conhecimento proficiente a fim de que a coleta, a pesquisa e a análise sejam produtivas.

Algumas ferramentas podem ser encontradas na web para auxiliar na busca de documentos em outros idiomas; entretanto, o analista deve ficar atento, pois a maioria delas faz uma tradução literal da expressão e não atenta para os regionalismos peculiares de cada área.

Outro aspecto que pode ser mencionado é a não capacitação do operador no trato com a ferramenta de busca e o manuseio de fontes abertas.

As academias de polícia ainda não institucionalizaram essa disciplina, fator determinante para que o profissional incorpore essas metodologias no seu dia a dia.

Além do mais, a infinidade de plataformas existentes e o quantitativo de informação produzida a cada instante são fatores dificultadores na busca de conteúdo livremente disponível.

A infodemia, em especial em tempos de pandemia, trouxe ao profissional que trabalha com OSINT grandes desafios. Outrora, o conteúdo era produzido por poucos. Agora, qualquer um torna-se um especialista e vai, por exemplo, falar de coronavírus ou criticar aqueles que optam pela ciência. Nesse diapasão, cabe ao profissional se precaver com a dupla verificação da informação e, sobretudo, buscar os dados através de fontes confiáveis. Lembre-se: tem muito lixo na Internet e, caso não tenha atenção, trará lixo para o conhecimento produzido.

De outra parte, uma das barreiras ao uso das fontes abertas é a discussão de sua validade jurídica. Debateremos esse contexto em outro capítulo deste livro.

Princípio da publicidade e informação disponível

A Administração Pública tem por dever dar conhecimento de todos os seus atos praticados. O art. 5, XXXIII, da Constituição Federal, dentre vários outros diplomas, assegura que:

> *todos têm o direito a receber dos órgãos públicos informações de seu interesse particular, ou de interesse coletivo ou geral, que serão prestadas no prazo da lei, sob pena de responsabilidade, ressalvadas aquelas cujo sigilo seja imprescindível à segurança da sociedade e do Estado.*

A regra geral, portanto, é dar publicidade aos atos administrativos. Para isso, vários órgãos e entidades criaram Portais de Transparência com a finalidade de divulgar os gastos públicos e viabilizar o controle dos atos praticados pela Administração Pública. Acrescente-se a isso a possibilidade de realizar a consulta de dados de servidores públicos federais por vários parâmetros de pesquisa.

O acesso à informação pública é uma tendência que vem sendo aplicada em vários países do mundo através da Lei da Informação. Em novembro de 2011 o Brasil aprovou a lei nº 12.527, regulamentando o art. 5º, inciso XIV, art. 37, § 3º, inciso II, e o art. 216, § 2º, da Constituição Federal, criando vários mecanismos a fim de garantir o acesso à informação pública e proteger informações imprescindíveis à segurança do Estado e da sociedade.

Os procedimentos dispostos na Lei da Informação devem ser seguidos pela União, pelos estados, pelo Distrito Federal e pelos municípios, incluindo ainda o Poder Judiciário, o Legislativo, o Ministério Público e os Tribunais de Contas.

O art. 8º da referida lei elenca uma série de informações que devem estar disponíveis nos sítios eletrônicos independentemente de requerimento da parte interessada. Dentre as quais: registro das competências e estrutura organizacional, repasses ou transferências de recursos financeiros, despesas, informações concernentes a procedimentos licitatórios com editais e resultados e dados gerais para o acompanhamento de programas, ações, projetos e obras de órgãos de entidades.

O decreto nº 7.724, de 16 de maio de 2012, ao regulamentar a Lei de Informação, determinou ainda que devem ser disponibilizados a remuneração e o subsídio recebidos por ocupante de cargo, posto, graduação, função e emprego público, incluindo auxílios, ajudas de custo, jetons e quaisquer outras vantagens pecuniárias, bem como proventos de aposentadoria e pensões, de maneira individualizada, conforme ato do Ministério do Planejamento, Orçamento e Gestão.

Vale ressaltar que essa disposição do Decreto em divulgar remuneração de servidores tem gerado ações judiciais proibindo a sua divulgação. Os magistrados, ao analisarem em sede de liminar o pedido feito por servidores, alegam que o decreto inovou ao regulamentar a lei de informação, pois em nenhum momento ela determinou esse tipo de divulgação, fugindo, portanto, à sua função apenas de regulamentar.

Os sítios eletrônicos devem ser mantidos atualizados e conter ferramentas de busca a fim de facilitar a realização da pesquisa. As informações encontradas podem ser gravadas em diversos formatos de modo a facilitar sua análise.

No site Acesso à Informação (<https://www.gov.br/acessoainformacao/pt-br>), do governo federal brasileiro, é possível fazer busca e acompanhar os pedidos, acesso de dados abertos por órgãos públicos, além de todas as orientações necessárias à procura dos dados. O site possibilita, ainda, através do e-Sic (Sistema Eletrônico de Informações ao Cidadão), o encaminhamento direto de Pedido de Informação a todo órgão ou entidade do Poder Executivo Federal.

Através da Internet, é possível fazer o pedido, acompanhar o prazo pelo número de protocolo gerado eletronicamente, entrar com recursos e receber respostas via e-mail.

Há vários sites para consulta. O Portal da Transparência do Governo Federal (<https://portaldatransparencia.gov.br/>) é, sem sombra de dúvidas, o maior de todos, contando atualmente com informações de despesas, receitas, empresas sancionadas e relação de servidores.

O sítio da transparência foi criado pelo decreto nº 5.482, de 30 de junho de 2005, ficando a Controladoria-Geral da União, órgão do Sistema de Controle Interno do Poder Executivo Federal, incumbida de gerenciar as informações do Portal.

A Portaria Interministerial nº 140, de 16 de março de 2006, disciplina a divulgação de dados e informações pela Administração Federal. Nela, há a determinação de manter nos sites dos órgãos e entidades um tópico, denominado "Transparência Pública", com a finalidade de facilitar a divulgação.

Essa ferramenta é de grande importância na busca de informações sobre transferências de recursos, gastos diretos do Governo Federal, execução orçamentária, convênios, receitas previstas, situação de cada servidor do governo federal, dentre uma infinidade de outras que podem ser acessadas. Antes, uma simples informação dependia de um ofício que poderia demorar meses para ser respondido. Hoje, um simples acesso possibilita a resposta de imediato e a otimização de tempo na pesquisa.

Além disso, o portal oportuniza a realização de um cadastro prévio, a fim de que o pesquisador possa receber informações sobre liberações de convênios de um município mediante um alerta via e-mail. É semelhante à ferramenta "alertas" do Google, que possibilita economia de tempo, ou seja, em vez de ficar procurando um termo repetidas vezes, faz-se um cadastro da palavra-chave a ser pesquisada e toda a informação é encaminhada diretamente para o e-mail do interessado.

O Brasil e as fontes abertas

Percebemos ainda um preconceito na utilização do dado livremente disponível em nosso país. Por outro lado, já é comum, por parte de instituições não policiais, a obtenção de informações em mídias sociais antes de contratar alguém ou, ainda, com nossos tribunais admitindo as redes sociais como meio de prova. Com relação ao primeiro caso, as empresas nominam essa pesquisa como "uma forma inteligente de contratar".

A juíza da 5ª Vara Cível da comarca de Rio Branco-AC negou a gratuidade da justiça em razão de fotos postadas pelos requerentes no Facebook, contrapondo a alegação de carência financeira da inicial (NASCIMENTO, 2015).

No mesmo sentido, um magistrado decidiu por negar os benefícios da gratuidade ao afirmar:

> *Ao analisar as redes sociais, especialmente o Facebook, observo claramente que a promovida alterou a verdade dos fatos para intentar a isenção do pagamento das custas processuais, quando na verdade tem perfeitas condições para o pagamento, isso partindo do pressuposto que uma pessoa, ao divulgar a presença no "showzão de Jorge e Mateus com os friends" na vaquejada de Currais Novos, não está preocupada com o sustento da família conforme alegou na contestação. Do mesmo modo, a "prainha show", bem como os momentos felizes, E CAROS, assistindo aos jogos da Copa do Mundo Fifa 2014, dão conta que tem perfeitas condições de arcar com as custas processuais*[20].

No caso do site de relacionamento, o TJ-RS, ao analisar o agravo nº 70015426174, da Comarca de Esteio-RS, negou a gratuidade da Justiça a um casal, utilizando como meio probatório fotos do Orkut do casal nas cidades de Veneza e Paris. Um dos trechos do acórdão cita que:

> *Constante petição acostada nos autos por parte da agravada, verifica-se que a situação financeira dos agravantes, ao contrário do que foi amplamente deduzido em sede de agravo de instrumento, embargos de declaração não é verdadeira. Isso porque, quem passa por dificuldades financeiras evidentemente não tem condições de efetuar viagens ao velho continente anualmente, consoante demonstram as fotos obtidas no site www.orkut.com referente à página da agravante – de se*

[20] TJ-RN. Comarca de Cruzeta. Vara Única. Proc. nº 0100473-82.2013.8.20.0138. Juiz Marcos Vinicius Pereira Junior. Julgado em 05 out. 2014.

> *notar fotos dos agravantes em cidades como Veneza, em julho de 2005 e 2006, e Paris em junho de 2005*[21].

O Tribunal Superior do Trabalho também, em decisão da 2ª Turma[22], ao analisar o processo no âmbito do pagamento de custas processuais, negou gratuidade ao afirmar que:

> *A reclamada, quando da impugnação do pedido, e com base nas informações extraídas da página do reclamante na INTERNET (ORKUT), alegou que o autor não pode ser considerado necessitado na acepção do termo na lei, pois, além do exercício da advocacia, é proprietário de um restaurante especializado em comida árabe e, ainda, trabalha na área de exportação.*

O site Conjur cita um artigo interessante que versa sobre a utilização do Orkut para localizar devedor de pensão. O advogado, diante da negativa do oficial de justiça em encontrar o devedor de alimentos no valor de mais de seis mil reais, peticionou ao juiz alegando que (PINHO, 2008):

> *... Assim, investigando por outros meios, descobriu-se que é o requerido detentor de uma página no site Orkut, bem como que é usuário do chat MSN, do site Hotmail, conforme documentos. De tal sorte, em homenagem aos princípios da efetividade da Justiça e da razoável duração do processo, e levando-se em consideração que o presente processo arrasta-se desde janeiro de 2005, requer-se, alternativamente, as seguintes providências: – sejam os sites Orkut (Google – www.orkut.com) e Hotmail (Microsoft – www.hotmail.com) oficiados para que informem os dados cadastrais do requerido, bem como noticie o número do IP utilizado para acesso aos sites em questão e de qual endereço se originam.*

Os aplicativos de envio de texto, imagens e vídeos também têm sido utilizados como ferramenta para dar maior agilidade na publicidade dos atos. Em Tucuruí-PA, o juiz, ao intimar o réu com residência no Suriname, ordenou o uso do aplicativo WhatsApp para dar ciência da decisão[23]. Em Presidente Médici-RO, ao despachar em ação de cumprimento de sentença, o magistrado determinou que a autora

---

21 Tribunal de Justiça do Rio Grande do Sul. Agravo Interno nº 70015426174. 17ª Câmara Cível. Relator Desembargadora Elaine Harzheim Macedo.

22 Tribunal Superior do Trabalho. Processo: AIRR – 170040-58.2005.5.12.0041 Data de Julgamento: 22 abr. 2009, Relator Ministro: Vantuil Abdala, 2ª Turma, Data de Publicação: DEJT 26 jun. 2009.

23 Justiça do Trabalho de Tucuruí-PA. Processo 0002736-51.2013.5.08.0110. Juiz Ney Maranhão.

fosse intimada pelo meio menos oneroso e rápido, indicando e-mail, telefone e o WhatsApp[24].

Há vários outros casos em que a justiça vem se utilizando de dados coletados para balizar suas decisões:

- **Assédio sexual e uso de aplicativo:** não se olvida que o WhatsApp é uma ferramenta que possibilita a comunicação rápida, mas também apresenta alto nível de informalidade nos diálogos, o que se revela pelo uso de linguagem coloquial e de emoticons, sendo certo que o referido aplicativo transmite mais do que informações: ele repassa emoções. Assim, embora relativamente útil, qualquer usuário do WhatsApp possui plena consciência de que o aplicativo definitivamente não é a melhor forma para se manter uma comunicação estritamente formal e profissional, notadamente diante da suspeita de assédio sexual[25].
- **Justa causa e conversa por aplicativo:** a demissão de uma empregada por justa causa em razão de haver criado um grupo de trabalho no WhatsApp no qual se referia a outra empregada e a um diretor executivo de forma pejorativa foi convertida, tendo a empresa sido obrigada a entregar o Termo de Rescisão de Contrato de Trabalho. Na decisão, a magistrada ressaltou que "a reclamante, enquanto gerente da empresa, não tinha direito ou obrigação de censurar o teor das conversas havidas dentro do grupo pelo celular, dado o próprio caráter privado da troca de informações em questão e do direito à livre manifestação de pensamento assegurado também pela Carta Constitucional"[26].
- **Pensão alimentícia e conversa em aplicativo:** a justiça paulista reconheceu como indício de paternidade as conversas trocadas no WhatsApp, determinando o pagamento de pensão alimentícia para cobrir as despesas no período de gestação[27].
- **Amizade em rede social e contradita de testemunha:** amizade entre a autora e a testemunha na rede social Facebook que não é suficiente para afastar o

---

[24] Juizado Cível de Presidente Médici-RO. Proc. 1000137-07.2013.8.22.0006. Juiz João Valério Silva Neto. 16 out. 2014.

[25] TRT-3 – RECURSO ORDINÁRIO TRABALHISTA: RO 01582201401003006 0001582-11.2014.5.03.0010. Des. Rel. João Bosco Pinto Lara. 16 dez. 2015.

[26] TRT10 – 2ª Vara do Trabalho de Taguatinga-DF, Proc. 0000351-66.2014.5.10.0102. Rosarita Machado de Barros de Caron.

[27] TJ-SP. Comarca de São Paulo. Fórum Central Cível. 5ª Vara de Família e Sucessões. Juiz André Salomon Tudisco. 06 out. 2014.

compromisso, ainda mais quando a contradita foi feita tão somente depois de tomado o compromisso e depoimento da testemunha[28].

- **Conversa privada de rede social juntada em processo administrativo disciplinar:** não há ilegalidade de prova colhida em processo administrativo consubstanciada em postagens de grupo fechado em site de relacionamento. No caso, se um integrante do grupo concatenou o material extraído do sítio eletrônico e o enviou, sob forma de denúncia, não há ilicitude na prova[29].
- **Juiz usa Facebook para encontrar reclamante com valores a receber:** um juiz do Trabalho de Parintins-AM logrou êxito na localização de um reclamante com precatório vencido há mais de oito anos. A divulgação em uma rede social foi bastante exitosa eis que inúmeras diligências efetuadas por oficiais de justiça e editais publicados em meios de comunicação não foram suficientes para localizar o beneficiário (TRT DA 11ª REGIÃO, 2015).
- **Suspensão de auxílio-doença com base em fotos do Facebook:** a Advocacia--Geral da União ingressou com um pedido de suspensão de benefício anexando postagem de redes sociais da requerida. Na emissão do laudo o perito ressaltou que "uma pessoa com um quadro depressivo grave não apresentaria condições psíquicas para realizar passeios, emitir frases de otimismo, entre outros. Portanto, consideramos que a paciente apresentou cessada sua incapacidade após o exame pericial" (REDAÇÃO CONJUR, 2015).
- **Instituto de Previdência do Rio Grande do Sul cancela pagamento de 118 pensões irregulares desde 2015:** em análises, desde 2015 até o fim de junho de 2019, 118 pensões por morte foram canceladas pelo Instituto de Previdência do Estado do Rio Grande do Sul (IPE Prev). A medida foi tomada após uma apuração interna ter revelado que pensionistas filhas solteiras mantinham união estável e, mesmo assim, recebiam o benefício – que deveria ser cortado após o casamento. Um dos motivos para chegar a essa conclusão foi a interação de informações entre os dados constantes de órgãos oficiais e dados coletados de redes sociais (G1 RS; RBS TV, 2019).

Outros casos e análise mais completa sobre validade do uso das fontes abertas, vide capítulo específico. No entanto, durante a análise dos temas, vários exemplos do emprego e da validade das fontes abertas serão destacados.

---

[28] TJ-RS – Recurso Cível: 71005380621. Primeira Turma Recursal Cível. Rel. Pedro Luiz Pozza. Julgado em 24 mar. 2015.

[29] TJ-RJ – RECURSO INOMINADO: RI 02539109620138190000. PRIMEIRA TURMA RECURSAL FAZENDÁRIA. Relator: Juiz Luiz Fernando de Andrade Pinto. 24. out. 2014.

O Plano de Ação Nacional sobre Governo Aberto foi uma das primeiras iniciativas do poder público, instituído através de decreto presidencial datado de 15 de setembro de 2011, visando promover ações e medidas que se destinam ao aumento da transparência e do acesso à informação pública.

Visando incrementar este processo, o Ministério do Planejamento coordenou a criação do Portal Brasileiro de Dados Abertos, página hospedada em <https://dados.gov.br/home>, sendo parte da INDA (Infraestrutura Nacional de Dados Abertos)[30]. Tal iniciativa visa a melhoria contínua na publicação de dados abertos com esteio nas melhores práticas adotadas dentro e fora do Brasil.

Nesse portal são divulgados dados sobre saúde, transporte, segurança pública, educação, processo eleitoral, gastos governamentais, dentre outros. Também são demonstradas iniciativas de dados abertos disponibilizadas por governos estaduais e municipais. Ao acessar os dados no site (<https://dados.gov.br/home>), várias opções e formatos estão disponíveis para consulta e análise.

[30] INDA foi criada pela Instrução Normativa nº 4, de 12 de abril de 2012, da Secretaria de Logística e Tecnologia do Ministério do Planejamento, Orçamento e Gestão.

2. O CRIME E AS FONTES ABERTAS

Criminosos usam fotografias da vítima e de parentes, telefones, locais frequentados e hábitos como fontes de informação para auxiliar na prática delitiva. É o caso do Facebook Check-ins[31], ferramenta integrante da rede social que permite ao usuário divulgar o local exato em que se encontra(va)[32].

Com a popularização desses sites, redes sociais e aplicativos de mensageria, os usuários passaram a postar fotografias, vídeos, informações pessoais, endereços e números de telefone – dados estes bastante úteis e facilitadores para qualquer ação criminosa.

Como forma de criticar e até alertar para os perigos da exposição na Internet, um grupo de holandeses criou o site Please Rob Me, indicando quando uma pessoa se encontra em casa ou não com base em informações do Twitter e do Foursquare.

Assim, percebe-se o uso massivo das informações disponibilizadas na web, que, mesmo estando em sites diferentes, uma vez reunidas, podem dar inúmeras dicas sobre os usuários. O criminoso usa, por exemplo, tais dados para formatar documentos falsos, criar cadastros falsos em lojas virtuais, realizar compras etc. Foi o que ocorreu no caso do sequestrador preso em Santa Catarina no ano de 2014. Segundo ele mesmo relatou à imprensa, coletou todos os dados no Facebook e em menos de dez dias arquitetou o plano do sequestro (G1 SC, 2014).

Nos próximos tópicos e capítulos vamos conhecer inúmeras ferramentas à disposição dos analistas e que podem ser úteis para o desenvolvimento de trabalhos e, por que não, para utilização de cunho pessoal.

---

[31] O Facebook é uma das redes sociais com mais usuários no mundo inteiro.

[32] Vide tópico específico sobre o Facebook.

Mídias sociais e casos de sucesso

Como referido antes, vários sites de relacionamento são bem úteis como fontes abertas, trazendo muitas informações sobre o investigado, desde hábitos até ambientes que frequenta, passando por relatos de viagens e de encontros, o que facilita bastante o trabalho de coleta e análise dos dados.

Uma pesquisa realizada no ano de 2014 sobre o uso de mídias sociais por órgãos de aplicação da lei mostrou que 73% dos órgãos de investigação utilizam as redes sociais para solucionar os delitos de forma mais célere, com 25% dos policiais acessando-as diariamente para auxílio do seu trabalho. O estudo denota ainda que 71% dos profissionais que atuam com essa forma de coleta aprendem sozinhos, em detrimento de 19% que são capacitados para tal (LEXISNEXIS, 2014).

Segundo um levantamento realizado no ano de 2014 pela Associação Internacional de Chefes de Polícia (IACP), os órgãos investigativos estão incorporando às suas atividades o emprego de fontes abertas. De acordo com os dados, 82,3% dos entrevistados têm por hábito empregar mídias sociais na investigação policial. Para realizar essa tarefa, utilizam Facebook (95,4%), Twitter (66,4%) e YouTube (38,5%). Além do mais, a individualização da autoria delitiva tem sido aperfeiçoada em 77,5% dos casos (IACP SOCIAL MEDIA, 2014).

Fatih e Bekir (2015) asseveram sobre a importância do emprego dessas informações como meio para incremento da atividade policial:

> *Tradicionalmente, as agências de persecução sempre tiveram um relacionamento pouco amigável com a tecnologia. Não há, todavia, como ignorar ou resistir à adoção de novas tecnologias por mais tempo, especialmente em razão do desenvolvimento na tecnologia da informação e a mudança de atitudes e percepções, tanto das forças policiais quanto dos criminosos. O uso efetivo dos avanços tecnológicos e o emprego da TI para o policiamento serão de grande utilidade no combate aos crimes.*

O uso de redes sociais e informações disponibilizadas na Internet pode auxiliar nos seguintes aspectos:

a) **Localização de foragidos:** mesmo após o cometimento de uma infração, o criminoso utiliza-se das redes sociais para manter contato com o seu círculo de relacionamento ou até mesmo para se vangloriar de sua ação.

b) **Identificar testemunhas e suspeitos:** ao postar e compartilhar imagens do local de um crime, a polícia consegue informações úteis que podem identificar suspeitos e testemunhas que presenciaram o ato.
c) **Investigação criminal:** busca por elementos informativos para atribuição de autoria quando da realização de inquéritos policiais. Dados sobre ostentação, patrimônio, relacionamentos afetivos e de negócios são importantes no esclarecimento de fatos.
d) **Redes de relacionamentos da vítima e do criminoso:** várias informações poderão estar disponíveis: familiares, relacionamentos amorosos, amizades, hábitos, locais em que frequentou com os check-ins disponíveis, negócios realizados etc.
e) **Coletar evidências digitais:** o cometimento de crimes na Internet deixa um monte de evidências que devem ser recolhidas de maneira rápida e eficaz para que seja comprovada a materialidade delitiva.
f) **Prestação de serviços à comunidade:** informando áreas de risco, fornecendo dados sobre índices de criminalidade de uma região, avisos sobre vias interditadas e desastres naturais etc.
g) **Torcidas organizadas e integrantes de gangues:** a polícia deve atuar, principalmente nas redes sociais, na identificação de integrantes desses grupos bem como antecipar-se em locais de confronto entre grupos rivais marcados pela Internet.

Puleri (2021, p. 28) enfatiza a importância da OSINT para facilitar as prisões e investigações com a utilização de informações confiáveis e facilmente acessíveis:

> *Os policiais usam inúmeras tecnologias para coletar e analisar OSINT. Existem algumas plataformas e tecnologias eficientes na coleta e análise de informações. As mídias sociais têm se mostrado eficazes. Elas fornecem um ambiente adequado para que os usuários expressem seus sentimentos e ideias de forma rápida e fácil. Muitas pessoas usam as plataformas para postar eventos e pensamentos significativos. A informação às vezes é acessível por todos os membros da plataforma de mídia social. Os policiais podem facilmente coletar as informações registrando uma conta na plataforma e procurando o alvo ou pesquisando palavras-chave e frases.*

A polícia, apesar de algumas iniciativas ainda tímidas, também passou a utilizar a busca de informações disponíveis na rede, logrando êxito. A seguir citamos alguns casos práticos de sua utilização em prol da atividade de segurança pública:

- **Assaltante preso no México por causa de informações postadas no Facebook:** neste caso, a prisão foi bem-sucedida porque o criminoso adicionou como amigo um integrante do Departamento de Defesa norte-americano (MÉXICO, 2009). O fugitivo Max Scopo exibia um luxuoso estilo de vida em um resort em Cancún, México.
- **Um dos cem criminosos mais procurados da Itália foi preso em Isola di Capo Rizzuto graças a seu "amor" pelo Facebook:** a polícia rastreou o chefe mafioso Pasquale "Scarface" Manfredi, de 33 anos, porque o líder da organização calabresa 'Ndrangheta' se conectava ao site de rede social com muita frequência. Dessa forma, eles puderam rastrear sua conexão de Internet até seu esconderijo (CHEFE, 2010). Em uma situação similar, no ano de 2012, a polícia piauiense conseguiu localizar e prender um casal acusado de estelionato. O curioso é que a mulher criou uma conta no Facebook e postou várias informações, inclusive o local de seu trabalho e de residência.
- **Polícia da Itália usa redes sociais para prender pichadores:** a polícia italiana logrou êxito na identificação e prisão de pichadores na cidade de Pádua, região norte da Itália. As informações extraídas de Facebook e YouTube foram cruciais para o sucesso da missão (CRESCENTI, 2014).
- **Pêsames antes da hora:** Robert Powell foi preso pelo assassinato do seu amigo ao postar frases no MySpace com mensagens de "Descanse em paz" antes de o fato ter chegado ao conhecimento da polícia (MACEDO, 2010).
- **Polícia mineira e localização de suspeito de homicídio:** a prisão de um investigado por homicídio ocorreu na cidade de Mathias Lobato-MG. A fotografia postada pelo foragido com um conjunto de montanhas ao fundo forneceu dados relevantes para a sua localização e detenção (POLÍCIA, 2014).
- **Lugar certo e sabido:** Cris Crego, foragido por prática de roubo em Nova Iorque no ano de 2009, foi preso, no estado de Indiana, após postar no Facebook e no MySpace sua residência, local de trabalho (Body Art Ink), bem como o horário em que trabalhava (MILLER, 2010).
- **Help find Jim Gray:** Jim desapareceu ao navegar em alto-mar e nunca mais foi encontrado, apesar dos esforços da guarda costeira americana. A Amazon utilizou o S3 Storage Service e o Mechanical Turk para processar milhares de fotos de satélite disponíveis da região do desparecimento do veleiro. Essa iniciativa envolveu milhares de pessoas na web à procura do veleiro. Nessa busca foram utilizadas mais de 560 mil imagens de satélites, disponíveis em três satélites[33]. Apesar de não ter logrado êxito, serve como um excelente exemplo de fonte de buscas com a utilização da Internet.

---

[33] O site disponível era Help Find Jim em: http://www.helpfindjim.com/. Não obstante, o serviço se encontra indisponível e o domínio não está mais acessível.

- **Homicida e Orkut no Piauí:** a polícia piauiense, em investigações ocorridas no sul do Estado para solucionar crimes por encomenda, passou a procurar os envolvidos e indiciados. Após várias tentativas frustradas de prender um dos executores do grupo, recebeu uma denúncia sobre o possível local em que sua noiva frequentava um curso superior. O primeiro passo foi acessar o Google, tomar o endereço da universidade e localizar seu respectivo site. Depois, em busca pelas comunidades no Orkut, localizou-se a página da noiva do foragido com várias informações, inclusive com recados (scraps) sobre o dia em que houve o casamento. O próximo passo foi verificar os cartórios de registro de pessoas e encontrar a documentação. Assim, com base nas informações coletadas, a prisão foi realizada com sucesso.
- **Foto no Orkut e sucesso na operação:** no ano de 2008, a polícia piauiense estava prestes a deflagrar uma operação para coibir a venda de medicamentos não autorizados. Após um dos alvos ser avisado que seria preso, desligou o telefone. A polícia tinha em mãos fotografia do veículo do foragido postada em site de relacionamento. A prisão foi realizada, culminando com êxito da operação.
- **Maconha e Google Earth:** a polícia suíça apreendeu 1,2 tonelada de maconha com o auxílio do software de imagens Google Earth. A investigação resultou na prisão de 16 pessoas e na localização da plantação, medindo aproximadamente 7.500 metros quadrados, que estava camuflada em uma plantação de cereais (DA REDAÇÃO, 2009).
- **Sequestro e Google Street View:** com o auxílio do Google Street View (visão de rua), ferramenta agregada ao Google Maps, a polícia do estado de Massachusetts (Estados Unidos) conseguiu solucionar o rapto de uma criança, efetuado pela avó. Para lograr êxito, usou as coordenadas do celular utilizado para o contato, acessou a plataforma de mapas e localizou um prédio nas proximidades. Após a devida checagem, a menina foi encontrada e liberada (CHOW, 2009). No Rio Grande do Sul, embora não noticiado na imprensa, já foram utilizadas informações do Google Street View. Em uma investigação para atribuição de autoria em crimes contra o patrimônio, a polícia civil estava com uma interceptação telefônica em andamento. Durante essa diligência, os investigados falavam em praticar um furto de veículo em determinado local, com detalhes e especificidades. O emprego do Street View possibilitou aos policiais a identificação do veículo citado nas interceptações, facilitando, sobremaneira, a vigilância do local e o planejamento das ações policiais.
- **Sequestrada pede socorro pelo Facebook:** nos Estados Unidos, uma mulher que estava sequestrada com seu filho na cidade de Salt Lake City pediu ajuda pelo Facebook e conseguiu ser libertada (AP, 2011).

- **Lutador é preso após postagem:** em 2019, no bairro da Tijuca, Rio de Janeiro, um lutador foi preso por homicídio após postar fotos da vítima nas redes sociais (GRINBERG, 2019).
- **Sequestro resolvido com imagens de redes sociais:** uma foto postada em uma rede social ajudou a resolver um caso de extorsão mediante sequestro de um empresário na cidade de Ribeirão Preto-SP. Um moletom postado pelo criminoso nas redes sociais foi o mesmo utilizado dias antes, quando esteve na loja do empresário do ramo de revenda de veículos (BLUSA, 2019).
- **Fotos em redes sociais ajudaram polícia a desarticular quadrilha no Rio Grande do Sul (FOTOS, 2014):** uma quadrilha especializada em roubo, furto, clonagem e desmanche de veículos, com atuação na região metropolitana de Porto Alegre, foi identificada e presa pela polícia civil gaúcha. As postagens dos criminosos em redes sociais foram relevantes na identificação e prisão dos envolvidos.
- **Ameaça de ataque ao teatro Longacre, Estados Unidos:** a polícia de Nova Iorque aumentou a segurança do teatro após ameaça de ataque postada no Twitter. Após isso, a polícia reforçou o perímetro de onde haveria o espetáculo e identificou o responsável pela postagem criminosa (REMIZOWSKI, 2012).
- **Polícia belga e imagens de gatos em redes sociais para desinformar terroristas (JOSEPH, 2015):** a caçada a terroristas na Bélgica teve uma situação inusitada – a polícia belga solicitou à população que divulgasse imagens de gatos nas redes sociais em vez de informações sobre as diligências para prender terroristas. A adesão da população foi massiva e milhares de imagens de gatos foram postadas.
- **Identificados envolvidos em linchamento (VESPA, 2015):** após a divulgação de um vídeo de linchamento nas redes sociais, a polícia civil maranhense identificou cinco pessoas envolvidas no crime.
- **Polícia de Frankfurt, Alemanha, resolve crime após compartilhamento de vídeo:** após a morte de um homem em frente a uma boate, policiais postaram o vídeo com as imagens de CFTV do local a fim de encontrar testemunhas. A ação foi exitosa, culminando com a prisão dos envolvidos.
- **Invasão do Capitólio e identificação dos agressores por redes sociais:** no dia 06 de janeiro de 2021, centenas de pessoas, sob a alegação de fraudes nas eleições americanas, invadiram o Capitólio em Washigton-DC. Parte considerável dos agressores foi identificada por postagens, selfies e vídeos publicados por eles (AMÂNCIO, 2023).
- **Dezoito anos foragido e prisão por imagens do Google Maps:** policiais da 26ª Delegacia do Rio de Janeiro prenderam um homicida após se esconder por longos 18 anos. Após localizar o endereço, os investigadores conseguiram

verificar no Google Maps uma imagem do foragido capturada pela plataforma de mapas (FREIRE, 2022).

- **Ataques contra o Congresso Nacional, Supremo Tribunal Federal e Palácio do Planalto:** o dia 08 de janeiro de 2023 ficou marcado pela invasão dos prédios dos três poderes. De forma similar aos ataques ao Capitólio, os agressores publicaram seus atos em mídias sociais ou compartilharam em grupos de aplicativos de mensageria. Influencers e voluntários utilizaram suas redes sociais para ajudar na identificação dos invasores (FANTINATO, 2023).

3. Fontes abertas e Jogos Olímpicos e Paralímpicos Rio 2016

A realização dos jogos olímpicos e paralímpicos na cidade do Rio de Janeiro trazia consigo inúmeras preocupações com acontecimentos no Brasil e no exterior, os quais poderiam impactar na boa imagem desses grandes eventos esportivos. Dentre essas preocupações, citamos: (a) o medo de atentados terroristas; (b) o aumento dos protestos organizados em redes sociais; e (c) a turbulência política vivida pelo nosso país.

Em 13 de novembro de 2015, os ataques com fuzis e homens-bomba na capital francesa levaram a centenas de mortos e feridos. Países do mundo todo reforçaram o estado de atenção para novos ataques terroristas, com uma preocupação especial em relação aos chamados "lobos solitários".

A Europa iria sofrer um novo golpe: o ataque terrorista ocorrido em 22 de março de 2016 na estação de metrô de Maelbeek, em Bruxelas, Bélgica, deixou um rastro de destruição e insegurança, com dezenas de mortos e mais de uma centena de feridos.

Desde os jogos olímpicos de 1972, realizados em Munique, a preocupação com a segurança cresceu exponencialmente. Naquela época, atletas israelenses foram mortos por integrantes da organização terrorista Setembro Negro, após a invasão da Vila Olímpica. Assim, os eventos ocorridos anteriormente aos Jogos de 2016 eram um sinal de alerta.

O medo de eventuais ataques terroristas nos jogos olímpicos no Brasil, notadamente com a ascensão do ISIS ou ISIL, era divulgado pela mídia nacional (RODRIGUES, 2016):

> *Um integrante do grupo Estado Islâmico postou em sua conta pessoal no Twitter uma ameaça ao Brasil. A mensagem "Brasil, vocês são nosso próximo alvo" foi postada em novembro do ano passado, logo após os atentados que deixaram*

129 mortos e dezenas de feridos, na França, mas só nessa quarta-feira (13) a Agência Brasileira de Inteligência (Abin) confirmou a autenticidade do perfil e da mensagem. Ao proferir palestra na Feira Internacional de Segurança Pública e Corporativa, em São Paulo, Sallaberry falou sobre as estratégias do Estado Islâmico para recrutar seguidores e ordenar atentados pelas redes sociais. O diretor da agência de inteligência também tratou das possíveis ameaças terroristas aos Jogos Olímpicos Rio 2016 e dos riscos aos quais o Brasil está exposto atualmente. Sallaberry não só revelou que a agência de inteligência já tinha confirmado a autenticidade da ameaça divulgada pelo francês Maxime Hauchard, como também informou que a probabilidade de o Brasil ser alvo de ataques terroristas elevou-se nos últimos meses, por causa dos eventos ocorridos em outros países e do aumento do número de brasileiros que têm aderido à ideologia do grupo.

A organização terrorista ISIS, sob a liderança de Abu Bakr al-Baghdadi, proclamou um califado e utilizava as redes sociais para capitanear recursos, simpatizantes e transmitir diversas cenas de brutalidade, dentre as quais a decapitação de jornalistas e ativistas.

O poder de mobilização das mídias sociais também ficou demonstrado na Primavera Árabe. A partir do final de 2010, uma onda de protestos começou na Tunísia e se espalhou por diversos países árabes (Argélia, Bahrein, Egito, Iêmen, Jordânia, Líbia, Marrocos e Omã), com a população saindo às ruas, denunciando regimes ditatoriais e exigindo melhores condições de vida. Diversos ditadores foram retirados do poder.

Bilton faz uma análise desse poder de mobilização das redes sociais da Primavera Árabe e os reflexos para os demais países (BILTON, 2013, p. 198):

Algumas horas depois começaram a surgir notícias, algumas citando o Twitter, de que Mahmoud Ahmadinejad, o presidente iraniano, havia anunciado que vencera as eleições por maioria de votos. Mas circulavam por todo o país acusações de que Ahmadinejad havia manipulado a eleição. Horas após o anúncio, os candidatos da oposição usaram o Twitter e o Facebook para expressar seu descontentamento e pequenos focos de protesto começaram a surgir nas ruas. No dia seguinte, com as informações se espalhando através do Twitter, os protestos haviam atingido as principais cidades do Irã. Um mar de gente usando bandanas verdes e empunhando bandeiras verdes, cor do partido oposicionista derrotado, tomou as ruas exigindo a recontagem dos votos. Uma longa lista de hashtags, como #eleiçãonoirã, #irã, #forahmadin e muitas outras, tornaram-se os grandes assuntos do momento do Twitter. As pessoas compartilhavam vídeos dos manifestantes apanhando, sendo atacados e às vezes atingidos por tiros das

> *forças governamentais iranianas. Não demorou muito para que os avatares verdes começassem a inundar o Twitter.*

Mobilização decorrente dessa nova era também foi vista na Espanha em 2011. Los Indignados ou Movimiento 15-M foram protestos pacíficos organizados através de redes sociais para exigir mudança nos campos político, social e econômico. O engajamento demonstrava novos tempos. Qualquer um agora podia disponibilizar conteúdo na Internet, independentemente da mídia profissional, conforme afirmado por Malini e Antoun (2013, p. 222):

> *O "blogueiro de rua" se contrapõe ao modelo capitalizado do problogger, preso aos hits e assuntos do momento para ampliar suas conexões e audiência na rede (e assim faturar mais em seu projeto de monetização). O "blogueiro de rua" – mesmo sem muitos "seguidores" ou "amigos" – produz conteúdos, ao vivo, para poder coordenar um movimento. No caso do #15M, a multiplicidade de "blogueiros de rua" fez com que os protestos sociais vazassem por todos os lados. Em toda parte, imagens, sons, textos e vídeos registravam a movimentação ou veiculavam o debate de questões sociais em múltiplos canais em tempo real, produzindo mais interações e conversações. O "blogueiro de rua" difundia seus relatos do e no centro da própria situação. Ou como intuiu Levy, analisando a ruptura como a perspectiva de centros de difusão: "de dentro de um universo de informações, onde cada um contribui explorando de forma própria, modificando ou estabilizando (o ciberespaço)".*

Da mesma forma o Occupy Wall Street foi iniciado no Zucotti Park, distrito financeiro de Manhattan, Nova Iorque, nos Estados Unidos, no ano de 2011. A mobilização tinha como lema "Nós somos os 99%" e conclamava uma insurreição contra as desigualdades sociais, a corrupção e a influência das grandes corporações junto ao governo, especialmente as do setor de serviços e finanças.

No Brasil, as mobilizações tiveram início no ano de 2013, especialmente nos atos contra o aumento das tarifas de transporte público. A manifestação dos "20 centavos" iniciou em São Paulo e se espalhou por todo o país. Inicialmente, questionaram-se apenas as tarifas, depois surgiram outros pontos (luta contra a corrupção, gastos públicos excessivos nos grandes eventos etc.), protestos de tamanha envergadura só vistos anteriormente na época do "Fora Collor". O Facebook era a ferramenta mais utilizada para esse engajamento. Kirkpatrick (2011, p. 280) destaca essa importância:

> *O Facebook tornou-se um dos primeiros lugares em que pessoas insatisfeitas de todo o mundo apresentam suas queixas, seu ativismo e seus protestos. Essas*

> *campanhas no Facebook funcionam porque suas ferramentas de comunicação viral permitem que um grande número de pessoas fique ciente de um problema e se aglutine rapidamente.*

As multidões eram impulsionadas pelas redes sociais, notadamente com convocações através de plataformas on-line. Nobre (2013, p. 6) ressalta o caráter apartidário e autônomo desses eventos:

> *Não é de um movimento que se trata, mas de vários. As interpretações divergem sobre o que aconteceu. A ideia mesma de que seja possível um "relato dos fatos" é questionável. As interpretações divergem também sobre o sentido do que aconteceu. São diferentes as dinâmicas de manifestação nas diferentes partes do país, em cada cidade, em cada parte da cidade onde ocorrem protestos. Manifestações surgem como irrupções, grandes, pequenas, isoladas, reunidas. Quando se reúnem em grandes massas, têm forma de ondas. Dependendo de qual onda se pega, a passeata pode ter sentidos opostos, inconciliáveis. As revoltas de junho de 2013 não têm lideranças, palanques nem discursos. As passeatas se formam, se dividem e se reúnem sem roteiro estabelecido. É difícil até mesmo prever onde vão surgir e ganhar corpo. Organizam-se a partir de catalisadores nas redes sociais e no boca a boca das mensagens de texto. Não são revoltas dirigidas contra este ou aquele partido, esta ou aquela figura política. São revoltas contra o sistema, contra "tudo o que está aí".*

Dias e Silva (2016, p. 54-55) enfatizam, nessa nova era, o surgimento de posições consensuais universais e destacam que:

> *O poder de estabelecer situações consensuais e mobilizar ações e manifestações que se têm conseguido por meio da utilização das redes sociais é impressionante. Em outros países do mundo, fatos semelhantes têm ocorrido, confirmando de maneira inequívoca o poder de influência e ação das redes sociais da Internet para conseguir, em curtíssimo tempo, posições consensuais em grandes grupamentos com lideranças pouco expressivas. Posições consensuais universais já começam a despontar, envolvendo temas polêmicos como: direito de expressão, imprensa livre, direito ao aborto, liberdade de ir e vir, liberdade religiosa, direitos de propriedade, preservação ambiental, combate à miséria, liberdade política, distribuição de renda e centenas de outros. Esses temas nunca conseguiram posições consensuais porque sempre foram dominados, influenciados e/ou manipulados por grandes grupos políticos, religiosos ou econômicos que defendiam seus interesses e não os interesses de toda a população. Tais grupos sempre tiveram como posição outros grupos dominantes ou que se tornavam dominantes quando alcançavam*

o poder. A grande diferença com relação aos movimentos consensuais gerados pelas redes sociais é que estes não têm donos dominantes ou têm apenas lideranças ocasionais que servem mais como organizadoras do que detentoras do poder sobre o movimento.

Eram, portanto, novos desafios para os profissionais de segurança pública. Essas aglomerações eram mobilizadas muito rápido e exigiam uma pronta resposta do Estado, especialmente para assegurar a tranquilidade daqueles que lá estariam presentes. Alguns atos realizados resultaram em vandalismo, com danos ao patrimônio público e privado, como aconteceu em Porto Alegre, capital do Rio Grande do Sul. Para tanto, necessitava-se, pois, buscar informações em fontes abertas para saber sobre os protestos organizados, antecipar-se e evitar prováveis impactos na segurança pública local.

Por fim, o panorama político da época resultou em protestos com milhões indo às ruas. O processo de impeachment da então Presidente Dilma Rousseff foi palco de uma das maiores batalhas político-partidárias já ocorridas no Brasil. Grupos contra e a favor mobilizavam-se rapidamente através de redes sociais para defender suas posições e, da mesma forma que ocorrera com a manifestação dos 20 centavos, alguns eventos ocasionavam a depredação do patrimônio público e privado.

Os ataques terroristas, as manifestações contra a corrupção e o aumento de tarifas, além do processo de impeachment, tinham algo que poderia ser empregado pelas forças de segurança: a disponibilização de conteúdo nas mídias sociais. Dados relevantes, úteis e de livre acesso poderiam ser empregados na produção de conhecimento de inteligência cibernética a fim de subsidiar o tomador de decisões sobre acontecimentos que poderiam impactar no bom desempenho dos jogos olímpicos e paralímpicos Rio 2016.

Núcleo de Fontes Abertas (NUFA)

A SESGE – Secretaria de Segurança Extraordinária para Grandes Eventos – foi instituída através do Decreto nº 7.538, de 01 de agosto de 2011. Dentre as suas atribuições, competia-lhe a coordenação da atuação dos órgãos envolvidos na segurança pública e defesa civil das esferas de governo federal, estadual e municipal, sendo a interface do estado brasileiro com o Comitê Organizador da Copa do Mundo FIFA Brasil 2014 e da Rio 2016, no âmbito privado. Ainda de acordo com o referido diploma, seriam considerados grandes eventos: a Jornada Mundial da Juventude de 2013; a Copa das Confederações FIFA de 2013; a Copa do Mundo FIFA de 2014; os Jogos Olímpicos e Paralímpicos de 2016; e outros eventos designados pelo Presidente da República.

Para os jogos olímpicos e paralímpicos Rio 2016 foi criado dentro da estrutura organizacional o Núcleo de Fontes Abertas (NUFA). Esse setor especializado funcionava dentro da Coordenação-Geral de Inteligência da Diretoria de Inteligência – CGINT/DINT.

Os integrantes do NUFA deveriam, para tanto, utilizar as informações livremente disponíveis na Internet para produzir conhecimento válido e oportuno a ser aplicado na segurança dos jogos olímpicos e paralímpicos. Esse projeto inovador e pioneiro era formado por profissionais recrutados pela DINT/SESGE. A coleta de dados restringia-se a um campo delimitado, especialmente em razão da quantidade de informações produzidas e da dificuldade de analisar todo o conteúdo. O acompanhamento era restrito a fatos, notícias, dados e informações de interesse para a Segurança Pública, Segurança Nacional e a atividade de inteligência como um todo, voltadas única e exclusivamente aos grandes eventos no Rio 2016.

Os resultados obtidos dessa coleta eram difundidos de forma rápida, sempre levando em conta o **princípio da oportunidade**. O planejamento para essa coleta foi crucial para o sucesso da missão, especialmente para evitar o retrabalho e a perda de informações relevantes na antecipação de cenários.

Além da divisão de tarefas, o planejamento englobou pontos cruciais no sucesso da coleta em fontes abertas: (a) a capacitação dos profissionais de inteligência de segurança pública; e (b) a realização de eventos-testes. Essas diretrizes asseguraram, além de uma identificação de conteúdo qualitativo, uma confecção de documentos úteis e interativos difundidos para os destinatários finais.

Os cursos realizados foram importantes para implementar uma metodologia, além de utilizar as ferramentas disponíveis na busca do conteúdo e produzir documentos a serem difundidos para os tomadores de decisão.

A realização de eventos-teste, por outro lado, permitiu aos que ali estavam presentes corrigir eventuais equívocos e aperfeiçoar a atuação no ambiente cibernético com o seguinte foco: divisão de tarefas, coleta por setoriais olímpicas e a apresentação de um relatório interativo de antecipação de fatos. Nesse diapasão, novos documentos foram estabelecidos, destacando-se o relatório de antecipação de fatos e o informativo.

O **Relatório de antecipação de fatos** surgiu com a necessidade de se condensar tudo em um documento com informações das regiões olímpicas e assuntos relevantes. Por outro lado, o **informativo** era outro documento produzido para coleta de dados disponíveis em fontes abertas.

O **informativo** era produzido reativamente a algum pedido realizado por autoridade ou proativamente, a depender da temática ou da necessidade de um aprofundamento de pesquisa. Este documento levava em conta o princípio da oportunidade, portanto, era simplificado e difundido aos decisores logo após sua produção.

CABEÇALHO

MODELO DE RELATÓRIO DE ANTECIPAÇÃO DE FATOS

DATA:	
LOCAL:	
ASSUNTO:	
ORIGEM:	
DIFUSÃO:	
REFERÊNCIA:	
FINALIZAÇÃO:	
ANEXOS:	

SUMÁRIO

	SETOR 1	SETOR 2	SETOR 3	SETOR 4
CONSIDERAÇÕES GERAIS..				
PROGRAMAÇÃO DO EVENTO..				
PREVISÃO DO TEMPO..				
TRANSPORTE PÚBLICO..				
TRÂNSITO..				
NOTÍCIAS RELEVANTES..				
MONITORAMENTO DE REDES SOCIAIS..............................				
MANIFESTAÇÕES POPULARES...				
SEGURANÇA PÚBLICA..				
CYBER ATIVISMO..				
OUTRAS INFORMAÇÕES..				
CONSIDERAÇÕES FINAIS..				

***Instruções: Relatório com sumário interativo, para acessar a seção desejada clique na cor desejada de acordo com a Região Olímpica e/ou clique no título do sumário referente ao assunto.

☐ Sem Relevância ☐ Pouco Relevante ☐ Relevante ☐ Muito Relevante

Página 1 de 2

Figura 1. Modelo de relatório de antecipação de fatos.

CABEÇALHO

CONSIDERAÇÕES GERAIS

PROGRAMAÇAO DO EVENTO

PREVISAO DO TEMPO

TRANSPORTE PUBLICO (ONIBUS, TREM, METRO, AVIAO)

TRANSITO

NOTICIAS RELEVANTES

MONITORAMENTO DE REDES SOCIAIS

MANIFESTAÇOES POPULARES

SEGURANÇA PUBLICA

CYBER ATIVISMO

OUTRAS INFORMAÇOES

CONSIDERAÇOES FINAIS

As informações foram coletadas através de fontes abertas. Em alguns casos há necessidade de que estes dados coletados, sejam complementados através de pesquisas em outros bancos de dados.

Caso haja mudança de algum tópico descrito neste relatório, haverá comunicação imediata com os interessados.

*****

Página 2 de 2

Figura 2. Modelo de relatório de antecipação de fatos.

CABEÇALHO

MODELO DE INFORMATIVO	
DATA E HORA	TITULO

ASPECTOS CONHECIDOS

ASPECTOS A CONHECER

INFORMAÇÕES COLETADAS

INFORMAÇÕES ADICIONAIS

*****

Página 1 de 1

Figura 3. Modelo de informativo.

As informações disponibilizadas no **relatório de antecipação de fatos** deveriam ser relevantes e com impactos na segurança para o evento, evitando, sobremaneira, os dados desnecessários e sem conexão com os jogos. Para tanto, essa sinalização do que era de interesse era feita através de cores indicativas:

- **Branca**: sem relevância
- **Verde**: pouco relevante
- **Amarelo**: relevante
- **Vermelho**: muito relevante

Os dados coletados e apresentados no relatório, todavia, deveriam ser complementados com outras fontes de dados, especialmente as fechadas, eis que as fontes de consulta eram, essencialmente, buscadas em mídias sociais. Os tópicos eram divididos de seguinte forma:

a) Programação do dia: eventos a serem realizados por setorial no dia subsequente (seções, jogos, festas, eventos).
b) Clima e tempo: previsão do tempo e conteúdo relacionado. Em alguns casos, agregavam-se mapas meteorológicos por setorial na cidade do Rio de Janeiro (Barra, Copacabana, Deodoro e Maracanã), com ênfase nos locais de competição.
c) Transporte: dados referentes ao funcionamento do transporte público com ênfase no funcionamento, atraso e mudança de rotas de ônibus, trens da supervia, metrô Rio, barca e BRT e atrasos e cancelamentos de voos no Rio de Janeiro.
d) Trânsito: mudança e fechamento de vias e demais circunstâncias com impacto no fluxo normal de veículos em pontos do Rio e, principalmente, nos locais próximos aos eventos.
e) Notícias relevantes: notícias com relevância nacional ou alguma projeção no Rio de Janeiro e/ou evento. Os assuntos restringiam-se a:
   - Evento olímpico.
   - Infraestrutura.
   - Internacional.
   - Saúde.
   - Segurança pública.
   - Sistema prisional.
   - Terrorismo.
   - Outros de interesse.

f) Monitoramento de redes sociais: análise quantitativa e qualitativa de menções sobre os jogos e termos de interesse publicados nas redes sociais, como hashtags, eventos, engajamento e previsões sobre determinados assuntos.
g) Manifestações previstas: coleta de dados para identificação de manifestações que seriam realizadas no dia seguinte e com impacto direto ou indireto nos jogos.
h) Segurança pública: fatos relacionados com: atletas; família olímpica; turistas; ocorrências policiais de destaque; organizações criminosas; e sistema prisional.
i) Ciberativismo: acompanhamento de defacement e ataques de negação de serviços de aplicações de Internet governamentais ou com ligação aos jogos olímpicos e paralímpicos.
j) Outras observações: informações que não estavam previstas nos tópicos anteriormente mencionados e que foram julgadas úteis para os interesses dos decisores.
k) Considerações finais: dados das atividades desenvolvidas pela equipe de analistas do dia.

4. FAKE NEWS E O EMPREGO DE FONTES ABERTAS

Figura 4.

O incremento dos avanços tecnológicos trouxe-nos inúmeros benefícios. A comunicação, os negócios, as relações sociais e o nosso dia a dia ficaram mais fáceis. Não obstante, usuários mal-intencionados e criminosos aproveitam-se de serviços livremente ofertados para incrementar suas ações.

Por vezes, notícias falsas poderão até comprometer a lisura do processo democrático e vitimar inocentes. Foi o que ocorreu no ano de 2014, onde uma mulher acabou sendo linchada no Guarujá após ser confundida com uma sequestradora de crianças.

Segundo consta, um retrato falado de uma "suposta criminosa" foi publicado em uma página de uma rede social e populares confundiram com a mulher que passava na região (RIBEIRO, 2014).

No ano de 2018 inocentes foram linchados na Índia em decorrência de boatos espalhados no WhatsApp sobre sequestros de crianças (TARDÁGUILA, 2018):

> *Suspeitos de sequestrar crianças estão [na região] usando sedativos, injeções, sprays, algodão e pequenas toalhas. Eles falam hindi, bengalês e malaiala. Se você vir algum estranho perto de sua casa, informe imediatamente a polícia local. Pode ser um membro dessa gangue de sequestradores.*

Outrora, a desinformação era difundida de boca em boca, por impressos colocados dias antes de uma eleição. Nos dias que correm, as redes sociais e aplicativos de mensageria, muito embora tenham sido criados com fins lícitos, são empregados para viralizar conteúdos em velocidades inimagináveis.

As fake news foram a preocupação de vários países durante os períodos eleitorais. Otto Von Bismarck citava que "nunca se mente tanto quanto antes de uma eleição, durante uma guerra ou depois de uma caçada". Nas eleições do ano 2016 para presidente dos Estados Unidos tivemos uma infinidade de notícias falsas circulando sobre candidaturas. Da mesma forma ocorrera na eleição para presidente da França, culminando com a apresentação de um projeto de lei para responsabilizar os responsáveis pelo compartilhamento e pela produção desse tipo de conteúdo. A Índia realizou a maior eleição do mundo no ano de 2019, com mais de 900 milhões de eleitores aptos a votar, e a maior preocupação foi com os efeitos das fake news durante todo o processo.

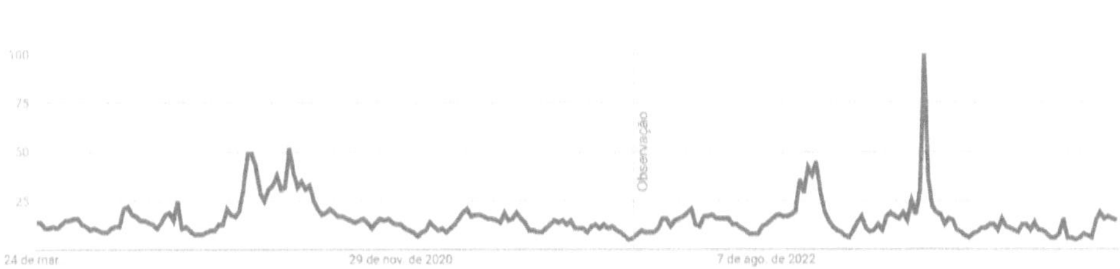

Figura 5.Consulta Google Trends sobre a busca pela palavra-chave "Fake News" no Brasil, no últimos cinco anos. Consulta realizada em 19 jan. 2024.

Nesse contexto, o emprego de fontes abertas será um dos caminhos a serem seguidos na identificação de fake news. Barreto (2018) assevera:

> *A utilização de fontes abertas é apenas um meio para verificação da integridade de uma informação que está circulando nas redes sociais, não sendo, todavia, o único procedimento a ser realizado. O volume de dados produzidos é imenso, não impossível de ser processado pelo ser humano. Nesse contexto, a utilização de inteligência artificial e aprendizado de máquina (machine learning) permitirá realizar tarefas visando detectar a circulação de notícias falsas na rede mundial de computadores. Por outro lado, as aplicações de Internet, especialmente as redes sociais e os aplicativos de mensageria, têm papel relevante, devendo aperfeiçoar seus algoritmos para um enfrentamento eficaz do fake news. Ademais, a agilidade na retirada das notícias falsas de suas plataformas, seja por ordem judicial, seja por violação às suas políticas de privacidade, impossibilita a disseminação numa maior escala, minimizando seus assoladores efeitos. Sob outro ponto de vista, a educação digital poderá trazer cenários positivos para evitar a propagação de notícias não confirmadas. As devidas cautelas devem ser levadas em conta no momento de retransmitir fatos carregados de exageros ou sensacionalismos, tais como: "ninguém divulgou isso"; "urgente"; "não deixe de ler"; "atenção"; "não deixem de divulgar"; "bomba", dentre outros termos que procuram transformar leitores desatentos em peças impulsionadoras de virais. Em síntese, as ferramentas disponíveis em fontes abertas ora explanadas não são exaustivas na identificação dos virais, necessitando, pois, de adoção de um conjunto de medidas para restringir os efeitos danosos dessa prática.*

Fact checking

Dentre as alternativas para verificação de fatos, temos as agências de fact checking (checagem de fatos). Esse caminho foi o meio utilizado especialmente pelo jornalismo para evitar publicações de fake news sem uma checagem prévia.

A primeira agência de checagem de fatos foi a Fact Check. Disponível em <https://www.factcheck.org>, a plataforma foi iniciada no ano de 2003 com o intuito de checar a precisão de fatos no cenário político americano, notadamente no campo dos anúncios, debates, discursos e entrevistas.

O Site Reporters Lab, disponível em <https://reporterslab.org/>, é um centro de pesquisa em jornalismo da Stanford School, Duke University. Nessa plataforma podemos fazer a consulta de agências de checagem de fatos georreferenciadas no mundo.

A busca por agências do Chile, por exemplo, informa a existência das seguintes: La Tercera, Observatorio de Datos del Periodismo y la Comunicación, Fake News Report, Meganoticias, El Polígrafo, Cazadores de Fake News, AFP Factual, Fact Checking CL, Biobio Chile[34]. Essa plataforma se torna bem interessante para verificação de notícias de outros países.

Diversas agências se especializaram nessa consulta de publicações que circulam em sites, aplicativos de mensageria e redes sociais no Brasil. Listamos alguns sites de verificação de fatos disponíveis no Brasil. Não obstante, recomendamos a dupla verificação da fonte para checar se determinado fato é ou não desinformador:

- Estadão Verifica – <https://politica.estadao.com.br/blogs/estadao-verifica/>.
- G1 Fato ou Fake – <https://g1.globo.com/fato-ou-fake/>.
- Aos Fatos – <https://aosfatos.org/>.
- Boatos – <https://www.boatos.org/>.
- E-Farsas – <http://www.e-farsas.com/>.
- Publica – <https://apublica.org/checagem/>.
- Comprova UOL – <https://noticias.uol.com.br/comprova/>.

Estudo de caso – Fake news e uso de buscadores

A quantidade de informação postada a cada instante torna impossível a análise por qualquer plataforma. Não obstante, a aplicação de algumas técnicas de busca retornará dados para identificar eventual desinformação.

De início, a análise do texto poderá conter dados ou aspectos que apontem aquele conteúdo como duvidoso:

- Dados aleatórios com aparência de verdade.
- Sensacionalismo e notícias absurdas (não deixe de divulgar; atenção; tiraram do ar; essa a Globo não mostra; divulgue para seus contatos).
- Erros de português.
- Sites desconhecidos ou emprego de typosquatting.
- Emprego de Caps Lock.
- Viralizando rapidamente em redes sociais e aplicativos de mensageria.

---

[34] Consulta realizada em 19 jan. 2024.

Dessa maneira, poderemos utilizar, além das agências de fact check, ferramentas de busca para verificar a veracidade de um fato divulgado. Por vezes, a utilização do Google já consegue demonstrar isso. Podemos citar, como exemplo, a fake news mais famosa das copas do mundo, onde são expostos os motivos pelos quais a seleção brasileira foi eliminada.

> *A aceitação veio através do pagamento total dos prêmios, US$ 700.000,00 para cada jogador, mais um bônus de US$ 400.000,00 para todos os jogadores e integrantes da comissão, num total de US$ 23.000.000,00 (vinte e três milhões de dólares) através da FIFA. Além disso, os jogadores que aceitarem o contrato com a empresa FPAR nos próximos 4 anos terão as mesmas bases de prêmios que os jogadores de elite da empresa. Assim, combinou-se que o Brasil seria derrotado durante o segundo tempo, porém a apatia que se abateu sobre os jogadores titulares fez com que a Bélgica, que absolutamente não participou desta negociação, marcasse, em duas falhas simples do time brasileiro, os primeiros gols*[35].

Quando copiamos um trecho desse boato no Google, verificamos que esse material já circula desde a copa do mundo da França, em 1998. A cada campeonato, mudanças ocorrem nos personagens e no local, e outros dados do texto permanecem intactos. Caso haja eliminação do Brasil na Copa de 2026, certamente esse material vai ser utilizado e alguns usuários compartilharão sem ao menos se preocupar com a dupla verificação da fonte.

Outras buscas por palavras-chave podem auxiliar na identificação de imagens semelhantes para situações que estão em andamento. Algumas imagens antigas são empregadas em redes sociais e aplicativos de mensageria para desinformar os usuários desatentos e dar maior credibilidade à postagem.

Estudo de caso – Imagens e fake news

No dia 23 de junho de 2018, um treinador e 12 garotos de uma equipe de futebol foram dados como desaparecidos. Após 10 dias de buscas realizadas por diversas equipes, os garotos foram encontrados numa caverna cerca de 400 metros da praia de Pattaya, na província de Chian Rai, Tailândia.

---

[35] Trecho do boato que circulou nas redes sociais e aplicativos de mensageria sobre os motivos da eliminação do Brasil. Conteúdo falso.

O resgate foi realizado com sucesso, todavia surgiam, a todo instante, notícias falsas sobre como foi a operação de salvamento, como um vídeo que circulou nas redes sociais e aplicativos de mensageria parabenizando os mergulhadores.

Na época, diversos usuários simplesmente compartilharam o vídeo como se verdadeiro fosse, porém as notícias repassadas enfatizavam as dificuldades decorrentes das fortes chuvas que assolavam a região.

Figura 6. Captura de tela de vídeo que circulava sobre o resgate dos garotos. Arquivo pessoal.

A dupla verificação da fonte demonstrou, de imediato, que o vídeo era conteúdo desinformador. Ao fazer a captura de um frame do vídeo e utilizar a pesquisa por imagens semelhantes no Google Images, obtivemos várias respostas que apontavam para o resgate dos garotos. Não obstante, uma delas apontou para um vídeo publicado no YouTube no ano de 2010 denominado "Spéléo Secours Français DivX Full HD.avi".

Figura 7. Captura de tela do vídeo intitulado Spéléo Secours Français DivX Full HD.avi, datado de 20 de junho de 2010. Arquivo pessoal.

Greve dos caminhoneiros

A greve dos caminhoneiros, também conhecida como Crise do Diesel, teve início no mês de maio de 2018. A paralisação durou alguns dias, causando desabastecimento em várias cidades brasileiras.

Durante esse período, várias notícias desinformadoras surgiram, dentre as quais podemos citar[36]:

- Governo pode cortar sinais de Internet no Brasil para interromper comunicação entre caminhoneiros.
- Caminhão foi incendiado por furar bloqueio de caminhoneiros.
- Militares foram flagrados empurrando veículo sem gasolina após anúncio de Temer.
- Força Nacional decidiu apoiar os caminhoneiros.
- Supermercados foram saqueados em Bangu.
- Diretor da Elektro disse que governo Temer mandou cortar energia.
- Manifestantes fizeram jogral em Brasília.
- Embraer fez críticas ao Brasil, dizendo que país tem o combustível mais caro do mundo, em vídeo institucional.
- Polícia Rodoviária Federal atirou contra caminhoneiros.

---

[36] Esses fatos foram checados e comprovados como notícias falsas. G1; O GLOBO; CBN; TV GLOBO; EXTRA, 2018.

- Michel Temer foi expulso de manifestação de caminhoneiros.
- Câmara tem quebra-pau após deputados acusarem Rodrigo Maia de decretar estado de sítio.
- Vídeo mostra dono da maior transportadora do Brasil fazendo crítica a políticos e imprensa e dizendo que a pauta não é a greve dos caminhoneiros.
- Comandante do Exército Eduardo Villas Bôas anunciou a intervenção militar.
- Constituição autoriza intervenção militar após sete dias e seis horas de greve.
- Mandar mensagem para número de telefone do Exército pode levar a intervenção militar.
- Caminhoneiro cometeu suicídio depois de saber de multa de R$ 400 mil por bloqueio durante greve.

Outra notícia que circulou bastante em aplicativos de mensageria na época da greve foi a de um incêndio em um posto de gasolina causado pelos caminhoneiros.

Figura 8.Fotografia que circulava em aplicativos de mensageria como ação praticada na Crise do Diesel em 2018. Arquivo pessoal.

A busca por imagens semelhantes no Google demonstra que essa fotografia se refere a um incêndio ocorrido em um posto de combustível na cidade de Imperatriz, no Maranhão, no ano de 2013 (CAMINHÃO, 2013). Na mesma tela de consulta verificamos que a imagem foi utilizada para ilustrar uma matéria sobre ataques de criminosos a um posto de gasolina, fato ocorrido em janeiro de 2013.

Figura 9. Busca no Google por imagens semelhantes. Arquivo pessoal.

5. PREPARANDO UM AMBIENTE DE BUSCA

Figura 10.

É sempre bom lembrar que a Internet não é local para iniciantes, devendo o analista ser habilidoso e estar atento para os riscos que a sua pesquisa poderá causar, pois, ao acessar determinado conteúdo, poderá deixar sua marca, com informações sobre IP[37]

[37] É o número atribuído quando alguém se conecta à Internet através de um computador ou dispositivo móvel, permanecendo até a desconexão. Pode ser fixo ou variável.

(Protocolo de Internet), cookies[38], histórico de visitas e muito mais, fazendo com que o investigado possa saber se determinada instituição policial está consultando sua página. Além do mais, poderá instalar softwares maliciosos na sua máquina ou permitir acessos não autorizados. É importante ainda ter cuidado ao utilizar serviços de consulta livremente disponíveis. As empresas detentoras dessas plataformas, por vezes, capturam dados relevantes do usuário e repassam para terceiros. Uma consulta de Whois poderá informar ao responsável pelo site consultado os endereços de IP que estão fazendo a pesquisa.

Há uma expressão utilizada desde o velho oeste americano que tão bem relata essa oferta de serviços livremente disponíveis: "não existe almoço grátis". Naquela época, os estabelecimentos ofereciam comida grátis aos compradores de bebida alcoólica; no entanto, a cortesia fornecida era bastante salgada, obrigando-os a fazer mais gastos com drinques. O serviço gratuito pode, por vezes, servir como engodo para atrair o usuário desavisado.

Assim, ao começar uma pesquisa, o usuário deverá utilizar máquinas com a devida proteção, incluindo antivírus atualizado e firewalls, a fim de evitar engenharia reversa.

A qualidade da busca dependerá da utilização de ferramentas adequadas e de sites úteis. O termo a ser pesquisado deverá ser bastante específico, levando, assim, a uma resposta mais refinada. Essa procura não consiste apenas em habilidades para navegar na web e consultar bancos de dados. Requer, para tanto, compreensão sobre o assunto a ser pesquisado e, principalmente, habilidade para utilizar os mecanismos de busca.

Quem possui interesse nas nossas informações?

Este é o primeiro questionamento que devemos fazer quando realizamos busca em fontes abertas. A atividade de OSINT realizada erroneamente compromete um trabalho de investigação ou inteligência eis que os objetivos são expostos. Isso posto, recomendamos a preparação de um ambiente de busca protegido a fim de não deixar expostas as impressões digitais de quem busca. Quando o trabalho é realizado de maneira discreta, haverá sempre mais proteção.

Yamin et al. (2022) advertem sobre os riscos da utilização dessas informações para a realização de ataques cibernéticos:

---

38 São arquivos que o site visitado põe na máquina do usuário que o visita pela primeira vez, possibilitando ter conhecimento da quantidade de vezes que o site é visitado pelo usuário.

Quando os funcionários de uma organização estão navegando na web ou usando diferentes aplicativos da web, sua atividade é rastreada por diferentes métodos. Esse rastreamento é realizado, geralmente, para melhorias de desempenho e serviços personalizados. No entanto, os invasores cibernéticos podem usar essa funcionalidade ao seu favor em diferentes cenários de ataques cibernéticos. Portanto, os funcionários devem conhecer as consequências dos aplicativos de rastreamento de atividades para evitar seu uso.

A seguir, trazemos algumas considerações para garantir o uso de OSINT de maneira mais segura.

Equipamentos exclusivos

Uma das primeiras observações que trazemos é a necessidade de separar o equipamento pessoal do trabalho. Essas duas atividades não podem nunca se misturar eis o uso pessoal poderá afetar a segurança da empresa na qual você trabalha.

Quando você trabalha com a atividade de OSINT, carecerá de ferramentas específicas para coleta de dados, e a separação desses dispositivos irá evitar que configurações ou dados pessoais sejam capturados.

Enfim, ter equipamentos distintos garantirá maior proteção de dados e de identidade com maior eficácia. Não obstante, a estrutura das organizações e de empresas nem sempre oportuniza mais de um equipamento. A partição, ou seja, a divisão de um disco rígido em seções separadas é outro recurso que pode ser empregado para separar pessoal do profissional, bem como isolar os dados de OSINT coletados.

Que tal fazer uso de um pen drive bootável?

Ele vai permitir que você inicie o sistema operacional a partir de uma porta USB, assegurando mais segurança e anonimato.

Ainda não está satisfeito com as alternativas?

Certamente o emprego de máquina virtual irá mitigar os riscos e auxiliará na construção de um ambiente seguro.

Máquina virtual

Já pensou em criar um computador autônomo dentro do principal e permitir a execução de softwares e aplicativos em sistemas isolados? Pois é, as máquinas virtuais possibilitam isso.

Sullivan (2014, p. 22) enfatiza a importância da utilização de máquinas virtuais para a criação de avatares (assistentes virtuais de investigação) e proteção dos dados do profissional ou instituição:

> *O principal motivo para usar uma máquina virtual ao criar e implantar fantoches de meia é conduzir essas operações a partir de uma plataforma onde haja menos preocupação se um usuário for atacado por um vírus de computador. A máquina virtual está substituindo a máquina real do usuário. Isso permite ao usuário navegar para sites e partes inseguras da Internet, sem medo de comprometer sua própria máquina. Se a máquina virtual de um usuário for infectada, isso não será um problema; o usuário pode simplesmente apagá-la e começar novamente.*

Dentre as inúmeras vantagens do emprego em OSINT, destacamos o isolamento do ambiente de busca, pois, caso haja algum comprometimento da máquina, o principal estará protegido. Você pode visitar diversos sites sem risco de comprometer seu dispositivo informático. Não obstante, o desempenho mais lento das máquinas virtuais é um inconveniente apontado pelos usuários.

As principais máquinas virtuais empregadas são a VMware e VirtualBox. Elas oferecem inúmeras vantagens para blindar o profissional de OSINT e a escolha sobre qual operar sempre dependerá da complexidade e do orçamento da empresa ou órgão governamental.

Navegação segura

É possível assegurar uma proteção total ao profissional de OSINT no manuseio de navegadores?

Sendo bem direto, não. Falar em 100% de segurança é algo que não deve ser mencionado. Em que pesem os esforços envidados, sempre irão existir vulnerabilidades. Cabe ao profissional apenas mitigar os riscos e saber que, por mais que ele siga as recomendações existentes, nunca estará totalmente seguro.

Bubukayr e Frikha (2023) trazem aspectos relevantes sobre como os serviços coletam nossos dados e os problemas decorrentes da privacidade dos usuários:

> *A questão do rastreamento da web tornou-se uma das preocupações de privacidade mais significativas. É usado pela maioria dos sites para coletar informações pessoais, logins, localização, situação profissional, informações financeiras, gênero, estado médico, notícias ou preferências sobre os usuários para fornecer serviços de qualidade, vender anúncios direcionados e até mesmo compartilhar esses dados com outras pessoas sem o consentimento deles. A maioria dos sites contém vários elementos da web que são recuperados antes de serem visualizados. Quando um usuário abre um navegador em busca de um determinado site, esses elementos são procurados no site visitado e geram muitas outras solicitações.*

Antes de iniciarmos algumas recomendações, é importante fazer a distinção entre navegação anônima e anonimato. A primeira é um modo privado ofertado pelos principais navegadores para ocultar cookies, histórico de navegação e evitar que suas atividades sejam rastreadas. Ela não esconde, todavia, os endereços de IP e algumas atividades são coletadas[39]. Já o anonimato tem como escopo ocultar identidade, informações de localização, eclipsar protocolos de Internet e garantir maior segurança contra vigilância e rastreamento.

Os atalhos para navegação privada são:

- **Chrome:** Ctrl + Shift + N (Windows/Linux) ou Command + Shift + N (MacOS).
- **Mozilla Firefox:** Ctrl + Shift + P (Windows/Linux) ou Command + Shift + P (MacOS).
- **Microsoft Edge:** Ctrl + Shift + P (Windows/Linux) ou Command + Shift + P (MacOS).
- **Opera:** Ctrl + Shift + N (Windows/Linux) ou Command + Shift + N (MacOS).

Outra indicação que fazemos é que você teste, com frequência, a segurança do seu navegador para evitar rastreadores de sua atividade on-line. O Cover Your Tracks, disponível em <https://coveryourtracks.eff.org/>, funciona para identificar as técnicas empregadas por rastreadores on-line. De outro lado, o BrowserLeaks (<https://browserleaks.com/>) identifica de quais maneiras o site pode buscar o seu endereço de IP, dados do seu dispositivo informático e impressão digital do seu navegador.

---

[39] No Chrome, a atividade permanece visível para sites acessados, empregador, escola ou provedor de conexão e os arquivos de download e favoritos ficam salvos.

A extensão Privacy Badger (<https://privacybadger.org/>) auxilia sobremaneira na segurança do navegador contra rastreadores invisíveis.

Quanto aos navegadores a serem empregados, tenha sempre em mente que alguns deles se importam mais com privacidade do que outros, notadamente contra as técnicas de rastreamento e vigilância empregadas por eles.

O Brave, por exemplo, fornece HTTPS Everywhere para assegurar que a conexão do navegador com os sites acessados seja criptografada (<https://brave.com/pt-br/>). Assegura ainda proteção contra phishing e malware, barreiras contra cookies, rastreadores e anúncios invasivos.

Por outro lado, o Avast Secure Browser (<https://www.avast.com/pt-br/secure-browser#pc>) endossa o bloqueio de sites e downloads maliciosos com tecnologia antiphishing e ainda oculta todo o conteúdo digitado para manter seus dados seguros. A versão paga oferece um serviço de VPN.

O Comodo Dragon Browser, disponível em <https://www.comodo.com/home/browsers-toolbars/browser.php>, proporciona guarida contra malwares, designadamente quando você acessa sua conta bancária, realiza compras on-line ou manuseia serviços com conteúdo pessoal. Por fim, o Iridium Browser (<https://iridiumbrowser.de/>) é mais uma recomendação para aqueles que buscam privacidade no momento da busca.

Ademais, indicamos que o leitor fique sempre atento às novas funcionalidades que são implementadas nos serviços apontados ou em outras ferramentas que venham a surgir para uma navegação mais segura.

Anonimato: proxy, VPNs e Tor

Anteriormente já pontuamos que o anonimato tem como escopo ocultar identidade, informações de localização, eclipsar protocolos de Internet e garantir maior segurança contra vigilância e rastreamento. É, portanto, diferente da navegação anônima.

O proxy é um dos recursos que pode ser empregado para o anonimato. Funciona como um intermediário entre você e os sites acessados a fim de esconder o IP e dificultar o rastreamento on-line. Advertimos, todavia, que ele não cria uma conexão segura e criptografada, diferentemente do que é ofertado por uma VPN. Neste caso, o tráfego é roteado e enviado a um servidor remoto com o intuito de ocultar o endereço de IP e proteger a privacidade do usuário. Dentre algumas opções de VPN, recomendamos[40]:

a) Proton VPN – Disponível em <https://protonvpn.com/pt_br>, emprega criptografia para proteger senhas e dados pessoais, mesmo que a conexão seja pública. O histórico de navegação também permanecerá privado.
b) Nord – Alcançável em <https://nordvpn.com/pt-br/>, além de proteger os dispositivos contra malwares e navegação de terceiros, monitora e envia alertas de comprometimento de contas do usuário na Internet.
c) Express – Acessível em <https://www.expressvpn.com/pt>, fornece criptografia AES-256 para proteção dos dados. Por possuir servidores em diversos países, permite dar o bypass em bloqueios geográficos que impedem acesso a determinados tipos de conteúdo.
d) Cyberghost – Disponível em <https://www.cyberghostvpn.com/pt_BR/>, protege contra o roubo de dados em wi-fi públicas, elimina restrições de conteúdo on-line, protege contra ataques DDoS, proporciona camuflagem de dados pessoais e compartilhamento seguro de arquivos P2P.

Você procura mais anonimato e privacidade?

Então recomendamos a utilização da rede Tor, advertindo, todavia, que nada vai garantir os 100% tão almejados, eis que um serviço mal configurado, logins em serviços pessoais e engenharia social podem expor sua identidade.

O Tor é uma rede de computadores que funciona através do roteamento de tráfego por meio de servidores voluntários (nós) até o destino final. Esse roteamento cebola oculta o endereço de IP real e garante um maior anonimato, evitando que terceiros ou usuários mal-intencionados rastreiem sua atividade.

A rede é utilizada com frequência por ativistas, jornalistas e, em especial, por aqueles que lidam contra censuras impostas por ditaduras. A Primavera Árabe, por exemplo, popularizou ainda mais seu uso[41].

---

[40] Você pode encontrar outros serviços que ofertam VPNs. O importante é sempre levar em conta a segurança, a privacidade e a velocidade ofertada por ela. Credenciais de acesso fracas, configurações erradas e protocolos de criptografia limitados podem comprometer a segurança tão buscada pelo usuário.

[41] Movimento iniciado na Tunísia no ano 2010 e depois com repercussão em diversos países no mundo árabe para exigir reformas nos mais diversos setores (econômica, social etc.) que culminou com a queda de ditadores.

Apesar do emprego lícito, o Tor é empregado com mais frequência por cibercriminosos, trazendo consigo dificuldades para atribuição de autoria por parte das agências de aplicação da lei penal. Proulx (2022, p. 38) assevera sobre os desafios encontrados pela investigação, bem como uma necessidade de capacitar as forças policiais com mais frequência, a fim de que esse enfrentamento seja efetivo.

O Tor navegador é baixado em <https://www.torproject.org/download/> para os mais diversos sistemas operacionais. Caso não queira fazer a instalação, você pode optar pela versão portable ou pelo Tor via Brave (<https://brave.com/tor-bridges/>).

Caso queira, recorra a um Raspberry[42] como uma saída para a rede Tor, fazendo com que o equipamento funcione como um roteador wi-fi. A principal vantagem desse uso, além do risco baixo de desanonimação (se a conexão falhar, o dispositivo ficará offline), é a facilidade de configuração, sendo necessário apenas uma vez. Os dispositivos seguintes só precisam se conectar à rede wi-fi.

Por outro lado, a navegação, como é praxe da rede Tor, é sempre mais lenta, deixando o usuário insatisfeito. Para configuração e manutenção do dispositivo, o usuário deve ter conhecimentos de Linux e necessitará de um Rapsberry Pi, de preferência do modelo 3B em diante, e antena wi-fi. Recomendamos a pesquisa do projeto "Onion-Pi" para facilitar a estruturação, além de lá poder se deparar com scripts já prontos.

Por fim, caso queira navegar através de um sistema operacional baseado em Linux, prescrevemos o Tails (<https://tails.net/index.pt.html>). Ele é instalado em um pen drive e tudo passa pela rede Tor, sendo sempre inicializado sem nenhuma informação. Ao final da sessão, tudo que você fez será apagado. Nele, você encontrará uma caixa de ferramentas para sua segurança, dentre as quais (TAILS, s.d.):

- Navegador seguro com bloqueador de anúncios.
- E-mails criptografados.
- Gerenciamento e armazenamento de senhas fortes.
- LibreOffice.
- OnionShare.
- Removedor de metadados de arquivos.

Concluída a proteção do ambiente de navegação e coleta de dados, passamos a trabalhar na criação do **assistente virtual de investigação**.

---

[42] É um pequeno computador (do tamanho de um cartão de crédito) que permite as mais diversas finalidades, desde a navegação até a programação.

6. ASSISTENTE VIRTUAL DE INVESTIGAÇÃO

Figura 11.

A criação de um perfil (AVI – Assistente Virtual de Investigação)[43] para coleta de dados on-line é de suma importância para preservar a identidade do profissional de OSINT, notadamente para informações disponibilizadas livremente em mídias sociais.

---

43 Inicialmente, o termo foi empregado em meados de 2016 pelo policial civil do Distrito Federal, o Sr. Ricardo Magno Teixeira Fonseca.

Os investigadores costumam chamar esse personagem de "fantoche de meia" (sock puppet)[44]. Identidade virtual ou social, pessoa virtual e avatar também são nomes empregados. Não obstante, discordamos do termo "perfil fake". Nesse caso, o avatar é criado com dados fictícios, pessoas, imagens e endereços inexistentes.

Deve-se, portanto, dar vida a um perfil desde o zero e jamais utilizar informações de pessoas ou empregá-lo para disseminar desinformação e praticar qualquer conduta criminosa ou antiética.

Morris (2014) menciona os mais diversos empregos de AVIs na atividade de inteligência e ressalta os limites éticos e de legalidade no seu uso, sobretudo com a criação de um manual de boas práticas para utilização e capacitação dos profissionais do setor:

> *No setor público, a comunidade de inteligência utiliza sock puppets da mesma forma que um agente secreto é usado offline. Sock puppets são os olhos e ouvidos de um mundo on-line suspeito ou perto de um membro específico da comunidade. Os sock puppets tornam-se infiltradores, dataminers e observadores de potenciais riscos à segurança nacional nas comunidades on-line.*

Sullivan (2014, p. 42-43) traz à tona a dificuldade de manutenção de um assistente virtual de investigação, sobretudo pelas características únicas de cada personagem. Ele recomenda a organização da vida do avatar por meio de um software ou planilhas a fim de que não haja confusão com outros perfis. Destacamos ainda a importância dessa linha do tempo, eis que o AVI não pode ser personalíssimo, ou seja, outra pessoa do setor continuar em caso de afastamento do criador.

O AVI pode ser empregado tanto ativamente como de maneira passiva. No primeiro caso, há interação do avatar para buscar informações específicas. É o caso, por exemplo, da solicitação de amizade em uma determinada rede social. Para esse tipo, há necessidade de um perfil mais consolidado e com bastante interação nas redes. Já na atuação passiva, o avatar não vai se relacionar, apenas acompanhar e coletar os dados de que necessita.

O que você vai precisar, então, para criar um sock puppet?

Conforme mencionado, o profissional de OSINT carecerá de um ambiente seguro, notadamente equipamento exclusivo, e deverá utilizar recursos que assegurem maior

[44] Ritu Gill (2023) define fantoches de meia como personagens fictícias usadas para ocultar a identidade do investigador OSINT e para obter acesso a informações que requerem login em uma conta.

privacidade e anonimato, ter um ambiente exclusivo, rede própria e empregar outros recursos quando estiver buscando o dado. Preparado o ambiente, vamos criar o AVI.

Criando uma identidade

O AVI vai necessitar de uma identidade com dados pessoais inexistentes, vida social, patrimônio, relacionamentos, histórico acadêmico e profissional e, essencialmente, ter uma rotina.

Algumas ferramentas, como é o caso da 4Devs (<https://www.4devs.com.br/>), permitem a criação de nome, documentos, endereços, telefone, filiação e sugestões para e-mail[45]. A composição do AVI deve estar de acordo com o objetivo ou alvo. Além disso, esses dados fornecidos devem ser checados em outras ferramentas para não gerar indivíduos reais:

- Google
- Checar se CPF e CNPJ existem ou não
- Examinar em mapas os endereços informados
- Redes sociais

Outras ferramentas que podem ser utilizadas trazem até fotos de perfil como sugestão:

- Fake name generator – <https://www.fakenamegenerator.com/>.
- Behind the name – <https://www.behindthename.com/random/>.
- Random name generator – <https://www.random-name-generator.com/>.

Por fim, você pode empregar ferramentas de inteligência artificial disponíveis para este fim, como é o caso, por exemplo, do ChatGPT. Vamos fazer um teste:

- Crie um perfil para ser utilizado como avatar (sock puppet) numa investigação policial em SOCMINT. O nome não deve ser brasileiro[46]:

---

[45] A plataforma menciona que tem como intenção ajudar estudantes, programadores, analistas e testadores a gerar documentos normalmente necessários parar testar seus softwares em desenvolvimento. A má utilização dos dados gerados é de total responsabilidade do usuário. Os números são gerados de forma aleatória, respeitando as regras de criação de cada documento.

[46] Consulta realizada no ChatGPT em 19 jan. 2023. Ao final, a ferramenta faz a seguinte advertência: Este perfil fictício de Alexander Mueller pode ser usado em investigações policiais de socmint para interagir em ambientes online e coletar informações relevantes. Lembre-se de que a criação e uso de sock puppets para fins de investigação devem ser realizados estritamente de acordo com as leis locais e regulamentos.

Nome: Alexander Mueller

Idade: 32 anos

Nacionalidade: alemão

Ocupação: engenheiro de software

Histórico:

Alexander Mueller é um engenheiro de software alemão com histórico de viagens internacionais frequentes. Ele se formou na Universidade Técnica de Munique e trabalha para uma empresa de tecnologia de renome na cidade. Alexander é conhecido por ser um especialista em segurança cibernética e possui várias certificações na área.

Perfil nas redes sociais:

Facebook: ele mantém um perfil no Facebook onde compartilha suas atividades profissionais e viagens. Ele costuma postar fotos de suas viagens a locais exóticos e comenta sobre as últimas tendências em segurança cibernética.

LinkedIn: Alexander se apresenta como um engenheiro de software experiente e se conecta com outros profissionais da área. Ele participa de grupos relacionados à segurança cibernética e tecnologia.

Instagram: Alexander mantém um perfil no onde compartilha fotos de suas aventuras ao redor do mundo, incluindo paisagens exóticas, pratos culinários e atividades ao ar livre.

Twitter: ele posta sobre tópicos relacionados à tecnologia e segurança cibernética, compartilhando artigos e notícias relevantes.

Interesses:

Viagens internacionais

Segurança cibernética

Programação

Culinária internacional

Fotografia

Criando imagens

Fotografias de pessoas, locais e coisas são relevantes para a formação de um AVI e aperfeiçoamento do storytelling. Elas ajudam a dar vida e ainda assegurar uma rotina para o avatar. Não custa nada lembrar: não utilize imagens de pessoas reais.

O site This Person Does Not Exist (<https://thispersondoesnotexist.com/>) auxilia, sobremaneira, na concepção de imagens de pessoas bem realistas através do Generative Adversarial Networks (GANs)[47]. Cada vez que você atualiza a página, uma ilustração nova é criada.

O mecanismo de imagens da Microsoft Bing (<https://www.bing.com/images/create>) auxilia na criação. Todavia, sua política proíbe a produção de conteúdo que possa causar danos a indivíduos ou à sociedade[48].

Atenção com as imagens de pessoas criadas com inteligência artificial, pois algumas redes sociais detectam e terminam por banir a conta quando esse artifício é empregado no perfil. O recomendável é colocar paisagens ou animal de estimação.

Já para imagens de animais, lugares e outros objetos, recomendamos This X (<https://thisxdoesnotexist.com/>), que também usa GANs para criar conteúdo.

Outros sites e ferramentas que podem gerar conteúdo por meio de inteligência artificial:

- Leonardo AI – <https://leonardo.ai/>.
- Unreal Person – <https://www.unrealperson.com/>.
- Foto R – <https://www.fotor.com/features/ai-face-generator/>.
- Midjourney – <https://www.midjourney.com>.

---

47 Tipo de arquitetura de rede neural artificial utilizada para treinar modelos geradores de dados.

48 A política de conteúdo para o criador de imagens do Bing não permite seu emprego para exploração e abuso (exploração sexual infantil, abuso, sexualização infantil, assédio, atividade íntima não consentida, solicitação sexual, tráfego), danos pessoais (suicídio e automutilação), conteúdo e conduta violenta (violência gráfica, terrorismo e extremismo violento, ameaças violentas, incitação e glorificação da violência) e conteúdo nocivo (discurso de ódio, intimidação, assédio, desinformação e atividade inautêntica). Disponível em <https://www.bing.com/images/create/contentpolicy?FORM=GEN2CP>. Acesso em: 28 fev. 2024.

Criando endereços físicos, eletrônicos e contatos

O AVI vai necessitar de endereços, seja no mundo físico, seja no virtual. Os primeiros devem ser gerados através das aplicações anteriormente demonstradas, como o 4Devs. Não esqueça, todavia, de fazer a checagem no Google Maps ou Bing para confrontar com endereços físicos.

Além disso, carecerá de contas de e-mail para cadastro em redes sociais e outras mídias. Existem inúmeros serviços disponíveis, inclusive e-mails temporários, porém recomendamos atenção, pois alguns deles estão listados como negativos e as contas são bloqueadas.

Quanto ao telefone, você poderá utilizar serviços VoIP ou números gerados por serviços pagos e gratuitos para a criação de contas.

Criando uma rotina em perfis de mídias sociais

Qual é o seu objetivo na coleta com fontes abertas?

Haverá necessidade de interação com perfis de terceiros ou apenas irá observar e buscar dados disponíveis?

Inicialmente, é importante ter em mente que, ao criar um perfil, coloque-o para descansar, ou seja, não adicione usuários ou mantenha uma interação de início. Comportamentos como esses podem ser confundidos com contas robotizadas e a plataforma fará o banimento. Assim, é importante construir uma rotina diária, sem muita pressa.

O assistente virtual de investigação passivo será empregado para os casos nos quais não haja necessidade de interação com o perfil (direct, Messenger, likes, comentários). Ele é empregado apenas para buscar os dados livremente disponíveis e preencher necessidades em um relatório de investigação ou de inteligência, por exemplo.

Por outro lado, o AVI ativo é aplicado em situações de interação direta com terceiros. As contas devem ser mais robustas e com uma história (tempo, seguidores, seguindo, curtidas, comentários, publicações e rotina), a fim de dar maior credibilidade ao contato.

Ambiente de busca e assistente virtual prontos?

Vamos começar nossa coleta em fontes abertas.

7. Buscadores e técnicas de busca

Figura 12.

A Internet é uma rede de computadores interligados mundialmente, capaz de eliminar distâncias. É a informação a apenas um clique de distância!

A Guerra Fria impulsionou o avanço da Internet. Na época, os Estados Unidos pensaram em como colocar vários servidores no ar em pontos espalhados pelo planeta, pois, caso um fosse destruído, os outros não seriam afetados. A grande utilidade disso é que as informações tidas como estratégicas não precisariam ficar armazenadas em um só lugar. Após, a Internet passou a ter uso acadêmico – as universidades eram interligadas para a troca de dados dentro do país.

Desde a sua criação, jamais se imaginou que a Internet se tornaria esse conglomerado de redes em escala mundial. De acordo com a Internet World Stats, em dezembro de 2021 chegamos ao impressionante volume de 5.385 bilhões de pessoas com acesso à Internet, sendo que no Brasil, comparativamente, em 2011 estávamos com 88,494 milhões de usuários, no final de 2015 estávamos com 117.653.652, em 31 de dezembro de 2017 chegamos a 149.057.635 e, em junho de 2022, alcançamos 178.100.000 usuários, ou seja, 82,8% dos brasileiros com acesso à Internet (INTERNET WORLD STATS, s.d.). Mundialmente, em junho de 2019 atingiu-se a marca de 58,8% da população mundial interconectada, ou seja, 4.536.248.808 pessoas.

Isso significa muita informação trafegando, e-mails, inúmeras notícias postadas, fotografias e uma variedade de informações circulando que poderiam ser de grande utilidade na produção do conhecimento e na tomada de decisões governamentais, além de esclarecer vários delitos. Essa visão, claro, é diferente daquela de quando a Internet começou a ser implementada no Brasil, em meados de 1991, com a transmissão de alguns pacotes TCP/IP para os Estados Unidos, o que foi considerado uma revolução na época.

A evolução na comunicação contribuiu para essa celeridade de o dado chegar em lugares outrora inalcançáveis. A Internet auxiliou bastante nesse processo, muito embora no princípio a organização dessas informações fosse um caos, o equivalente a uma biblioteca desorganizada. O acesso à informação era privilégio de poucos especialistas que a compartilhavam, principalmente por meio de correio eletrônico, usenetnews e FTP. Normalmente, quando se buscava algo, as respostas vinham confusas, desorganizadas e sem nexo. Não havia nenhuma indexação.

Assim, embora de forma rudimentar, a WWW contribuiu consideravelmente para a explosão da quantidade de informações disponíveis na rede. Por isso sempre havia a tentativa de reorganizá-las e classificá-las para maximizar seu uso.

Pouco tempo atrás a Internet não possibilitava nenhuma pesquisa, pois as informações eram desorganizadas, postadas em milhares de links soltos, não sendo possível achar determinado assunto de forma mais precisa, em face da existência de milhões de informações já disponíveis. Na verdade, não havia nenhuma maneira de pesquisa na web.

A ideia precursora da busca surgiu através de David Filo e Jerry Yang, dois estudantes da Universidade de Stanford, nos Estados Unidos, após disputarem um concurso sobre a Liga de Basquete Universitária. Os futuros fundadores da Yahoo! vasculharam uma infinidade de sites sobre informações de esportes, onde compilaram dados sobre resultados e terminaram por ganhar o concurso. A partir de então, eles desenvolveram essa ideia, percebendo uma excelente oportunidade de ganhar dinheiro e conseguindo criar o primeiro site de busca capaz de filtrar as pesquisas e trazer resultados mais precisos.

O sucesso foi imediato. O número de pessoas que procuravam informações nesse mecanismo de busca crescia assustadoramente, e isso se refletia em custos para a empresa. Para mantê-la era necessário ganhar dinheiro com a Internet, o que até aquele momento ninguém havia descoberto como fazer. É nesse ponto que entra a publicidade. Algumas empresas passaram a pagar anúncios em banners na página do Yahoo! e tiveram retorno. Isso passou a dar lucros milionários e fortaleceu bastante a ferramenta de busca.

Na década de 90 surgiram outros buscadores, como o Infoseek, o Altavista e o Excite, sendo este último um avanço, pois, em vez de páginas compiladas, como o Yahoo! dispunha, o site era um buscador no qual o usuário digitava um termo e automaticamente a busca era feita dentro de páginas que continham aquela expressão.

Em meados de 1998, a Google Inc. foi fundada, revolucionando os sites de buscas e modificando a forma de pesquisar na web. Os buscadores até então disponíveis traziam como resultados, na maioria das vezes, sites inúteis e de conteúdo ruim. Para solucionar esse problema, os fundadores da Google Sergey Brin e Larry Page criaram um site que priorizava a busca pela quantidade de links que o termo buscado possuía, ou seja: se determinada palavra estivesse por mais vezes em determinado site, este seria colocado como prioridade, passando a trazer dados úteis. Essa forma de fazer busca trazia resultados bem mais precisos. Foi uma revolução na Internet, que tornou a Google a maior empresa do setor. A busca passou a ser novamente atrativa.

Portanto, com a chegada da Internet, as notícias são repassadas instantaneamente, ficando disponíveis a todos. Essa moderna tecnologia dá uma ferramenta poderosa para conduzir o analista no seu trabalho. É certo que, além de muita informação, existe muito "lixo eletrônico" na rede, o que poderá causar dificuldades na hora da busca do dado. Para isso, o dado deve ser confrontado sempre com outros dados disponíveis.

Essa rede de computadores possibilita ao usuário acesso a informações públicas e por vezes de cunho militar, com banco de dados, livros e equipamentos, coletando proveitoso conhecimento ainda sobre indivíduos e organizações.

Principais sistemas de busca existentes

Antes de citar os buscadores existentes na web, é importante referir o que é, como funcionam e um pouco do histórico deles.

Conceito:

> *Um **motor de busca, motor de pesquisa** ou **máquina de busca** é um sistema de software projetado para encontrar informações armazenadas em um sistema computacional a partir de palavras-chave indicadas pelo utilizador, reduzindo o tempo necessário para encontrar informações (WIKIPÉDIA).*
>
> *Um motor de busca é um programa feito para auxiliar a procura de informações armazenadas na rede mundial (WWW), dentro de uma rede corporativa ou de um computador pessoal. Ele permite que uma pessoa solicite conteúdo de acordo com um critério específico (tipicamente contendo uma dada palavra ou frase) e responde com uma lista de referências que combinam com tal critério, ou seja, é uma espécie de catálogo mágico. Mas, diferentemente dos livros de referências comuns, nos quais está acessível a informação que alguém organizou e registrou, o catálogo do motor de busca está em branco, como um livro vazio. Ao se realizar uma consulta, a lista de ocorrências de assuntos é criada em poucos segundos por meio de um conjunto de softwares de computadores, conhecidos como spiders, que vasculham toda a web em busca de ocorrências de um determinado assunto em uma página. Ao encontrar uma página com muitos links, os spiders embrenham-se por eles, conseguindo, inclusive, vasculhar os diretórios internos – aqueles que tenham permissão de leitura para usuários – dos sites nos quais estão trabalhando (WIKIPÉDIA).*

Leonardi (2011, p. 227-228) enfatiza a criação dos índices pelos mecanismos de busca como facilitador nas respostas desejadas:

> *É preciso compreender que um mecanismo de busca é essencialmente 'um conjunto de programas de computador que executa diversas tarefas com o objetivo de possibilitar a localização de arquivos e web sites que contenham ou guardem*

> *relação com a informação solicitada pelo usuário'. O funcionamento desse sistema envolve a utilização de palavras-chave fornecidas pelo usuário, as quais são procuradas em índices criados pelo próprio mecanismo de busca a partir de visitas automatizadas a web sites realizados por softwares específicos, conhecidos como robôs. Quando as palavras-chave são localizadas nesse índice, uma lista contendo os links a elas relacionados é apresentada ao usuário, possibilitando o acesso às informações que foram encontradas conforme os termos da pesquisa especificada. De modo simplificado, os softwares robôs vasculham continuamente as informações disponibilizadas na World Wide Web, possibilitando ao mecanismo de busca criar um índice próprio, contendo informações a respeito dos web sites visitados – procedimento conhecido no jargão informático como indexação. Posteriormente, por meio de algoritmos próprios, o mecanismo de busca organiza essas informações e exibe resultados em resposta à pesquisa efetuada pelo usuário. Como é intuitivo, além do emprego de palavras-chave relacionadas à informação ou ao assunto desejado, a qualidade dos algoritmos é determinante para que a pesquisa apresente resultados úteis.*

Os primeiros buscadores (como o Yahoo!) tinham como base a indexação de páginas através da sua categorização. Posteriormente, surgiram as chamadas "metabuscas".

Uma geração mais recente de motores de busca – como a do Google – utiliza várias tecnologias, como a procura por palavras-chave diretamente nas páginas e o uso de referências externas espalhadas pela web, ou seja, fazem uso de pequenos programas de varredura conhecidos como "agentes buscadores", spiders (aranhas, em inglês), ou ainda webcrawlers (OLIVEIRA, 2004). Os buscadores mais modernos permitem até a tradução direta de páginas, porém de forma básica ou errada.

O Google, por exemplo, além de fazer a busca pela Internet, oferece também o recurso de buscar somente dentro de um site específico. Aliás, o Google tem várias outras opções de busca, algumas das quais vamos tratar mais adiante. O importante a saber sobre o Google é que:

> *o "googlebot" varre a Internet diariamente, adicionando e removendo páginas em sua base de dados e dando uma pontuação a cada uma, de acordo principalmente com a quantidade de referências feitas a ela por outras páginas. Assim, quanto mais referências independentes a ela uma página tiver, mais importante ela será considerada pelo Google, e mais perto do topo da lista de resultados ela estará. Isso garante que os primeiros valores retornados por sua busca sejam*

> *das páginas mais "bem cotadas" dentre todas as que contêm as palavras que você procurou*[49].

Existem várias propostas diferenciadas de buscadores. Nas edições anteriores mencionávamos o Ecosia (<https://www.ecosia.org/>), dentre outros, com projetos voltados inclusive à proteção ambiental. Destacamos, por exemplo, algumas ferramentas de busca na Internet visível a todos, a surface web, e na deep web. Assim, o uso também deverá ser testado pelo interessado na produção do conhecimento e na investigação criminal.

Buscadores na surface web:

- Ahmia – <https://ahmia.fi/>.
- DuckDuckGo – <https://duckduckgo.com/>.
- Search Encrypt – <https://www.searchencrypt.com/>.
- Yandex – <https://yandex.com/>.
- Bing – <https://www.bing.com/>.

Buscadores na deep web (para acessar é necessário o uso do navegador Tor):

- Grams – <http://grams7enufi7jmdl.onion>.
- not Evil – <http://hss3uro2hsxfogfq.onion>.
- Candle – <http://gjobqjj7wyczbqie.onion>.
- Ahmia – <http://msydqstlz2kzerdg.onion>.
- DuckDuckGo – <https://3g2upl4pq6kufc4m.onion/>.

Para quem não quer usar cada buscador individualizado, metabuscador é o caminho para realizar a busca de termos em distintos buscadores de uma vez só. Pelo Colossus, em <http://searchenginecolossus.com/>, é possível verificar as ferramentas de buscas por país.

---

49 STJ. Rel. Ministra NANCY ANDRIGHI. Rel. para Acórdão Min. MARCO AURÉLIO BELIZZE. Julgado em 08 de maio de 2018. REsp nº 1.316.921 – RJ: O mecanismo de busca dos provedores de pesquisa trabalha em três etapas: (i) uma espécie de robô navega pela web identificando páginas; (ii) uma vez identificada, a página passa por uma indexação, que cataloga e mapeia cada palavra existente, compondo a base de dados para as pesquisas; e (iii) realizada uma busca pelo usuário, um processador compara os critérios da pesquisa com as informações indexadas e inseridas na base de dados do provedor, determinando quais páginas são relevantes e apresentando o resultado. Evidentemente, esse mecanismo funciona ininterruptamente, tendo em vista que, além de inúmeras páginas serem criadas a cada dia, a maioria das milhões de páginas existentes na web sofre atualização regularmente, por vezes em intervalos inferiores a uma hora, sendo que em qualquer desses momentos pode haver a inserção de informação com conteúdo ilícito.

Mas trazemos para você uma questão: qual o melhor mecanismo de busca?

A resposta vai sempre depender dos seus objetivos. Muitas vezes, um mecanismo pode não trazer uma resposta adequada – e isso não quer dizer que não há dados. Portanto, é importante fazer uso dos recursos em duplicidade (dois buscadores, pelo menos). Outra situação que merece destaque é quando você tem respostas semelhantes em buscadores distintos, porém um deles assegura maior privacidade e segurança durante a pesquisa.

O navegador Brave (<https://brave.com/>) é uma excelente dica para quem procura maior proteção da privacidade, seja durante ou depois da pesquisa. Em sua página inicial, faz um comparativo com outros browsers e demonstra os recursos que possui[50]:

- Pesquisa privada e anônima.
- Busca integrada a um navegador privado para o computador e dispositivos móveis.
- Transparência na forma como os resultados de pesquisa são classificados.
- Utilização de índice de pesquisa independente.

O Qwant (<www.qwant.com>) intitula-se o primeiro motor de busca europeu que respeita a privacidade do usuário. Ele não pode ser acessado com IP do Brasil. Uma das principais características é não rastrear perfis nem seus dados pessoais para fins publicitários.

Outro motor de busca já citado e indicado por entidades ativistas de proteção de dados e privacidade é o DuckDuckGo (<https://duckduckgo.com/>). Baseado em Paoli, Pensilvânia, tem a particularidade de utilizar informações de origem crowdsourcing para melhorar a relevância dos resultados, sendo também considerado um motor de busca híbrido. É importante por ter como "filosofia" de pesquisa a privacidade do usuário e não registrar suas informações. Você pode encontrar ainda um endereço específico na deep web.

Dentre outros metabuscadores, podemos citar:

- Zapmeta – <https://www.zapmeta.com/>.
- Dogpile – <https://www.dogpile.com/>.
- MetaCrawler – <http://www.metacrawler.com/>.

---

50 Como a pesquisa Brave se sai na comparação? Disponível em: <https://brave.com/pt-br/search/>.

- All The Internet – <https://www.alltheinternet.com/>.
- My All Search – <http://www.myallsearch.com/>.
- All in One – <https://all-io.net/>.
- Info Com – <http://www.info.com/>.

O Yandex (<https://yandex.com/>) é o motor de busca mais utilizado na Rússia e os seus resultados são trazidos através de algoritmos proprietários. Por vezes, a ferramenta traz respostas adicionais aos resultados do Google.

O Bing é mais uma recomendação nossa como mecanismo de busca. Você pode filtrar por data, idioma, local, tipo de arquivo e personalização da busca. Traz os seguintes atalhos (MICROSOFT BING, s.d.):

- "contains:" – Mantém resultados com foco em sites que têm links para os tipos de arquivo que você especificar.
- "ext:" – Retorna somente páginas da web com a extensão de arquivo que você especificar.
- "filetype:" – Retorna somente páginas da web criadas com o tipo de arquivo que você especificar.
- "inanchor:", "inbody:" ou "intitle:" – Retornam páginas da web que contêm o termo especificado nos metadados, como âncora, corpo ou título do site, respectivamente. Especifique apenas um termo por palavra-chave. Você pode sequenciar várias entradas de palavras-chave, conforme necessário.
- "ip:" – Sites hospedados por um endereço IP específico.
- "language:" – Páginas da web em um idioma específico. Especifique o código de idioma diretamente após "language:".
- "loc:" ou "location:" – Páginas da web de um país ou região específicos. Especifique o código do país ou região logo após "loc:". Para se concentrar em dois ou mais idiomas, use um "OR" lógico para agrupar.
- "prefer:" – Adiciona ênfase a um termo de pesquisa ou outro operador para ajudar a concentrar os resultados de pesquisa.
- "site:" – Retorna páginas da web que pertencem ao site especificado. Para se concentrar em dois ou mais domínios, use um "OR" lógico para agrupar os domínios. Você pode usar "site:" para pesquisar domínios da web, domínios de nível superior e diretórios que não têm mais de dois níveis de profundidade. Você também pode pesquisar páginas da web que contenham uma palavra de pesquisa específica em um site.
- "feed:" – Encontra feeds RSS ou Atom em um site para os termos que você pesquisar.

- "hasfeed:" – Encontra páginas da web que contenham feeds RSS ou Atom em um site para os termos que você pesquisar.
- "url:" – Verifica se o domínio ou endereço da web listado está no índice do Bing.

Não custa nada lembrar mais uma vez: "comece do mais fácil para depois ir ao difícil".

O emprego de mecanismos de busca facilita, sobremaneira, a aplicação desta regra. Eles auxiliam o profissional de OSINT a encurtar caminhos e trazer, de pronto, as primeiras respostas.

O Google é o mecanismo mais utilizado pelo operador para a coleta inicial; não obstante, existem outros recursos disponíveis que trazem respostas complementares. Além disso, lembre-se de que não ter uma resposta não quer dizer que o dado é inexistente. Talvez a solução esteja noutro local.

Dicas de busca específicas para o Google[51]

O Google, principal ferramenta de pesquisa utilizada no Brasil e no mundo, tem uma complexidade muito maior do que aparenta sua simples página inicial.

Primeiramente, você deve ser restritivo e direto a fim que tenha os resultados mais precisos.

O repertório de opções para refinamento de uma busca é infinito e pode ser resumido conforme faremos a seguir.

"Pesquisa avançada"

O Google permite que você empregue as configurações desejadas para alcançar resultados mais precisos. A busca avançada vai permitir os seguintes filtros:

- Localizar páginas com:
  - todas as palavras;
  - expressão ou frase exata;
  - qualquer uma ou nenhuma das palavras; e
  - números que variam.
- Limitar resultados por idioma, região, última atualização, domínio, termos que aparecem, tipos de arquivo e direito de uso.

---

51 Freitas (2012).

Outra maneira de fazer a configuração é quando você digita a palavra-chave e, ao obter as respostas, clicar na aba ferramentas para delimitar por idioma, data e resultados.

"Safe Search"

Excelente recurso, apenas aplicável para o Google, que auxilia na filtragem de conteúdo sobretudo para os pais e responsáveis para evitar que seus filhos encontrem conteúdo pornográfico (nudez, imagens de atos sexuais ou material com conteúdo sexual explícito) e/ou ofensivo (violência e imagens sangrentas) quando fazem consultas.

Para configurar a função, acesse <https://www.google.com/safesearch> e escolha a funcionalidade para filtrar imagens, textos ou links explícitos ou desfocar conteúdo explícito. Se mesmo assim o material ofensivo ainda for exibido, faça uma denúncia em <https://www.google.com/webmasters/tools/safesearch>.

"Estou com sorte"

Embora pouco utilizado, por ser o "segundo" botão de pesquisa abaixo da caixa de pesquisa do Google, esta ferramenta é muito útil. Quando o usuário acessa a página existem duas opções: "Pesquisa Google" e "Estou com sorte". O normal é digitar o que se quer inquirir e, em seguida, pressionar [Enter], sendo que o Google executa automaticamente o primeiro botão, ou seja, "Pesquisa Google". Isso faz com que o recurso "Estou com sorte" passe despercebido para muitos usuários. Ele redireciona o navegador do usuário automaticamente para a primeira página encontrada na consulta e, em combinação com outras tags (veja os próximos recursos de pesquisa), este torna-se muito útil, levando-o exatamente ao site que deseja sem que para isso você tenha que examinar infinitas páginas de resultado de procura.

Experimente digitar na consulta: "Inteligência Policial" e em seguida pressionar o botão "Estou com sorte".

Aspas duplas " "

Embora muitos usuários não tenham percebido, o fato de usar ou não aspas duplas (" ") em uma pesquisa do Google faz muita diferença. Se o usuário tem interesse em encontrar "crimes cibernéticos no Brasil", o Google irá mostrar somente páginas que contenham exatamente esta sequência de palavras. Porém, se digitar crimes cibernéticos no Brasil, sem as aspas, o Google irá mostrar os sites que apresentam todas as palavras digitadas, independentemente se elas estão na sequência ou não. Nesta situação, retornarão mais opções, incluindo sites que contêm toda a frase pesquisada ou apenas palavras contidas na página.

Assim, caso o usuário deseje um resultado mais preciso para encontrar a frase do jeito que digitou, é fundamental que buscar usando as aspas duplas. Essa pesquisa deve ser bastante utilizada quando da consulta por nomes completos ou termos específicos.

Incluir um termo na pesquisa (operador "+")

Algumas palavras, por vezes, são ignoradas pelo mecanismo de busca do Google. Isso acontece porque o Google utiliza o conceito de stop words, que são palavras caracterizadas como irrelevantes na maioria das pesquisas. Por exemplo, em homicídio de trânsito a palavra "de" é normalmente ignorada (exceto se a frase inteira estiver entre aspas duplas).

Porém, usar aspas duplas pode não trazer exatamente o resultado desejado. Assim, existe outra maneira de fazer com que o Google inclua uma palavra digitada na pesquisa. Para que isso aconteça, o usuário deve acrescentar como prefixo o sinal "+". Tal uso obriga o mecanismo a encontrar determinado termo. O sinal "+" também serve para fazer com que o Google não procure por similares. Outro detalhe importante: o usuário não deve colocar o sinal de + seguido de espaço. O operador deve ficar "colado" na palavra desejada.

Excluir um termo da pesquisa (operador "-")

Se o usuário deseja procurar, por exemplo, por "Inteligência Policial", mas quer evitar os resultados que tenham relação com a inteligência militar, basta digitar: Inteligência +Policial -militar. Assim, o hífen ou o termo NOT[52] irá excluir a palavra da busca. Caso o verbete possua um hífen na palavra, coloque o termo pesquisado entre aspas para evitar a exclusão da busca.

Inclusão de similares (operador "~")

Ao usar o operador "~" como prefixo para seus termos de pesquisa, o usuário está informando ao Google que ele está autorizado a exibir como resultado termos similares ao que foi digitado. Por exemplo, "crime ~cibernético" – além do termo em questão, busca termos como "virtual", "informático" etc.

---

52 Sempre que utilizar os operadores AND, OR, NOT e AROUND coloque-os em letras maiúsculas, sob pena de o mecanismo confundir com mais uma palavra e não trazer os resultados esperados por você.

É importante observar que esta opção de uso com o "~" parece funcionar melhor para termos em inglês.

Um ou outro, mas não ambos (operador "|" – pipe)

O operador "|" (barra vertical ou pipe) funciona como um operador lógico "OU". Então, o pipe pode ser substituído por "OR" que o resultado é o mesmo.

Este operador faz com que o Google devolva resultados relacionados a um termo de pesquisa ou outro, mas não ambos em um mesmo local. Por exemplo, o termo de pesquisa Polícia Civil | Federal retorna resultados sobre os dois, mas não retorna páginas onde existam essas duas palavras simultaneamente.

Adicionalmente, o usuário pode incluir mais termos nesse tipo de pesquisa, bem como outros referenciais. Por exemplo: "Polícia Civil | Federal -Rodoviária -Militar".

Trabalhar com intervalos numéricos (operador "..")

É normal precisarmos delimitar tempos em nossas pesquisas. Assim, caso o usuário queira saber, por exemplo, informações sobre guerras ocorridas entre os anos de 1970 e 1990, basta digitar "guerra 1970..1990". Quer saber sobre inovações tecnológicas ocorridas entre 1960 e 2012? Digite "inovações tecnológicas 1960..2012".

O Google também apresenta, em "Mais ferramentas" ou "Ferramentas de pesquisa", possibilidades de limitar a consulta por datas específicas. Previamente, já dispõe de pesquisas do tema nas últimas 24 horas, última semana, último mês e último ano. Por último, em intervalo personalizado.

Caracteres curingas (operador "*")

O operador "*", em um termo de pesquisa que estiver entre aspas, funciona como o caractere curinga. Por exemplo, digamos que o usuário não se lembre do nome completo de determinada pessoa a ser buscada, Emerson Wendt. Se digitar "Delegado * Wendt" no Google, o mecanismo de busca irá substituir o * por qualquer palavra que exista entre "Delegado" e "Wendt". Neste caso, a palavra Emerson.

Modificar o número de resultados por página de pesquisa

O usuário não precisa ir ao formulário de pesquisa avançado para modificar o número de resultados por página que o mecanismo de busca do Google retorna. Basta fazer a busca normalmente e, após o Google exibir o resultado, acrescentar "&num=x" no final da *string* URL no navegador, onde "x" é o número desejado por página.

Especificar tipo de arquivo para os resultados

O usuário também pode filtrar os resultados obtidos por tipo de arquivo. Por exemplo, se a procura for por "Inteligência Policial" e a opção for de resultados que estiverem no formato PDF, basta usar o operador de pesquisa "filetype:". No exemplo, "Inteligência Policial" filetype:pdf. Ou, se a opção for por apresentações com o tema, a pesquisa ficaria "Inteligência Policial" filetype:ppt ou "Inteligência Policial" filetype:pptx ou "Inteligência Policial" filetype:odp.

Pesquisa em um site específico

Opção bastante interessante é quando você recebe os resultados de pesquisa provenientes de um único site. Para isso, o usuário deve utilizar o operador "site:". No exemplo anterior, "Inteligência Policial" site:pc.rs.gov.br ou "Inteligência Policial" site:inteligenciapolicial.com.br.

> Obs.: neste caso, dispensam-se as informações "https" e "www".

Pesquisa em um tipo específico de domínio

Além da pesquisa em determinado site, conforme item anterior, o usuário pode delimitar que a consulta se estenda a determinados tipos de domínio, ou seja, aos comerciais (.com ou .com.br) ou a todos os militares (.mil ou .mil.br). Assim, seguindo no exemplo anterior, caso você queira procurar por "Inteligência Policial" somente em sites governamentais brasileiros (.gov.br), deve acrescentar ao final site:gov.br, restando "Inteligência Policial" site:gov.br.

Consulta termo desejado somente no endereço (URL)

O usuário pode fazer com que o Google busque apenas no endereço (URL do domínio) um determinado termo. No exemplo, "allinurl:inteligenciapolicial" irá retornar somente sites que contenham a expressão "Inteligência Policial" em suas URLs.

Busca por sites semelhantes

O usuário pode procurar por sites parecidos com algum outro que já conhece. Por exemplo, para buscar por sites semelhantes ao www.inteligenciapolicial.com.br, digite related:www.inteligenciapolicial.com.br.

Outro site, o <https://www.similarsites.com/>, também oferece tal funcionalidade, estipulando um percentual de proximidade dos assuntos.

Procura por sites que têm link para um site específico

O usuário também pode tentar descobrir quais são os sites que possuem link para o site pesquisado usando o operador "link:". Por exemplo, para saber quais são os que têm link para o site www.inteligenciapolicial.com.br, basta digitar "link:www.inteligenciapolicial.com.br".

Buscar somente nos campos de título de uma página

Se o usuário se interessar apenas pelo que está escrito no título de uma página, deve utilizar o operador "allintitle:". Por exemplo: "allintitle:inteligenciapolicial".

Consultar somente no texto de uma página

Se o que o usuário está procurando está no texto de uma página, deve utilizar o operador "allintext:". Por exemplo: "allintext:inteligenciapolicial".

Pesquisar dentro do cache do Google

Esta opção é bastante desconhecida dos usuários em geral. Porém, o Google normalmente armazena uma versão do site em um cache particular, de modo que o usuário pode consultá-lo se o que estiver buscando esteja fora do ar. Para fazer isso, deve ser utilizado o operador "cache:". Por exemplo: "cache:www.planalto.gov.br".

Esta opção é possível porque o Google tira uma "foto" de cada página examinada enquanto elas são carregadas e guarda-as na memória para o caso de alguma não estar disponível. Se o usuário clicar nos links da versão em cache, também poderá ver as páginas como elas estavam da última vez que foram carregadas. Esse serviço é útil se a página não estiver disponível no momento da busca, mas a versão em cache da página pode não ser a mais atualizada.

Quando a página armazenada é mostrada, ela terá um cabeçalho, que servirá como um lembrete de que está armazenada e não a página em si. Os termos que coincidem com sua busca estão destacados na versão arquivada, para que você identifique mais facilmente a relevância do domínio.

É importante observar que o link "cached" (memorizado) não existirá para os sites que não foram indexados e também para os sites cujos donos pediram para remover o conteúdo memorizado.

Alguns sites disponibilizam a função cache, que permite verificar a última versão deles. É útil quando o site já não mais estiver no ar. Alguns sites, como o <https://archive.org/>, permitem o acesso a diversas fotografias da página em períodos distintos.

Ao visualizar o cache de um site você ainda obterá informações sobre conteúdo da página, data e hora que foi armazenado, tamanho, endereço da URL e dados de servidor, navegador e protocolo da página.

Outras aplicações também permitem visualizar a versão de uma página na Internet:

- Archive Today – <https://archive.is/>. Permite ao usuário salvar o texto e uma cópia gráfica da página em um determinado momento.
- Time Travel – <https://timetravel.mementoweb.org/>.
- Nirsoft – <https://www.nirsoft.net/utils/chrome_cache_view.html>.

Sendo direcionada dessa forma, a pesquisa se encaminhará para uma grande probabilidade de êxito. Caso a resposta traga diversas páginas relevantes, o analista deverá refinar ainda mais a pesquisa para encontrar o melhor resultado, procurando por datas específicas, locais, hora, formato do arquivo, linguagem nativa etc. Em não logrando êxito, determina-se a mudança da palavra-chave ou a inversão desta.

É importante que esses resultados de pesquisa sejam salvos após a sua devida coleta. Deve-se, para tanto, ficar atento para não violar os direitos autorais da página. Assim, as fontes deverão ser citadas e colocadas nos relatórios produzidos a partir daquele dado.

Busca por filmes ou músicas

O Google tem a possibilidade de realizar buscas específicas por filmes ou músicas. Exemplos:

- movie:operação policial
- music:coração de estudante

Calculadora

O Google também pode ser usado como uma calculadora. Pode ser curioso, mas basta experimentar digitando, por exemplo:

- 12 + 12 (12 mais 12)
- 12 – 14 (12 menos 14)
- 5 * 5 (5 vezes 5)
- 2 ^ 3 (2 elevado a 3)
- 5 sqrt 2 (raiz quadrada de 2)

Opção definição

Se o usuário não sabe o que significa algo ou alguma coisa, basta utilizar o operador define:oqueprecisosaber. Por exemplo, define:iPad ou define:inteligenciapolicial.

Mídias sociais

Utilize @ antes de uma palavra para pesquisar em mídias sociais.

Hashtags

Ponha # antes de uma palavra para indexar a hashtag nas principais mídias sociais.

Outras buscas relevantes do Google

O Google Drive permite que você encontre arquivos indexados rapidamente. Basta utilizar o campo avançado de pesquisa ao digitar o que procura (foto, imagem, documento, PDF, planilha, áudio, vídeo, proprietário, nome do item etc.)

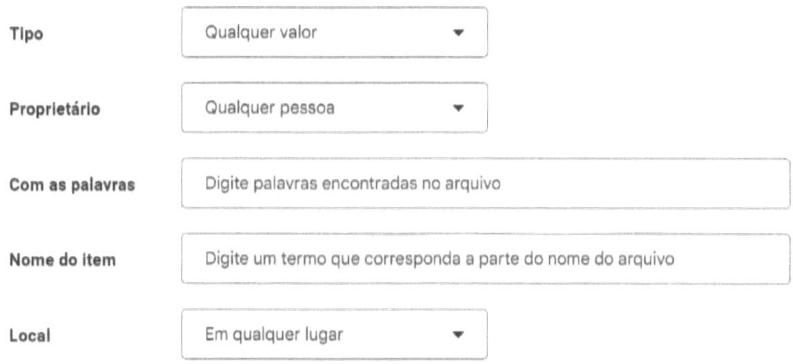

Figura 13. Pesquisa avançada dentro do Google Drive.

Gmail

Como buscar	Resultados
from:nomedeusuario1	Enviadas por uma determinada conta.
to:nomedeusuario1	Recebidas por uma determinada conta.
cc:nomedeusuario1	Conta informada está incluída no campo.
Cco:nomedeusuario1	Conta informada está incluída no campo.
Subject	Mensagens com um determinado assunto.
Label	Mensagens com um determinado marcador do Gmail.
from:*	Encontre termos desconhecidos ou com caractere coringa.
List	Mensagens enviadas para ou de um grupo.
Filename	Inclui anexos com um determinado nome de arquivo.

Minha atividade no Google

Disponível em <https://myactivity.google.com/myactivity>, permite a visualização e o gerenciamento das informações que são coletadas pelo Google. É necessário estar logado em sua conta. Você visualiza a atividade na web e de aplicativos, histórico de localização e de YouTube. As atividades de pesquisa do seu navegador serão exibidas e, caso queira, poderá fazer a exclusão ou pausar a coleta desses dados.

Google Maps Timeline

Acesse sua conta Google e entre em <https://timeline.google.com/maps/timeline> para obter as informações do histórico de localização dos dispositivos conectados. Você pode checar os locais visitados e trajetos realizados em determinado período.

Google Take Out

Os dados da conta Google podem ser exportados diretamente através da funcionalidade take out. É ideal também para manter um backup em caso de comprometimento da conta. Ao fazer isso em <https://takeout.google.com/>, você fará o download da agenda, registros de acesso, Chrome, compras e reservas, dados de registro e atividade da conta, contatos, histórico de pesquisa, informações armazenadas no Drive e no e-mail, fotos, dados da Play Store, histórico de localização e Google Maps, dentre outros.

Outras aplicações também permitem o download de todo o conteúdo armazenado:

- Facebook: a ferramenta para baixar suas informações garante o download dos dados associados à conta. Se tiver outros perfis, deve logar com eles para fazer a cópia. Acesse um buscador e digite 'Facebook Download Your Information'. Você deve estar logado na conta.
- Instagram: obtenha uma cópia de todas as informações armazenadas em uma conta do Instagram em formato HTML ou JSON. A solicitação deve ser realizada dentro do aplicativo. Recomendamos que você faça backup de sua conta rotineiramente.
- X (Twitter): os dados e histórico da conta podem ser extraídos diretamente quando você acessa o aplicativo. É possível ainda examinar os navegadores e dispositivos móveis associados à sua conta (se estiver conectado) ou o dispositivo atual (se estiver desconectado) e, ainda, os aplicativos conectados.
- Tik Tok: a solicitação de cópia de todos os dados da conta deve ocorrer dentro do aplicativo.

Google Dashboard

Fornece dados vinculados à conta de usuário do Google. A funcionalidade está disponível em <https://www.google.com/dashboard>. Esse serviço permite acessar informações sobre conta de e-mail, Google Drive, agenda, YouTube, Analytics, Chrome, contatos, fotos, Ads, pagamentos, CSE, Google Play e Tarefas. Os dados guardados nesta base e obtidos mediante uma ordem judicial podem ser extremamente úteis em uma investigação criminal, estabelecendo uma timeline do crime e/ou do criminoso ou ainda quando os familiares dão acesso ao dispositivo da vítima nos casos de homicídio.

Google Trends

A funcionalidade, disponível em <https://www.google.com/trends/>, permite ao usuário realizar pesquisas por região ou período com a aplicação de distintos filtros com resultados que estão ocorrendo naquele momento[53]. Você pode digitar um termo específico e filtrar por país, período, categoria e pesquisas na web. Caso queira, compare com outros termos e visualize graficamente, inclusive com detalhamento por sub-região.

Kaya e Oğur (2023, p. 5) empregaram o Google Trends para demonstrar o aumento considerável de antidepressivos antes, durante e depois da pandemia do COVID-19. A consulta alcançou os últimos cinco anos dos medicamentos (sertraline, fluoxetine, citalopram, venlafaxine e duloxetine) e suas conclusões foram que "as pesquisas por sertraline e fluoxetine aumentaram nos períodos pandêmico e pós-pandêmico". Destacam ainda que:

> *Nossa pesquisa parece notável porque é infodemiológica e revela o reflexo digital dos problemas mentais desencadeados pela pandemia da COVID-19, especialmente os transtornos de ansiedade e depressão, distúrbios em que os antidepressivos são usados no tratamento. Por outro lado, este estudo tem algumas limitações. O Google Trends só mostra o interesse de pessoas com acesso à Internet e que usam o mecanismo de busca do Google. A validade pode ser limitada em regiões com baixo uso da Internet ou liberdade de expressão. Por tudo isso, embora os estudos infodemiológicos não sejam tão valiosos quanto os estudos epidemiológicos reais, eles parecem dar uma ideia precoce e rápida sobre como algumas questões médicas estão na agenda.*

A página inicial do Trends traz dados comparativos de saúde, política economia e meio ambiente. A busca por pesquisa instantâneas é feita através do Hot Search – <https://trends.google.com/trends/hottrends/visualize> – e você pode especificar por país. As tendências de busca são relevantes e podem ter distintas aplicabilidades:

- Jornalismo – na produção de matérias.
- Inteligência de segurança pública – relatórios técnicos e de inteligência.

---

[53] A parte gráfica vai trazer o interesse ao longo do tempo. A Google explica que "os números representam o interesse de pesquisa relativo ao ponto mais alto no gráfico de uma determinada região em um dado período. Um valor de 100 representa o pico de popularidade de um termo. Um valor de 50 significa que o termo teve metade da popularidade. Uma pontuação de 0 significa que não havia dados suficientes sobre o termo".

- Eventos e aglomerações – consultas sobre manifestações, eventos esportivos, inclusive para direcionamento do policiamento.
- Publicidade e marketing – interesse do público sobre determinado tema.

Outras aplicações que trazem tendências de busca recomendadas:

- Trends 24 – <https://trends24.in/brazil/>). Busca tendências no X (Twitter).
- X – <https://twitter.com/explore/tabs/trending>. Assuntos do momento na plataforma.
- Bing Images – <https://www.bing.com/images/trending>. Fotografias mais buscadas no mecanismo.
- Yandex – <https://wordstat.yandex.com/>. Estatísticas de palavra-chave no buscador.

Google Images

Assegura a pesquisa por imagens na web em <https://images.google.com.br/>. Você poderá empregar o Google Lens para buscar imagens semelhantes e comparar os objetos que ali se encontram. É de grande utilidade para saber sobre objetos, obter informações de produtos e explorar o conteúdo visual ao seu redor.

É possível fazer a busca por imagem reversa para identificá-la em outros locais ou buscar conteúdo semelhante. A procura por imagens semelhantes é feita ainda pelo TinEye, disponível em <http://www.tineye.com/>.[54] O Yandex (<https://yandex.com/images/>) é mais uma alternativa para esse tipo de pesquisa.

O PimEyes (<https://pimeyes.com/>) faz a procura de imagens publicamente disponíveis em sites e traz como resultado conteúdo semelhante. A ferramenta paga traz os melhores resultados.

[54] A ferramenta possibilita ainda a identificação imagens duplicadas, verificação e implantação de suas próprias soluções de pesquisa reversa de imagens. A API é ideal para pesquisa reversa de imagens em grande escala, verificação e moderação, além da conformidade com direitos autorais e detecção de fraudes.

Figura 14. Busca reversa de imagens com o PimEyes com a imagem do Delegado Emerson Wendt.

Outras ferramentas que podem auxiliar[55]:

- Reverse Image – <https://www.reverse-image-search.org/>.
- Pixsy[56] – <https://www.pixsy.com/>.
- Berify – <https://berify.com/>.
- Bing – <https://www.bing.com/visualsearch>.

Google CSE – Tenha um buscador personalizado

Você pode personalizar o mecanismo de busca para que ele traga os resultados apenas de domínios apontados. É, na prática, um mecanismo customizável que otimizará o teu trabalho. Imagine, por exemplo, o acompanhamento de notícias de sites e blogs de um município durante o período eleitoral. O analista escolhe, portanto, os domínios específicos para a realização de uma pesquisa. Assim, a personalização vai depender da necessidade de cada um.

Notess (2008) traz algumas recomendações para criação de mecanismos de busca personalizados para que você possa obter os melhores resultados. Para ele, a seleção do site adequado, a atualização constante do CSE e o equilíbrio na escolha dos

[55] Caso algum serviço tenha sido descontinuado, utilize os mecanismos de busca para encontrar outras ferramentas disponíveis.

[56] Procura por informações da imagem, verifica a autenticidade e identifica a utilização indevida.

domínios (colocar sites grandes em confronto com pequenos ofusca os dados dos menores) são as melhores práticas que devem existir na sua construção.

Um ponto que merece destaque é a possibilidade de compartilhar o CSE com outros usuários. Ao fazer a adição do site, coloque sempre depois da barra (/) o asterisco (*) para que o mecanismo consiga buscar as informações dele. Com a configuração realizada, você tem uma URL pública do seu CSE.

Alguns CSEs são públicos e o auxiliam na obtenção de melhores resultados[57]:

- Telegago – <https://cse.google.com/cse?&cx=006368593537057042503:efxu7xprihg#gsc.tab=0>. Busca para o Telegram.
- Weverify –<https://cse.google.com/cse?cx=006976128084956795641:ad1xj14zfap>. Customizado para redes sociais.
- Lyzem – <https://lyzem.com/>. Busca no Telegram.

Google e suas (outras) funcionalidades

Além das formas de pesquisa específicas, o Google possui alguns serviços úteis e auxiliares na coleta de informações pelo analista e investigador. São eles:

a) **Google Drive:** espaço para armazenamento e compartilhamento de arquivos e pastas de maneira criptografada e segura. Disponível em <https://drive.google.com/>.
b) **Google Alertas**: permite receber as notícias recentes sobre determinado assunto via e-mail. Assim, é possível acompanhar qualquer tópico selecionado. Pode ser criado através de <https://www.google.com.br/alerts>. Ela vai permitir que o buscador envie os resultados, sem haver a necessidade de uma busca ativa em diferentes plataformas. As respostas são encaminhadas diretamente para o e-mail de quem as solicitou. As opções de configuração permitem tanto customizar dia e horário para recebimento das respostas quanto a entrega destas em um mesmo e-mail (digest). Assim, você acompanhará assuntos distintos de maneira simultânea. Alguns investigadores utilizam a ferramenta para gerar alerta com nomes de presos foragidos, desde que não sejam comuns. Eventual prisão em outro munícipio com o fato noticiado na Internet gerará o alerta

[57] Os resultados dos CSEs foram pesquisados durante a atualização da obra. Eventualmente, alguns recursos podem ser descontinuados no decorrer do tempo. Os mecanismos de busca são uma excelente fonte de consulta para encontrar novos CSEs.

a ser encaminhado para o e-mail do investigador. Quando os nomes não são comuns, recomenda-se fazer uma combinação com o nome da cidade ou algo relacionado.

Há outros serviços que possibilitam esse tipo de busca. São eles:

- TalkWalker: é uma excelente ferramenta alternativa ao Google para monitorar assuntos de interesse na web. As informações são encaminhadas para o e-mail ou leitor de feeds RSS do solicitante. Disponível em <https://www.talkwalker.com/alerts>.

O monitoramento de modificações em webpages favoritas do usuário é possível. Para tanto, basta selecionar as páginas que deseja acompanhar e receber o conteúdo personalizado quando modificado.

Várias outras ferramentas estão disponíveis:

- Watch That Page: o acesso é gratuito, basta entrar em: <http://www.watchthatpage.com/> e fazer seu cadastro.
- Follow That Page: possibilita acesso gratuito em mudanças de páginas, blogs, RSS feeds e wikis. Disponível em <https://www.followthatpage.com/>.
- Versionista: disponível em <https://versionista.com/>.
- Warble Alerts: disponível em <https://warble.co/>. Acesso gratuito, possibilita acompanhar inúmeras menções, frases, palavras e hashtags no Twitter.

c) **Google Acadêmico:** possibilita fazer uma consulta bem abrangente em literatura acadêmica, ajudando a encontrar artigos, teses, livros, resumos e pareceres judiciais, de editoras acadêmicas, sociedades profissionais, repositórios on-line, universidades e outros sites. A pesquisa pode ser feita somente por resultados em português e por datas, permitindo ainda a criação de alertas sobre o tema. Disponível em <https://scholar.google.com.br/>.

d) **Gemini:** ferramenta de inteligência artificial para conversação com o Google, disponível em <https://gemini.google.com/>.

e) **Google Books**: em <https://books.google.com.br/> é possível consultar trechos de livros e revistas. Alguns estão disponibilizados na versão full desde que não mais possuam direitos autorais. Na ferramenta Talk to Books, disponível em <https://books.google.com/talktobooks/>, a inteligência artificial é utilizada para encontrar respostas sobre perguntas específicas em trechos de livros.

f) **Google Web**: pesquisa em bilhões de páginas. Disponível em: <https://www.google.com/>[58].

g) **YouTube**: permite consultar uma infinidade de vídeos postados na web. Disponível em <https://www.youtube.com/>.

h) **Blogger**: em <https://www.blogger.com> é possível encontrar blogs sobre diversos assuntos. A variante de domínio é o blogspot.com.

---

[58] Vide dicas específicas sobre pesquisa no Google.

i) **Google Favoritos**: é um serviço de hospedagem em nuvem de páginas favoritas, permitindo organizar, classificar e colocar notas ou tags em cada uma. Nesse sentido, há serviços disponíveis em aplicações de Internet ou extensões que podem ser agregadas ao navegar na web. Serviços como este auxiliam bastante na organização do conteúdo por assunto das diversas fontes de consulta ora disponíveis.
j) **Google Sala de Aula:** plataforma educacional com o intuito de viabilizar o aprendizado e com ampla adoção por instituições de ensino para o ensino remoto, sobretudo durante a pandemia.

Google Hacking Database

Com o Google Hacking Database é possível identificar informações que deveriam estar ocultas, mas que estão disponíveis e, quando categorizadas, são mais fáceis de serem visualizadas.

A ideia de Google Hacking foi originariamente concebida nos anos 2000 por Johny Long, depois que ele catalogou essas consultas num banco de dados. Ele cunhou o termo "Google dork" para descrever esta técnica de buscar dados que não deveriam estar disponíveis, mas que foram configurados erroneamente por terceiros.

As dorks do Google são empregadas, por exemplo, para identificar informações que não deveriam estar expostas e posteriormente fazer sua correção. Profissionais de cybersecurity utilizam para correção de vulnerabilidade, dentre outras funcionalidades. Não obstante, criminosos também usam essas informações para a realização de ataques cibernéticos e identificar sites e plataformas com vulnerabilidades.

Wilson (2011) destaca a automatização para busca de vulnerabilidades por cibercriminosos através de dorks, assinalando o Google como ferramenta de consulta. Segundo ele, automatizar a consulta e análise com dorks possibilita ao invasor realizar um grande número de solicitações e obter, por exemplo, uma lista de sites potencialmente explorados em um tempo razoável com esforço reduzido.

As dorks do Google estão consolidadas num banco de dados disponível em <https://www.exploit-db.com/google-hacking-database>. É possível filtrar por autor ou categoria para encontrar dados indexados de documentos, arquivos e diretórios e conteúdos sensíveis. Algumas pesquisas possíveis[59]:

[59] Consulta realizada em 03 de dezembro de 2023.

- Arquivos com nomes de usuários: intitle:"index of" "/usernames".
- Servidores vulneráveis: inurl:"/geoserver/ows?service=wfs".
- Arquivos com senhas: intitle:"Index of" htpasswd.
- Dispositivos online: intitle:"Webcam" inurl:WebCam.htm.

Com as strings disponibilizadas, o usuário cola-as na barra de pesquisa do Google e obterá os resultados mais precisos.

Por fim, é importante utilizar dorks com finalidade lícita. O uso legal e ético é crucial para aquele que trabalha com OSINT.

Shodan – Busca por dispositivos conectados

Quando falamos em busca de dispositivos conectados, certamente o Shodan é a melhor ferramenta que indexa metadados de um software em execução num dispositivo (banners[60]). Dentre as informações que podemos encontrar, destacamos: países mais conectados, versão do Microsoft ISS mais executado, servidores de controle de malware e vulnerabilidades e tipos de hosts mais afetados. A versão gratuita traz resultados limitados de busca, diferente da membership, com retornos excelentes.

Dentre as principais aplicabilidades, a ferramenta destaca seu uso para segurança de rede, pesquisa de mercado, risco cibernético, internet das coisas e rastreamento de ransomware. A ferramenta conseguiu identificar vulnerabilidades em infraestruturas críticas de sistemas de abastecimento de água e de energia elétrica nos Estados Unidos (O'HARROW JR., 2012). Não obstante, há casos de emprego de maneira maliciosa, sobretudo na identificação de vulnerabilidades de uma empresa a ser atacada.

Bodenheim (2014) empregou o Shodan para examinar seu impacto na segurança dos Sistemas de Controle Industrial (ICS – Industrial Control System), avaliando os dispositivos conectados e a limitação de exposição à ferramenta por meio da manipulação de banner do serviço. Para ele, o fato dessas vulnerabilidades se tornarem cada vez mais conhecidas transforma o Shodan numa ferramenta primária para os atacantes atingirem os ICSs de forma direta.

Da mesma maneira que o Google, o Shodan tem as dorks para a obtenção de resultados mais precisos:

---

[60] O Shodan não busca por IP, mas pelo banner. Por consequência, o IP ou os IPs são trazidos junto com o respectivo banner. Isso implica dizer que um mesmo IP pode trazer vários banners, dependendo do tipo de pesquisa ou informação.

- Localização de país: "Ip camera" country:"ZZ"
- País e região: "Ip camera" country:"ZZ" city:"Rio de Janeiro"
- País, região e marca do produto: "Ip camera" country:"ZZ" city:"Nome_do_Estado" product:"Nome_da_Marca"

Servidor web

- Busca por servidores: product:apache ou somente apache
- Servidores Apache rodando na porta 80: apache port:80
- Servidores Apache rodando na porta 80, em determinada VPS: apache port:80 org:"Nome_da_Empresa"
- Servidores Apache rodando na porta 80, em uma determinada VPS, com sistema operacional Linux: apache port:80 org:"Nome_da_Empresa" os:"Linux"

Sistemas operacionais

- Servidores rodando Linux: os:"Linux"
- Servidores Linux rodando um determinado serviço – por exemplo, openSSH: os:"Linux" product:"OpenSSH"
- Servidores Linux rodando openSSH na porta 443: os:"Linux" product:"OpenSSH" port:443

Criptomoeda

- Servidores onde provavelmente estão rodando serviços de criptomoeda, como um minerador: ethereum hashrate
- Servidor em uma determinada VPS: ethereum hashrate org:"Nome_da_Empresa"
- Busca por determinado país: ethereum hashrate org:"Nome_da_Empresa" country:"ZZ"

Busca por uma porta

- Servidores rodando na Porta 8080: port:8080
- Porta 8080 com o serviço de câmera IP: port:8080 product:"IP Camera"
- Porta 8080 com o serviço de câmera IP em um determinado país: port:8080 product:"IP Camera" country:"ZZ"

Destacamos, ainda, a busca georreferenciada no Shodan Maps, em: <https://maps.shodan.io>.

8. SOCMINT

Figura 15.

Sempre partindo da visão do mais simples para o complicado e superando a pesquisa inicial de OSINT com mecanismos de busca, passamos agora ao estudo da SOCMINT.

As mídias sociais são de extrema relevância para os investigadores, profissionais de inteligência e de OSINT. Elas trazem distintas informações livremente disponíveis, que tanto mostram o que aconteceu quanto predizem o que se passará.

Hoje em dia é muito importante para os profissionais de mídia, empresários e os da área de segurança pública terem conhecimento do que está sendo postado em redes sociais, principalmente Facebook e Twitter. Através de ferramentas livremente disponíveis, é possível ter conhecimento sobre venda de drogas, brigas de gangues ou outras atividades criminosas.

De acordo com monitoramento realizado pelo International Narcotics Control Board (INCB), da ONU, farmácias ilegais estariam utilizando redes sociais para negociar remédios controlados e drogas com jovens (JESUS, 2012).

A polícia americana também desmantelou uma organização que vendia maconha, mescalina, cogumelos alucinógenos, LSD e outras drogas pela web para mais de três mil usuários (UOL, 2012). A ousadia da quadrilha era tamanha que o pagamento das drogas era feito por PayPal.

Há várias ferramentas disponíveis na Internet para acompanhamento de mídias sociais. Algumas são gratuitas. A opção paga normalmente oferece mais funcionalidades.

Lutai (2022) ressalta o uso das mídias sociais pela atividade de inteligência, seja para coleta de dados disponíveis, seja para levar informação para a população:

> *As mídias sociais são um dos fenômenos que regem tanto a vida das pessoas quanto aspectos das instituições governamentais. Os serviços de inteligência, com a intenção de servir aos interesses nacionais de maneira transparente e responsável, escolheram recentemente ser muito mais ativos no ambiente online. Compreenderam claramente que as redes sociais são uma fonte de informações que não deve ser ignorada e que deve ser explorada para desenvolver produtos informativos relevantes para suas missões. Além desse aspecto, eles enxergam as redes sociais como impulsionadoras para fins de marketing e branding. Nessa direção, seguindo o exemplo de outras instituições governamentais que optaram por ingressar em plataformas sociais, os serviços de inteligência lançaram páginas no Facebook, criaram contas no Instagram, Twitter ou até mesmo no LinkedIn. Através delas, estão presentes e têm a capacidade de transmitir informações de forma muito mais fácil.*

Dentre as mais distintas plataformas de mídias sociais, o Statista traz as principais por número de usuários[61]. O Brasil é inserido como o quinto maior mercado do planeta, com mais de 165 milhões de usuários ativos nas mídias sociais (BIANCHI, 2024).

---

61 Statista. Dados de outubro de 2023. Disponível em: <https://www.statista.com/>.

Plataforma	Usuários ativos – em bilhões
Facebook	3.03
YouTube	2.491
WhatsApp	2.0
Instagram	2.0
WeChat	1.327

A quantidade de informações inseridas diariamente nas mídias sociais dimensiona a importância dessa seara para as fontes abertas. Usuários divulgam rotina, patrimônio, ostentação, negócios, viagens e relacionamentos. O Professor Jezer Ferreira costuma citar nas suas aulas até mesmo que a idade do usuário leva a um indicativo de qual mídia social ele utiliza. Se for mais velho, Facebook; se for mais novo, Tiktok. Isso é relevante para quando o profissional de OSINT estiver realizando a coleta de dados.

O termo SOCMINT foi inicialmente citado por Omand, Bartlett e Miller em publicação no ano de 2012. Os autores pontuam as mídias sociais como uma grande inovação tecnológica disruptiva e, nesse contexto, tanto a polícia quanto os órgãos de inteligência devem se adaptar a esse novo cenário. As informações estão disponíveis e não podem ser ignoradas:

> *Além disso, o aumento do uso das redes sociais, juntamente com o rápido desenvolvimento de abordagens analíticas, oferece agora uma nova oportunidade para as forças policiais gerarem inteligência operacional que poderia ajudar a identificar atividades criminosas, indicar alertas precoces de distúrbios, fornecer informações e inteligência sobre grupos e indivíduos e auxiliar na compreensão e resposta às preocupações públicas. Parte desse acesso virá de informações de "fonte aberta" provenientes do Twitter e de outros conteúdos de mídia social autorizados para acesso público. No entanto, algumas exigirão autorização legal para superar configurações de privacidade e criptografia de comunicações.*

Com base no que foi desenvolvido pelos autores, podemos definir SOCMINT como a inteligência empregada por atores governamentais e não governamentais para coletar e analisar informações disponíveis em mídias sociais.

Antes de iniciarmos a busca detalhada por mídias sociais, compete-nos trazer aspectos relevantes sobre nome de usuário (username), ID e as ferramentas integradoras.

ID

Uma conta de rede social pode ser identificada de várias formas: ID, username, URL, e-mail vinculado e telefone com o DDI. Por vezes, quando a ordem judicial contém apenas o nome da pessoa ou os dados estão incompletos, as aplicações de Internet deixam de responder por estar em desacordo ao que preceitua o Marco Civil da Internet[62] ou legislação correlata. O ID é um desses identificadores.

O ID é o identificador único de um usuário na plataforma a partir da criação da conta. Ele permanece imutável, não importando quantas vezes o nome de usuário seja alterado. Ademais, o ID é empregado para a integração de feeds em sites, análises e verificação de contas.

Essa informação deve ser obtida logo que uma conta de mídia social é identificada, pois é muito comum a mudança de nome de usuário, sobretudo nos casos de fraudes eletrônicas e desinformação praticada nas plataformas. Na prática, você deve continuar rastreando um perfil pelo ID e nunca pelo username.

A busca do ID pode ser realizada diretamente por serviços disponibilizados on-line. Não obstante, as APIs são modificadas com frequência, e consultas que eram realizadas com sucesso tornam-se inativas[63]:

- Facebook
  - LookUp-ID – <https://lookup-id.com/#>.
- Instagram
  - Insta Followers – <https://www.instafollowers.co/find-instagram-user-id>.
  - Fameswap – <https://fameswap.com/tool-instagram-user-id>.

Outra recomendação nossa é a pesquisa diretamente na página ou perfil. Esta sim traz os melhores resultados.

- **ID do usuário no Facebook**[64]
  - No perfil: pode substituir o nome de usuário pelo Facebook ID, utilizar Crtl + F e pesquisar por userID view.source:https://web.facebook.com/nomedeusuario.

---

62 Art 19 § 1º A ordem judicial de que trata o caput deverá conter, sob pena de nulidade, identificação clara e específica do conteúdo apontado como infringente, que permita a localização inequívoca do material.

63 Algumas ferramentas são descontinuadas no decorrer do tempo. Caso o serviço esteja fora do ar, utilize os mecanismos de busca para identificar outras plataformas de consulta.

64 É possível fazer a busca reversa de ID para encontrar o usuário do Facebook. Depois de "facebook.com/", digite o ID.

- **ID do grupo no Facebook**
  - colocar antes view-source:https://web.facebook.com/group (pode substituir o nome de grupo pelo ID). Faça Ctrl + F e pesquise por group_id.
- **ID do usuário no Instagram**
  - Opção 1: colocar "View-source" na frente do https://.... ou Ctrl +U e depois buscar (Crtl + F) por "profile_id".
  - Opção 2: acessar o perfil desejado. Apertar a tecla F12 e, em "Fontes", pesquisar (Crtl +F) por "profile_id".
  - Opção 3: na URL do perfil do Instagram, acrescente ?_a=1&_d=dis e terá um campo profile_id.
- **ID do usuário no X (Twitter)**
  - view-source:https://twitter.com/emersonwendt (substitua emersonwendt pelo nome do usuário do perfil). Ctrl + F e pesquisar por id_str.
- **ID do usuário LinkedIn**
  - Clique com o botão direito na página e verifique o código-fonte. Procure por li:member – os números que aparecem representam o ID do usuário.
- **ID do usuário TikTok**
  - Acesse com o botão direito na página e verifique o código- fonte. Identifique os números depois de authorId.
- **ID do usuário YouTube**
  - Exiba o código-fonte da página e procure pelo seguinte parâmetro: <https://www.youtube.com/channel/>. Os números na sequência representam o ID do canal.

Username

Ao criar uma conta numa mídia social, o usuário escolhe um nome exclusivo para ser localizado. O username é precedido, normalmente, pelo arroba ou é parte da URL do perfil. Diferentemente do ID, esse nome é mutável, o que dificulta, por vezes, o acompanhamento pelo profissional de OSINT. Outro ponto relevante: se o username já foi utilizado por terceiros, mesmo que esteja inativo, não pode ser utilizado para criar uma nova conta.

As plataformas podem alterar ou excluir o nome de usuário quando houver violação de propriedade intelectual ou outra irregularidade prevista nos termos de uso ou diretrizes da comunidade.

A repetição do mesmo nome de usuário em distintas mídias sociais é uma boa prática para manter os seguidores conectados, bem como previne a criação de contas impostoras, ou seja, evita que terceiros utilizem o nome e assumam a identidade dela.

Além disso, o usuário costuma repetir o nome em outras redes mesmo que de forma não intencional. Um dos casos que merecem ser citados foi a prisão de Ross Ulbritch, fundado do Silk Road, através da Operação Onymous, desencadeada pelo FBI. Ele utilizava o pseudônimo de Dread Pirate Roberts e se registrou num site de perguntas e respostas com o seu e-mail e nome de usuário (HERN, 2013).

A busca pelo nome de usuário facilita a identificação de uma conta em diferentes mídias sociais, sem haver a necessidade de fazer a busca uma por uma. A consulta é realizada por sites que disponibilizam de maneira direta:

- Check Usernames – <https://checkusernames.com/>.
- Name Check – <https://www.namecheck.com/>.
- Insta Username – <https://instantusername.com/#/>.
- Peek You – <https://www.peekyou.com/username>.
- AnalizeID – <https://analyzeid.com/username/>.
- WhatsMyName – <https://whatsmyname.app/>.
- Namint – <https://seintpl.github.io/NAMINT/>.

Hashtags

As hashtags facilitam a busca por um conteúdo específico, promoção de campanhas e categorização de conteúdo. Ao ser adicionada a um post, ela fica clicável e identifica outros conteúdo com ela.

Ela é utilizada para analisar redes sociais como Twitter, Facebook e Instagram, notadamente voltada às atividades dos usuários. Outro ponto de interesse nelas é a investigação de campanhas e movimentos em mídias sociais.

Durante a Operação Escola Segura realizada no ano 2023[65], o trabalho desenvolvido pelo Ministério da Justiça e Segurança Pública identificou diversas hashtags relacio-

65 A Operação Escola Segura foi lançada em abril de 2023 para atuar na repressão aos crimes praticados contra a segurança de crianças e adolescentes no ambiente escolar. É coordenada pelo Ministério da Justiça e Segurança Pública e conta com a participação das polícias estaduais (Delegacias de Repressão a Crimes Informáticos, Delegacias Distritais e Unidades de Inteligência de Polícia Judiciária). Números da Operação em dezembro de 2023: prisões e/ou apreensões de menores: 401; condução de menores e/ou suspeitos:

nadas à ameaça de ataques no ambiente escolar[66]. Esses dados foram relevantes para identificar e remover das mídias sociais os perfis que disseminavam o ódio ou planejavam ataques contra crianças e adolescentes.

Algumas ferramentas possibilitavam a pesquisa de quem havia tuitado um termo específico. Não obstante, a mudança das regras da plataforma inviabilizou essa funcionalidade. Ainda é possível pesquisar diretamente no buscador da X pelos tuítes antigos de um usuário. Digite from:username since:yyyy-mm-dd until:yyyy-mm-dd.

Você pode localizar uma hashtag no Instagram se colocar a pesquisa dessa maneira na URL: instagram.com/explore/tags/xxxxxxx.

Algumas ferramentas de fontes abertas para buscas de hashtags:

- Top Hashtag –<https://top-hashtags.com/>. Coleta as hashtags mais populares na internet.
- Tik Tok Creative Center – <https://ads.tiktok.com/business/creativecenter/inspiration/popular/hashtag/pc/en>. Identifica as hashtags mais populares no TikTok.
- Tagsfinder – <https://www.tagsfinder.com/pt-br/>. Encontra as melhores hashtags para postagens, postagens por país ou por cidade.

A Plataforma Talkwalker Free Social Search, disponível em <https://www.talkwalker.com/free-social-media-monitoring-analytics-tools>, possibilita fazer o acompanhamento das hashtags em distintas mídias sociais. Ela permite, ainda, pesquisa nas redes sociais com base em sua localização, idioma, tipo de mídia e sentimento.

1.652; buscas e apreensões: 388; número de boletins de ocorrência: 3.404; número de casos em investigação: 2.847; solicitações de preservação e remoção de conteúdos em plataformas de redes sociais: 1.534; solicitações de dados cadastrais em plataformas de redes sociais, incluindo a nova rede catalogada: 500; solicitações emergenciais: 187.

66 #tcc, #tcctwt, #atentadoescolar, #massacre, #Edt, #Columbine, #Suzano, #anon, #taucci, #vladislavroslyakov, #conventodiscord, #kozlovoltex, #eliteintelectualdainternet; #antipanelinha; #ataqueaescola, #panelinhasdc, #tcctwtedit #vladislavroslyako #vladroslyakov #tcc #kerch #kerchpolytechniccollegemassacre #truecrimecommunity #roslyakov #vladislav #vladislavroslyakoedit #tccedit #truecrimecomunnity #tcc #tcctwt #education #fakeperson #actors #1999 #tcedit #xyzbca

Ferramentas integradoras

Lampyre

A plataforma Lampyre, disponível em <https://lampyre.io/>, é uma excelente ferramenta para fazer pesquisas relacionadas com SOCMINT. Os resultados apresentados pela plataforma são relevantes. Por vezes, você tem apenas um e-mail ou telefone para consulta e, caso fosse fazer de maneira individualizada demandaria um grande esforço. Inobstante, a ferramenta possui uma grande capacidade analítica para coleta de dados oriundos de fontes distintas. A versão gratuita possui algumas limitações.

Blackbird

Ferramenta desenvolvida por Lucas Sampaio Antoniaci para pesquisar nomes de usuários de maneira automatizada[67].

A plataforma busca usernames em mais de 581 fontes distintas e já possibilita a exportação dos dados encontrados. Além disso, a pesquisa inclui redes sociais populares como Facebook, YouTube, Twitter, Instagram, TikTok, além de outros sites como GitHub, Steam, Linktree, entre muitos outros.

O Blackbird suporta a busca em mais de 150 plataformas diferentes, incluindo redes sociais, sites de jogos, plataformas de desenvolvimento e muito mais. Isso torna-o uma ferramenta abrangente para investigações digitais e atividades de recolha de informações.

É possível realizar a extração de metadados?

Sim, algumas vezes dados como nome, biografia, localização e foto de perfil são extraídos para enriquecer os dados coletados, proporcionando um entendimento mais completo do perfil do usuário em questão.

A ferramenta utiliza requisições HTTP assíncronas para acelerar o processo de busca, permitindo a execução de várias buscas simultaneamente, o que resulta em uma coleta de dados mais rápida e eficiente.

---

67 Lucas é Cyber Security Analyst no Itaú Unibanco | Pentest | OSINT | eWPT | eMAPT. Foi Consultor Pleno – Risk Consult – na KPMG e Trainee de Segurança da Informação na BERGHEM – Smart Information Security. Formado em Segurança da Informação pela Fatec de São Caetano do Sul.

Os resultados obtidos através do Blackbird podem ser exportados como relatórios em PDF. Esses relatórios facilitam a análise e o compartilhamento das informações coletadas, sendo úteis para fins de documentação ou apresentação.

Para evitar bloqueios e detecções, o Blackbird utiliza um UserAgent aleatório em cada solicitação feita às plataformas. Isso ajuda a mascarar a origem da solicitação, aumentando as chances de sucesso nas buscas.

A ferramenta utiliza um template JSON para armazenar e ler dados, o que torna o processo de gerenciamento de informações coletadas mais organizado e acessível.

O projeto é open source, o que significa que a comunidade pode contribuir com melhorias, correções de bugs e novas funcionalidades.

A ferramenta é um exemplo poderoso de como a tecnologia de OSINT pode ser aplicada para a recolha rápida e eficiente de informações públicas disponíveis on-line. No entanto, é crucial lembrar a importância do uso responsável e ético de tais ferramentas, em conformidade com as leis e os regulamentos aplicáveis.

Social Searcher

Realiza a busca e análise de dados em mídias sociais. Disponível em <https://www.social-searcher.com/>, as consultas são realizadas sem necessidade de login no Twitter, Google, Facebook, YouTube, Instagram, Tumblr, Reddit, Flickr, Dailymotion e Vimeo. A versão premium possibilita ao usuário uma análise mais avançada além de integração com uma API.

Social Blade

Acessível em <https://socialblade.com/>, assegura o acompanhamento de estatísticas e a medição do crescimento em várias plataformas de mídia social, incluindo YouTube, Twitch e Instagram.

Ao acompanhar um canal do YouTube, por exemplo, você obtém os dados de seguidores, visualizações, uploads, data de criação e ganhos estimados por períodos específicos[68]. Essa quantificação é interessante para os casos de aplicação de multa

---

[68] De acordo com Social Blade: "os ganhos estimados são apenas isso, estimados. Pegamos um valor de CPM baixo (US$ 0,25) e um valor de CPM alto (US$ 4,00), números que consideramos comuns entre nos-

pecuniária, eis que permite ter uma estimativa de alcance e valores auferidos com a publicação.

Buscas nas mídias sociais

Por vezes, uma pesquisa nos motores de busca pode não trazer respostas satisfatórias para o que se procura. Dessa maneira, a busca em plataformas de mídias sociais permite localizar as pessoas através de nomes de usuário, e-mail, localização, relacionamentos, telefones vinculados etc. Vejamos as principais:

Facebook

Rede social lançada no ano de 2004 com a ideia inicial de compartilhamento de informações entre estudantes universitários. Foi fundada por Mark Zuckerberg e seus colegas de quarto da Universidade Harvard e está ranqueada como uma das principais plataformas acessadas no planeta.

A ferramenta se mostra bastante útil na busca de informações de usuários e conteúdo postado diariamente[69]:

- Relacionamentos: amigos, negócios, parentes.
- Informações de contato: e-mail, telefone, endereço, profissão, empresa, trabalho, educação, geolocalização, foto de perfil, capa.
- Publicações: rotinas, atividades.
- Fotos e vídeos.
- Curtidas e comentários.

O profissional de OSINT deve ficar atento às contas impostoras (perfis falsos). Se não confrontar as informações com outras fontes de dados, resultará em erros. Ademais, consultas que eram realizadas anteriormente de maneira direta hoje não são mais possíveis, sobretudo por mudanças na API. Ferramentas pagas ou bancos de dados livremente disponíveis na surface e deep web são utilizados para dar um bypass nessas dificuldades.

---

sos parceiros, e os multiplicamos pelo número de visualizações que o canal obtém por dia. Isso pressupõe que todas as visualizações no canal do parceiro sejam monetizadas, o que normalmente não é o caso. O número não deve ser interpretado como religião, mas para dar uma ideia geral de quanto eles podem estar ganhando". Disponível em: <https://socialblade.com/youtube/help>.

69 Lembre que estas informações variam de usuário para usuário. Alguns perfis são privados ou ocultam informações da conta.

Para encontrar algo no Facebook, basta digitar o assunto na barra de pesquisa e observar os resultados com as devidas sugestões. Essa consulta permite acesso a informações sobre perfis, pessoas, publicações, fotos, locais, páginas, aplicativos, grupos e eventos do Facebook. Caso queira aplicar filtros e obter melhores resultados na busca, recomenda-se modificar o idioma para a versão em inglês a fim de que o recurso seja habilitado. Se a busca feita de maneira correta não der retorno, talvez seja o caso de o perfil do terceiro ter sido configurado como restrito ou tal perfil não existir. Algumas ferramentas ajudam a interagir e pesquisar no Facebook:

Fotos e vídeos

A plataforma já permite que você baixe o conteúdo de maneira direta para fotografias. Não obstante, para o download de vídeos você deve empregar o termo "mbasic." antes da URL do conteúdo.

Destacamos algumas ferramentas para fazer o download de vídeos:

- Brave Down – <https://bravedown.com/facebook-video-downloader>.
- FBdown- <https://fdown.net/>.

Comentários

- Export Comments – <https://exportcomments.com/>.

Postagens

- Who posted what – <https://whopostedwhat.com/>.

CSE para pesquisar imagens no Facebook

- <https://cse.google.com/cse?cx=013991603413798772546:jyvyp2ppxma#gsc.tab=0>.

Instagram

A rede social foi criada no ano de 2010 por Kevin Systrom e Mike Krieger e tinha como protótipo o aplicativo Burbn. A ideia era ter algo para compartilhar fotos, localização e planos dos usuários, não obstante focou apenas na primeira opção, permitindo ao usuário a edição do que era postado.

A aplicação pertence à Meta Platforms Inc. desde abril de 2012, quando foi comprada pela quantia de 1 bilhão de dólares. Dentre as principais funcionalidades, destacamos as postagens no feed, stories, reels e as informações sobre o perfil.

Conhecer a política de privacidade e os termos de uso do serviço é importante tanto para aquele que trabalha com OSINT quanto para a persecução penal, pois facilitará eventuais pedidos de representações de quebra de sigilo telemático. A política de privacidade do Instagram informa as informações coletadas, onde destacamos algumas[70]:

- **Informações fornecidas pelo usuário**: publicações, comentários e áudios; mensagens enviadas e recebidas com conteúdo; metadados; aplicativos e recursos com as atividades realizadas; horário, frequência e quanto tempo o usuário permanece conectado.
- **Dados coletados sobre amigos, seguidores e outras conexões**: contatos com nome, e-mail e telefone, quando disponível.
- **Aplicativos, navegadores e dispositivos**: software e computador ou smartphone utilizado; suas ações quando está conectado no Instagram; identificação de dispositivos; dados compartilhados de geolocalização, câmera e metadados relacionados; registros de conexão e cookies.

Como indicação de OSINT, o operador encontrará infinitas possibilidades, sobretudo quando um perfil for público, para identificar as postagens, seguidores e seguindo, data de criação, geolocalização, hashtags, curtidas, comentários, interações, dentre outras.

Ao fazer uma busca por um perfil, procure o "sobre esta conta". Quando clicar nos três pontos do canto superior da página, obterá o período no qual ela foi criada e o país no qual está situada. Quando a conta é verificada aparece quantas vezes o username foi alterado e mês da concessão do selo azul[71].

Quando se trata de post geolocalizado, recomendamos o uso de um recurso disponível na plataforma OSINT COMBINE – <https://www.osintcombine.com/instagram-explorer>.

---

[70] Política de privacidade da Meta. Disponível em <https://privacycenter.instagram.com/policy/>. Atualizada em 27 dez. 2023.

[71] Uma conta verificada permite dar uma maior autenticidade e confiança às mídias sociais. O detentor da funcionalidade tem um suporte exclusivo no atendimento e ainda maior proteção contra contas impostoras. Anteriormente era restrito às contas de influencers ou de grande relevância. Hoje pode ser obtido por subscrição e desde que haja a comprovação por meio de documento de identidade e selfie de vídeo.

Algumas ferramentas possibilitam localizar contas-espelho – <https://www.pixwox.com/>. Este recurso pode ser útil em caso de contas deletadas, bem como o Internet Archive Wayback Machine (<https://web.archive.org/web>), que pode auxiliar quando você pesquisar pela URL do perfil em busca de snaps da página.

A busca por pessoa ou assunto é realizada diretamente dentro do Instagram, todavia, você pode utilizar algumas dorks no Google para trazer melhores resultados[72]:

- Inurl:instagram.com/p/ "palavra-chave" – Busca por termos específicos.
- "Assunto" site:instagram.com | site:facebook.com | site:tiktok.com – Traz como resultado as contas das mídias sociais viculadas ao assunto com dados de postagens, vídeos e comentários específicos.
- Assunto after:YYYY-MM-DD AND before:YYYY-MM-DD site:instagram.com – Pesquisa por palavra-chave dentro de um período específico.

Vamos verificar, agora, algumas ferramentas e funcionalidades que podem ser empregadas na mídia social.

Download de conteúdo

A preservação de conteúdo deve ser levada em conta na coleta em fontes abertas, sobretudo quando se trata de postagens nos stories do Instagram, eis que o recurso tem limite de tempo para ficar disponibilizado ou pode ser deletado facilmente pelo usuário[73].

- Story Saver – <https://www.storysaver.net/>
- Save Free[74] – <https://www.save-free.com/pt-pt/>.
- Insta Save – <https://insta-save.net/pt>.
- Snap Insta – <https://snapinsta.app/pt>.

No caso da foto de perfil, a recomendação é buscar o JSON da imagem e identificar o campo profile_pic_url_hd para baixar o conteúdo em alta resolução. Já para fazer o download de uma imagem postada no Instagram, basta acrescentar na URL o campo /media/?size=l.

[72] Recomendamos que você tenha uma lista de dorks nos favoritos para facilitar sua pesquisa.

[73] Recomendamos que você faça uma busca por extensões disponíveis que auxiliam no salvamento de conteúdo.

[74] Faz download de fotos, reels, vídeos, stories e perfis. Algumas ferramentas podem ser descontinuadas. Se isso ocorrer, utilize mecanismos de busca para localizar novos recursos disponíveis.

Comentários, seguidores e seguindo

- Instaloadgram[75] – <https://instaloadgram.com/export-instagram-data/>.
- Insfo – All in One IG follower export tool é uma extensão do Chrome que possibilita baixar até uma determinada quantidade de seguidores de maneira gratuita. Você pode baixar os que estão seguindo um perfil, comentários, curtidas, tag, localização em formato de planilha. A versão paga traz mais funcionalidades.

LinkedIn

A rede social surgiu no ano de 2003 criada por Reid Hoffman e foi adquirida em 2016 pela Microsoft. Com mais de 850 milhões de usuários ativos, é uma das maiores aplicações do planeta e está presente em mais de 200 países.

A plataforma tem como escopo o networking profissional, desde o compartilhamento de experiências até a busca de novas oportunidades no mercado de trabalho. Por outro lado, a exposição de informações de pessoas e empresas é utilizada com frequência por cibercriminosos, desde a criação de contas impostoras até o comprometimento de e-mail corporativo. Chierzi e Fuentes (2023) trazem recomendações para os usuários:

- Evitar postagens de dados confidenciais ou informações pessoalmente identificáveis, como e-mails, telefone ou endereços.
- Personalizar a visibilidade dos rascunhos antes de compartilhar postagens.
- Compartilhar apenas informações que se sintam confortáveis em publicar publicamente na Internet.
- Configurar a privacidade para limitar a quantidade de informações disponíveis ao público.

As autoras acrescentam, também, que as companhias devem ter políticas claras sobre os tipos de conteúdo permitido, regras sobre a segurança da contas e utilização das mídias sociais de maneira geral.

Para a SOCMINT, o LinkedIn demonstra ser de interesse pelos dados que podem estar acessíveis: histórico profissional, habilidades, competência, educação, e-mail, telefone, artigos publicados e conexões.

---

75 O Instaloadgram é uma ferramenta paga que permite exportar os dados de comentários, seguidores e seguindo, posts por conta, hashtags e localização.

A pesquisa pode ser realizada diretamente no Google e algumas dorks trazem resultados precisos:

- site:http://linkedin.com/in "<pessoa>"
- site:http://linkedin.com/in "<empresa>"
- site:http://linkedin.com/in "<emprego>"
- site:http://linkedin.com/in "<palavra-chave>".

Mecanismos customizados auxiliam na busca de conteúdo junto ao LinkedIn. O IntelX disponibiliza uma consulta tanto por um CSE – <https://intelx.io/tools?tab=linkedin> – quanto por palavra-chave, primeiro e último nome, empresa e escola.

Para consultar um determinado perfil de maneira segura, clique no ícone da conta que você está logado, selecione configurações e privacidade e depois procure por visibilidade. Na opção de visualização de perfil, opte por modo privado.

Algumas dicas no LinkedIn:

- Aumentar o tamanho da fotografia: digite "/detail/photo/" após a URL da imagem.
- Visualizar postagens, documentos e artigos recentes: acrescente após o nome de usuário "/detail/recent-activity/".
- Salvar informações do perfil em PDF: quando localizar um usuário, clicar em "mais" para aparecer a opção 'salvar como PDF'. Os dados baixados são apenas do perfil, sem conteúdo detalhado.

X – Twitter

Criado em 2006 por Jack Dorsey, Biz Stone e Evan Williams, o Twitter se popularizou rapidamente por permitir aos usuários o compartilhamento de mensagens curtas (até 140 caracteres), ganhando, posteriormente, outras funcionalidades. No ano de 2022, foi adquirida pelo bilionário Elon Musk e mudou para X Corp.

Como fonte de consulta em SOCMINT, possibilita a busca de dados de perfis, hashtags, localização, seguidores e seguindo, sentimentos e análise de dados. Anteriormente, a plataforma possibilitava a pesquisa de forma aberta. Com as mudanças constantes pela empresa (API e limites do X[76]), diversos recursos foram desativados. Funcionali-

[76] "Os limites técnicos atuais para contas são: Mensagens Diretas (diariamente): o limite é de 500 mensagens enviadas por dia. Posts: 2.400 por dia. O limite de atualização diária é dividido em limites ainda menores

dades que apresentávamos em edições anteriores já não existem mais. Por vezes, o operador de OSINT deve fazer uma 'pesquisa manual' para obter o dado.

O X disponibiliza uma consulta avançada dentro de sua plataforma – <https://twitter.com/search-advanced?lang=pt> – para localizar informações sobre palavra-chave, frase exata ou por expressões alternadas. É possível utilizar a busca avançada para filtrar melhor seus resultados[77]:

Filtro	Parâmetro
Palavras	• posts que contêm todas as palavras em qualquer posição ("X" e "busca") • posts que contêm frases exatas ("busca no X") • posts que contêm qualquer uma das palavras ("X" ou "busca") • posts que excluem palavras específicas ("X", mas não "busca") • posts com uma hashtag específica (#X) • posts em um idioma específico (escritos em inglês)
Pessoas	• posts de uma conta específica (postado por "@XComms") • posts enviados como respostas a uma conta específica (em resposta a "@XComms") • posts que mencionam uma conta específica (o post inclui "@XComms")
Locais	• posts enviados de uma localização geográfica, como determinada cidade, estado, país
Datas	• posts enviados antes de uma data específica, após uma data específica ou dentro de um intervalo de datas • Busca por posts de qualquer data desde o primeiro post público

Algumas dicas de pesquisa no X[78]:

- Busca por tweets georreferenciados:
  - One Million Tweet Map: <https://onemilliontweetmap.com/>.
  - Omnisci Tweet Map: <https://www.heavy.ai/demos/tweetmap/>.
  - Pesquisa por tendências: <https://twitter.com/explore>.

---

por intervalos de meia hora. Reposts são contados como posts. Alterações no e-mail da conta: 4 por hora. Seguir (diariamente): o limite técnico para seguir é de 400 por dia. Esse é somente um limite técnico da conta e há regras adicionais que proíbem o comportamento de seguir de maneira agressiva. Seguir (com base na conta): quando uma conta estiver seguindo outras 5.000 contas, as tentativas adicionais para seguir serão limitadas por taxas de proporção específicas da conta. Esses limites incluem ações de todos os dispositivos, incluindo web, mobile, celular, API etc. As solicitações de API de todos os aplicativos de terceiros são rastreadas de acordo com o limite de API por hora. As pessoas que usam vários aplicativos de terceiros em suas contas atingirão, portanto, o limite de API mais rapidamente". Disponível em: <https://help.twitter.com/pt/rules-and-policies/x-limits>. Acesso em: 07 mar. 2024.

[77] X. Central de Ajuda. Sobre os limites do X. Disponível em: <https://help.twitter.com/pt/rules-and-policies/x-limits>.

[78] Algumas ferramentas podem ser descontinuadas no decorrer do tempo.

- Dashboard: a ferramenta Tweetdeck é recomendada para o acompanhamento no X por meio de dashboard. Só funciona com a versão paga.
- Download de vídeos:
    - Twitter Video Downloaders: <https://twittervideodownloader.com/>.
    - Ssstwitter: <https://ssstwitter.com/pt>.
    - Twitter Vid: <https://twittervid.com/pt>.

A ferramenta RASPRESERVE_TWT – <https://scraptwitter.vercel.app/> – é ideal para raspagem de dados de perfis do Twitter e preservação de links associados a esses perfis em sites de arquivamento. Ela possui recursos para extrair informações de listas de seguidores e seguindo, além de visualização de conexões por meio de gráficos do tipo nó-aresta-nó[79].

Em que pese as dificuldades de coleta no X, a plataforma não pode ser ignorada na busca de dados disponíveis. Serviços pagos ou lançados recentemente auxiliam nessa nova tarefa. O desenvolvimento de ferramentas proprietárias também é alternativa para superar esses obstáculos.

Mensageria – WhatsApp e Telegram

O WhatsApp[80] e o Telegram são utilizados também com a SOCMINT para coletar informações publicamente disponíveis. Informações de número de telefone, foto de perfil, nome de usuário e especialmente de grupos públicos[81] auxiliam, em complemento com outras fontes de dados, a individualizar uma pessoa.

Ademais, quando tratamos da investigação policial, a identificação de contas em aplicativos de mensageria é deveras importante para subsidiar eventuais representações por quebra de sigilo ou interceptação telemática e ainda a solicitação de

---

[79] Foi desenvolvida por Willian Wistuba, Agente de Fiscalização Financeira no Tribunal de Contas do Estado de São Paulo. Graduado em Direito (Unicuritiba) e Pós-Graduado em Direito Público/Controle Externo. Experiência de mais de 10 anos no Sistema de Controle Externo, passando pelo Tribunal de Contas do Paraná e Tribunal de Contas do Estado de São Paulo/MPC-SP. Também trabalhou por 12 anos em Ministérios Públicos de Contas (PR e SP). Advogado e professor na WB Educacional nas matérias de OSINT Patrimonial e Raspagem de Dados na Internet com Expressões Regulares.

[80] Para saber se um usuário está on-line sem a necessidade de salvar o número na agenda de contatos, digite no WhatsApp Web da seguinte maneira: wa.me/+55númerotelefone.

[81] Alguns sites disponibilizam a consulta de grupos públicos: WhatsApp – <https://gruposwhats.app/>; <https://www.gruposdewhatss.com.br/>; <https://grupowhats.online/>; <https://gruposnozap.com/>. Acessos podem ser descontinuados ao longo do tempo. Telegram – <https://lyzem.com/>; <https://tgstat.ru/>; <https://telemetr.me/>; <http://telegcrack.com>; <https://www.telegram-group.com/en/>.

dados cadastrais. Os dados obtidos devem, ainda, ser checados em fontes abertas na busca de outros elementos informativos necessários à individualização da autoria e materialidade delitiva.

O Telegram possui engenhos de busca customizados que facilitam o trabalho do operador de OSINT[82]:

- Intel X – <https://intelx.io/tools?tab=telegram>.
- Telegago – <https://cse.google.com/cse?q=+&cx=006368593537057042503:efxu7xprihg#gsc.tab=0&gsc.q=%20ccinfo&gsc.sort=date>.

Um buscador para o Telegram recomendado é o Telegram DB (<https://www.telegramdb.org/>), assim como o Telegram Search Engine (<https://xtea.io/ts_en.html#gsc.tab=0>).

TikTok

Mídia social com grande abrangência de público jovem e com mais de 1,2 bilhão de usuários ativos[83], o TikTok foi lançado em 2016 pelo engenheiro Zhang Yiming. A plataforma tem como escopo o compartilhamento de vídeos curtos com ferramentas que auxiliam na edição.

Como fonte de consulta em SOCMINT, a rede social oferta diversos campos para consulta: nome, e-mail, localização, postagens, comentários, curtidas, visualizações, redes sociais vinculadas e engajamento.

Algumas dicas de pesquisa utilizando a plataforma:

- Buscar informações sobre o usuário no Google: site:tiktok.com delbarreto19.
- Pesquisar dentro da plataforma – <https://www.tiktok.com/discover/Searching?lang=pt-BR>.
- Localização de nome de usuário, hashtag, nome completo ou palavra-chave: Osint Combine – <https://www.osintcombine.com/tiktok-quick-search/>.
- Download de vídeos:
  - Snap Tik: <https://snaptik.app/pt>.

---

82 Bots do Telegram facilitam a busca de informações. Recomendamos que você faça a procura em buscadores.

83 Estatísticas de janeiro de 2024.

- Identificar o usuário por ID: acrescente no final da URL o arroba com o ID da conta: Tiktok.com/@ID/.
- Localizar usuários e hashtags: VIDNICE – <https://vidnice.com/>.

YouTube

Fundado em fevereiro de 2005 por Chad Hurley, Steve Chen e Jawed Karim, a mídia social tinha como objetivo inicial disponibilizar uma plataforma de compartilhamento de vídeos. Em outubro de 2006 foi comprado pelo Google por 1,65 bilhão de dólares.

Certamente é a mídia social mais popular para compartilhamento de vídeos[84]. A pesquisa de vídeos traz diversas informações que podem ser aplicadas no contexto da OSINT, como, por exemplo, eventos, tendências, criadores de conteúdo, e-mails, contatos, comentários, domínios, dentre outros.

Ao acessar um canal no campo "sobre", você obterá informações da data de inscrição, e-mail vinculado, quantidade de inscritos, vídeos carregados e total de visualizações. Se algumas informações não estiverem disponíveis, recomendamos a utilização do Wayback Machine – archive.org – para buscar snaps do canal.

O Social Blade – <https://socialblade.com/> – vai ajudá-lo a obter os dados de seguidores, visualizações, uploads, data de criação e ganhos estimados por períodos específicos.

A Digital Methods Initiative[85] disponibiliza um conjunto de ferramentas para extração de dados do YouTube[86]:

- Informações do canal – <https://ytdt.digitalmethods.net/mod_channel_info.php>.
- Lista do canal – <https://ytdt.digitalmethods.net/mod_channels_list.php>.
- Lista de vídeos – <https://ytdt.digitalmethods.net/mod_videos_list.php>. Cria uma lista de informações e estatísticas de vídeo de uma das quatro fontes: os vídeos enviados para um canal específico, uma lista de reprodução, os vídeos

[84] O YouTube Shorts ultrapassou 50 bilhões de visualizações diárias em fevereiro de 2023. Fonte: Statista. Disponível em: <https://www.statista.com/topics/2019/youtube/#topicOverview>.

[85] É um dos principais grupos de pesquisa de estudos da internet da Europa. Composto por investigadores de novos meios de comunicação e candidatos a doutoramento, concebe métodos e ferramentas para reaproveitar dispositivos e plataformas on-line (como Twitter, Facebook e Google) para investigação de questões sociais e políticas. Disponível em <https://www.digitalmethods.net/Dmi/DmiAbout>. Acesso em: 07 mar. 2024.

[86] Youtube Data Tools – disponível em <https://ytdt.digitalmethods.net/mod_video_comments.php>.

recuperados por uma consulta de pesquisa específica ou os vídeos especificados por uma lista de IDs.

- Rede de canais – <https://ytdt.digitalmethods.net/mod_channels_net.php>. Rastreia uma rede de canais conectados por meio da guia "canais em destaque" (e por meio de assinaturas) a partir de uma lista de sementes.
- Rede de vídeo – <https://ytdt.digitalmethods.net/mod_videos_comments_net.php>. Cria uma rede de vídeos, baseada no conceito de "co-comentário". Se um usuário comentar em dois vídeos, será criado um link entre esses dois vídeos e quanto mais usuários co-comentarem, mais forte será o link. São considerados até 1.000 comentários de nível superior, classificados por relevância.
- Informações e comentários do vídeo – <https://ytdt.digitalmethods.net/mod_video_comments.php>. Recupera informações básicas do vídeo em questão e fornece uma série de análises da seção de comentários. Os comentários são recuperados por meio do endpoint da API commentThreads/list.

Destacamos as seguintes ferramentas e funcionalidades que podem ser obtidas junto ao YouTube:

- Metadados dos vídeos:
  - MW Metadata – <https://mattw.io/youtube-metadata/>. A ferramenta disponibiliza as seguintes informações sobre o vídeo: título, data da publicação, channel ID, descrição, tags relacionadas, áudio, visualizações e likes.
  - YouTube LookUp – <https://youtube-lookup.vercel.app/#result>.
- Imagens e miniaturas do vídeo em alta qualidade:
  - YTXtrator – <https://seintpl.github.io/ytxtractor/>
- Análise:
  - Video Indexer Azure – <https://azure.microsoft.com/en-us/products/media-services/>. Ferramenta paga da Microsoft que permite fazer uma análise detalhada dos vídeos por meio de inteligência artificial. Ideal para vídeos longos com insights relevantes sobre o conteúdo pesquisado.
- Download de vídeo:
  - Det URL – <http://deturl.com/>.
- Plugin para verificar fake news nos vídeos:
  - Invid – <https://www.invid-project.eu/tools-and-services/invid-verification-plugin/>. Plataforma de verificação de conhecimento para detectar histórias emergentes e avaliar a confiabilidade de arquivos de vídeo de interesse jornalístico.

- Frame by frame[87]:
  - Anilyzer – <https://anilyzer.com/>.
  - Watch frame by frame – <http://www.watchframebyframe.com/>.
- Edição de Vídeos FFMPEG – <https://ffmpeg.org/download.html>. Programa em linha de comando[88].
- Pesquisa de palavras em legendas: Filmot – <https://filmot.com/>. Indexa mais de 760 milhões de legendas em 687 milhões de vídeos e 52 milhões de canais.

Discord

Jason Citron e Stan Vishnevskiy fundaram o Discord em 2015 para facilitar a comunicação por mensagens, áudio e vídeo entre amigos durante jogos on-line.

Atualmente, possui mais de 150 milhões de usuários ativos, com 4 bilhões de minutos de conversas diárias nos seus 19 milhões de servidores ativos por semana[89].

Como fonte de consulta em SOCMINT, o Discord oferta infinitas oportunidades e, sempre na visão de que o usuário vai utilizar mídias sociais distintas, você poderá encontrar fragmentos de informações aqui não disponibilizadas em outro local.

Quando alguém se cadastra na plataforma, deve fornecer um nome de usuário, dados de e-mail ou telefone e data de aniversário. Em que pese algumas informações postadas serem inverídicas, a conta de e-mail relacionada será importante para solicitação de dados cadastrais e quebra de sigilo telemático.

Alguns servidores e grupos do Discord são públicos e o ingresso neles pode ser realizado independentemente de convite, o que já vai permitir verificar os objetivos bem como todos os usuários que participam dele. As hashtags mais uma vez devem ser utilizadas, eis que alguns servidores fazem seu emprego tanto para organizar as informações quanto para atrair interessados na temática.

---

87 Este tipo de captura vai permitir uma análise mais detalhada dos aspectos do vídeo: nomes, endereços, telefones, imagens de pessoas, coisas. Ademais, as capturas de tela deixam o relatório mais esmiuçado. Algumas extensões do Chrome auxiliam no print screen: Screenshot YouTube Video; Screenshot YouTube. Algumas ferramentas podem ser descontinuadas ao longo do tempo.

88 No YouTube há tutoriais sobre instalação e uso.

89 Dados de janeiro de 2024. Disponível em: <https://discord.com/company>.

Algumas dicas de busca no Discord:

- Localizar servidores:
  - Disboard – <https://disboard.org/pt-pt/>.
  - DiscordMe – <https://discord.me/servers>.
  - Discord Servers – <https://discordservers.com/>.
  - Discord Bee – <https://discordbee.com/>.
  - Top GG – <https://top.gg/>.
- Usuários do Discord:
  - Unofficial Discord Lookup – <https://discord.id/>.
- Data de criação do ID:
  - Unfurl – <https://dfir.blog/unfurl/>.
  - Lookup ID- <https://lookup.guru/>.
- Rastrear histórico: <https://discordservers.com/>.

OnlyFans

Fundado em 2016, o OnlyFans é a maior plataforma de conteúdo adulto que permite aos criadores monetizar junto aos fãs.

Em OSINT, é possível, quando o perfil for público, localizar informações sobre o usuário, biografia, foto de perfil e outros dados disponibilizados.

Realizando buscas no Google:

- site:onlyfans.com "Porto Alegre" – contas em Porto Alegre.
- site:onlyfans.com "username" – identificar um usuário.
- site:onlyfans.com "palavra-chave" – localizar um termo específico.

Publicações de perfis externos:

- site:linktr.ee intext:"onlyfans"
- site:allmylinks.com intext:"onlyfans"
- site:linktr.ee intext:"<Location>" AND "onlyfans"

Algumas dicas e ferramentas para consultas:

- Busca por perfis:
  - Only Search – <https://onlysearch.co/>.

- Fan Search – <https://www.fansearch.com/>.
- Onlyfinder – <https://onlyfinder.com/>

As mídias sociais referidas no presente capítulo são apenas exemplificativas. A depender do caso concreto, os dados podem estar em outras plataformas. Cabe ao profissional de OSINT coletar o dado disponível em distintas plataformas e ter em mente que, embora não tenha sucesso de início, não quer dizer que ele não existe.

Como mencionávamos anteriormente, devemos partir do mais fácil para o complexo. Partiremos, agora, para e-mail, domínios e posteriormente investigação patrimonial com OSINT.

9. OSINT E E-MAIL

Figura 16.

O e-mail vinculado a um usuário traz dados interessantes para a busca OSINT: nome, endereço, telefone, redes sociais, nomes de usuários, publicações acadêmicas e vínculos com empresas ou órgãos governamentais. Além disso, a expedição de ofício extrajudicial de dados cadastrais traz outros dados relacionados (e-mail vinculado e de recuperação, telefone e IP de criação).

Busca por e-mail

Inicialmente partiremos do princípio de que você não sabe qual e-mail é utilizado por um usuário, apenas o nome dele ou algum dado. Então, a primeira coisa a fazer é descobrir a conta de e-mail.

Algumas ferramentas oportunizam a busca por nome da pessoa e órgão em que trabalha. E-mail Hunter[90] – <https://hunter.io/> – permite a pesquisa por nome e empresa. Além disso, a versão paga aponta mais e-mails vinculados e você consulta um validador de e-mail.

E-mail Finder – <https://www.experte.com/email-finder> – é mais uma opção de busca, juntamente com E-mail Format – <https://www.email-format.com/> – para identificar como as empresas fazem no formato dos seus e-mails (nome + último nome + domínio).

O LinkedIn é outra fonte de consulta para busca de e-mail. Inicialmente, verifique se o usuário deixou as informações de contato acessíveis. Caso não identifique, alguns serviços pagos trazem bons resultados. O Datanyze – <https://www.datanyze.com/> – traz informações de contato, incluindo endereços de e-mail, discagem direta e números de celular diretamente de perfis do LinkedIn e sites de empresas, sem sair do navegador. A plataforma Snov – <https://snov.io/> – permite uma busca completa por e-mails.

O emprego de E-mail Permutator é uma possibilidade para identificar variações de e-mail de uma pessoa ou empresas, ou seja, a ferramenta vai trazer combinações com o nome e o domínio do e-mail. Algumas opções:

- E-mail Permutator[91].
- E-mail Permutator+ – <http://metricsparrow.com/toolkit/email-permutator/>.
- Mail Meteor – <https://mailmeteor.com/email-permutator>.
- Voila Norbert – <https://www.voilanorbert.com/>.

Outra opção é a busca de dorks de lista de e-mails. Para isso, utilize o Google Hacking Database – <https://www.exploit-db.com/google-hacking-database> – e consulte pelo termo e-mail. É possível utilizar as dorks diretamente no mecanismo de busca:

---

[90] Indexou mais de 4 milhões de contas de usuários e 76 milhões de sites. Consulta realizada em janeiro de 2024.

[91] Disponível em <https://docs.google.com/spreadsheets/d/1fB0pQvpDDETEt8T4TM5BiPOc-b6uQ56kR-9byyP_onCw/edit#gid=0>. Faça uma cópia. Não salve no original.

- Usuários do Linkendin de Fortaleza-CE com conta no Gmail: intext:"gmail.com" site:linkedin.com/in Fortaleza-CE.
- Advogados com Facebook e conta no hotmail: intext:"hotmail.com" site:facebook.com advogado.
- Identifica e-mails da Polícia Civil do Piauí: intext:@*.pc.pi.gov.br.
- Busca contas do Gmail do Emerson vinculadas ao Facebook: site:facebook.com "Emerson Wendt" "@gmail.com".

Identificada a conta? Agora é buscar os dados que estão atrelados.

Você já tem uma conta; quais dados solicitar?

Encontrou o e-mail? Verifique se ele é válido.

Os validadores ajudam a verificar a existência do domínio, conduzindo pesquisas nos servidores DNS e em registros específicos que o identificam na Internet. Essa funcionalidade pode variar entre as diferentes opções de validadores. Aqui algumas recomendações:

- Snov – <https://snov.io/email-verifier>.
- Verify e-mail address – <https://www.verifyemailaddress.org/>.
- Verifalia – <https://verifalia.com/validate-email>.
- E-mail Hippo – <https://tools.emailhippo.com/>.
- Verificar e-mail válido – <https://hunter.io/email-verifier>.
- Melissa Lookup – <https://www.melissa.com/v2/lookups/emailcheck/email>.
- E-mail Checker – <https://email-checker.net/>.

Outra funcionalidade permitida é saber se o servidor de e-mail está catalogado em alguma blacklist, principalmente em decorrência de envios de spam.

- E-mail Blacklist – <http://emailblacklist.com.br/>.
- DNSBL INFO – <https://www.dnsbl.info/>.
- DNS Checker – <https://dnschecker.org/ip-blacklist-checker.php>.
- Mx Toolbox – <https://mxtoolbox.com/blacklists.aspx>.

Agora comece do mais simples: utilize os mecanismos de busca Google e Bing para procurar informações sobre o e-mail[92]. Lá você encontrará vínculos com outras contas

[92] Os bancos de dados de consumidores também demonstrarão vínculos da pessoa com uma conta de e-mail.

em mídias sociais, publicações e artigos vinculados à pessoa, participação em fóruns, imagens relacionadas, dentre outras. Passo seguinte: utilize ferramentas como Maltego, Lampyre, Intel X e Osint Industries para buscar dados que não foram indexados.

EPIEOS – Encontrando dados vinculados

A EPIEOS possui um mecanismo de busca que permite encontrar vínculos de e-mail e telefone com diversas contas de mídias sociais, o que facilita, sobremaneira, a busca de dados.

A pesquisa traz vínculos com contas do Gmail, Gravatar, Holehe[93], Skype, Pinterest, Duolingo, Flickr, Hibp, verificador de e-mail, Strava, Xadrez e Trello. Os resultados devem ser aprofundados com novas buscas e, para investigações policiais, requisição de dados cadastrais e quebras de sigilo telemático.

A plataforma possui a versão free, com recursos limitados, e a paga, com respostas bastante positivas que facilitam o trabalho do profissional de OSINT. Um exemplo de pesquisa são os resultados trazidos do Google: ID, número de identificação do usuário na plataforma e mapas, calendário e Google Plus vinculado. As URLs devem ser pesquisadas para localizar, por exemplo, se o usuário utilizou o Google Maps para avaliar lugares visitados ou fez comentários, adicionou fotos e atribuiu notas ao local, classificando-o com até cinco estrelas.

Dados vazados

Outra pesquisa que você deve realizar é se existiu alguma violação de dados vinculada a uma conta de e-mail. Você terá como respostas credenciais de acesso e outros serviços vinculados ao e-mail. Ele não foi comprometido, mas o serviço vinculado sim.

Uma das recomendações de segurança é que, além de proteger sua conta com aplicativo autenticador, evite utilizar um e-mail único para serviços distintos. Se mesmo assim fizer, nunca repita senhas. Estas, por sinal, devem ser fortes e distintas e nada devem lembrar você (CPF, aniversário, casamento, pet, placa de veículo). Troque-as constantemente[94].

---

[93] Holehe – <https://github.com/megadose/holehe> – verifica se o e-mail é usado em diferentes sites, como Twitter e Instagram, e recupera informações em sites com função de senha esquecida.

[94] Nirsoft – <https://www.nirsoft.net/password_recovery_tools.html> – permite a busca de senhas salvas no computador. Outra maneira é através do prompt pelo comando: for /f "skip=9 tokens=1,2 delims=:" %i in ('netsh wlan show profiles') do @echo %j | findstr -i -v echo | netsh wlan show profiles %j key=clear.

Alguns serviços que recomendamos para verificar o vazamento de dados:

- Have I Been Pwned – <https://haveibeenpwned.com/>.
- Dehashed – <https://dehashed.com/>.
- Leak Lookup – <https://leak-lookup.com/>.
- Breach Directory – <https://breachdirectory.org/>.
- Am I Breached – <https://amibreached.com/>.

Cabeçalho de e-mail

A busca no cabeçalho de e-mail traz alguns dados relevantes para OSINT, sobretudo para verificação de autenticidade de uma mensagem: data de envio, recebimento e entrega; IP de origem; percurso da mensagem; dentre outros.

Algumas ferramentas disponíveis facilitam a leitura do cabeçalho:

- Mx Toolbox – <https://mxtoolbox.com/EmailHeaders.aspx>.
- Message Head Analyzer – <https://mha.azurewebsites.net/>.
- Trustifi – <https://trustifi.com/email-analyzer/>.
- Whats My IP – <https://www.whatismyip.com/email-header-analyzer/>.
- DNS Checker – <https://dnschecker.org/email-header-analyzer.php>.

10. Domínios

Figura 17.

A busca dentro de domínios se torna bastante interessante para a atividade de OSINT. Podemos encontrar dados como: proprietário do domínio e se houve trocas anteriormente; endereços de e-mail e telefone; quantos domínios estão vinculados àquele CNPJ ou CPF; contato administrativo e técnico; registros de vencimento; status do domínio e informações sobre o registrador. Além disso, as informações do código-fonte da página têm, por vezes, dados úteis ao profissional de OSINT.

Na pesquisa por dados livremente disponíveis sobre domínios, encontramos um leque amplo de possibilidades. A primeira delas é a propriedade do site. Você pode fazer uma outra conexão com o registro de uma marca ou bens vinculados por CNPJ ou CPF. Busque também pelo histórico desse domínio. Algumas ferramentas da Internet, hoje poucas gratuitas, trazem um histórico desse registro de propriedade.

Em regra, a aquisição de um domínio permite a utilização por um ano, salvo quando a aquisição é realizada por um tempo maior. Esse processo é realizado por um registrador. Um site pode ter um domínio principal e vários outros que foram registrados para a empresa e, se eventualmente a pessoa digitar errado, é direcionada para o site principal.

Por outro lado, há ainda a necessidade de hospedagem do domínio, ou seja, armazenar os arquivos do site em um servidor da web a fim de que eles possam ser acessados pelo usuário. Em alguns casos, o domínio e a hospedagem são realizados por uma única empresa, mas isso não é regra.

A leitura de um domínio ou site/URL deve ser realizada da direita para a esquerda.

- br = representa o país, ou seja, é a terminação geográfica.
- .com = TLP que indica a atividade principal a ser desenvolvida.
- webmail = é o equivalente à pasta ou ao serviço.
- Xxx = representa o subdomínio.

A IANA (<https://www.iana.org/numbers>) é uma entidade internacional que detém autoridade sobre os Autonomous Systems, responsável não apenas pela alocação de domínios de nível superior (Top Level Domains), mas também pela distribuição de endereços IP.

Vale ressaltar a existência dos domínios genéricos de topo (gTLDs), como .com, .org, .net, .edu, .gov, entre outros, que identificam diferentes tipos de sites e serviços na Internet. Além disso, existem os domínios de topo geográficos (ccTLDs) para identificar países ou regiões específicas, como, por exemplo:

- .br (Brasil)
- .pt (Portugal)
- .us (Estados Unidos)
- ws (Samoa)

Por fim, os domínios de segundo nível (SLDs) situam-se abaixo dos de topo e são frequentemente utilizados para identificar empresas, organizações ou marcas específicas, como google.com, microsoft.com, facebook.com.

No Brasil, o Comitê Gestor de Internet (<https://registro.br/>) é encarregado dessa função, exercendo controle nacional sobre os registros no país[95]. Atualmente, o Registro.br organiza os registros em categorias e oferece domínios genéricos. Assim, ao se deparar com um domínio terminado em "br", é crucial realizar a pesquisa no Registro.br, pois, em geral, as informações não estarão disponíveis em outros registros.

Apesar da confiabilidade dos domínios registrados no Registro.br, é importante destacar que criminosos podem registrar domínios associados a CPF e/ou CNPJ para atividades ilícitas. Portanto, é essencial analisar o contexto completo do domínio, incluindo servidor DNS, hospedagem, dados cadastrais, conteúdo do site e métodos de pagamento.

Buscando os dados de um domínio ou IP

A consulta deve ser realizada em serviços de whois. Os dados, em regra, estão públicos; entretanto, mecanismos como o WhoisGuard ou Whois Protect restringem as informações do domínio, sem a possibilidade de consulta livre. Acrescente-se a esse contexto o sancionamento de leis de proteção da privacidade, com alguns serviços também excluindo o livre acesso. Para essas situações recomendamos a ferramenta Whoxy – <https://www.whoxy.com/> – com o intuito de obter dados de histórico do domínio.

A pesquisa pode ser realizada diretamente no Google, acrescentando ao nome do domínio a expressão whois. Todavia, recomendamos o emprego de sites que ofertam esse tipo de serviço. Se for .br, o ideal é usar o Whois Registro BR – <https://registro.br/tecnologia/ferramentas/whois/>. A pesquisa será feita por domínio, CPF ou CNP, tickets, ASN, IP ou bloco CIDR.

---

95 Dentre as atribuições do Comitê Gestor da Internet do Brasil, destacamos: o estabelecimento de diretrizes estratégicas relacionadas ao uso e desenvolvimento da Internet no Brasil; o estabelecimento de diretrizes para a administração do registro de nomes de domínio usando <.br> e de alocação de endereços Internet (IPs); a promoção de estudos e padrões técnicos para a segurança das redes e serviços de Internet; a recomendação de procedimentos, normas e padrões técnicos operacionais para a Internet no Brasil; a promoção de programas de pesquisa e desenvolvimento relacionados à Internet, incluindo indicadores e estatísticas, estimulando sua disseminação em todo o território nacional. Fonte: CGI. Disponível em <https://www.cgi.br/atribuicoes/>.

Quando você obtém as respostas, recomendamos o aprofundamento desses dados como, por exemplo, a pesquisa do CNPJ para identificar sócios da empresa, do e-mail para localizar redes sociais e serviços vinculados e da pessoa em redes sociais e mecanismos de busca.

Outras ferramentas que podem auxiliar na busca por whois:

- ICANN LookUp – <https://lookup.icann.org/en>. Permite pesquisar os dados de registro atuais de nomes de domínio e recursos de números da Internet. A ferramenta utiliza o Protocolo de Acesso a Dados de Registro (RDAP), que foi criado em substituição ao protocolo WHOIS (porta 43).
- Domain Tools – <https://whois.domaintools.com/>. Captura relatórios instantâneos da atividade do domínio; atualiza 5 milhões de domínio a cada dia; indexou mais de 13 bilhões de dominios e IPs.
- DNS Stuff – <https://www.dnsstuff.com/freetools>.
- Robtex – <https://www.robtex.com/dns-lookup/>.
- View DNS Info – <https://viewdns.info/>. Pesquisa reserva de IP, Whois e MX, cabeçalho HTTP, Port Scanner, banco de dados de spam, traceroute, PING e endereço de MAC, dentre outros.
- Go Daddy – <https://www.godaddy.com/en-ca/whois>.
- Whoisology – <https://whoisology.com/>.
- Who is hosting this website – <https://digital.com/who-is-hosting-this/>.

Não esqueça, todavia, de fazer uma busca complementar de outros dados disponíveis no domínio. Você encontrará, em alguns casos, telefone, e-mail, endereço e dados de pagamento. Além disso, o código-fonte do site traz: dados do desenvolvedor, metatags e metadados, erros de configuração com exposição de informações, suporte etc.

IP Geolocation – Cuidados com falso positivo

Algumas ferramentas disponibilizam a consulta por geolocalização de IP. Cuidado! Essa consulta não vai dizer a localização precisa de uma conexão investigada, mas sim o mapeamento de endereços de IP por região geográfica – e, mesmo assim, você ainda encontrará resultados discrepantes.

É importante que essa interpretação de uma geolocalização de IP seja confrontada com outros elementos informativos. No caso de uma investigação policial, se você já possui um suspeito e as conexões são oriundas da cidade dele, essa informação será útil.

Ademais, apenas as respostas de dados cadastrais podem trazer dados concretos para precisar a localização da conexão, e, mesmo assim, fatores externos podem limitar os resultados: uso de VPNs e proxies; provedor de conexão não tem política de logs de armazenamento dos registros de conexão[96]; e erros em bancos de dados.

Timezone

Há excelentes ferramentas para checar as time zones do mundo todo. Nelas é possível saber os códigos e dados sobre o tempo local de diversas localidades do planeta. Essa consulta é interessante para fazer a conversão de horários dos registros de conexão de um usuário.

- Time Zones – <https://everytimezone.com/>.
- 24timeszone – <https://24timezones.com>.
- World Time Server – <https://www.worldtimeserver.com/>.
- The World Clock – <https://www.timeanddate.com/worldclock/>.
- World Time Zone – <https://www.worldtimezone.com/>.

Algumas ferramentas para consulta:

- Maxmind – <https://www.maxmind.com/en/geoip-demo>.
- Geo Data Tool – <https://www.geodatatool.com/>.

Analytics, Adsense e Tag Manager

A Google fornece ferramentas para que os responsáveis pelos sites sejam capazes de captar dados relevantes sobre o tráfego e como os usuários interagem, monetização e gerenciamento da página de maneira mais fácil. Essas informações podem ser consultadas tanto no código-fonte quanto em sites OSINT.

O Google Analytics coleta dados de sites e aplicativos e traz insights sobre os usuários (origem, páginas visitadas, dispositivos informáticos, navegadores etc.). Ele pode ser consultado no código-fonte pelo termo UA-, não obstante, alguns domínios não possuem essa informação.

---

[96] Marco Civil da Internet: Art. 13. Na provisão de conexão à internet, cabe ao administrador de sistema autônomo respectivo o dever de manter os registros de conexão, sob sigilo, em ambiente controlado e de segurança, pelo prazo de 1 (um) ano, nos termos do regulamento.
§ 1º A responsabilidade pela manutenção dos registros de conexão não poderá ser transferida a terceiros.

Outro ponto relevante é que uma mesma conta pode ser utilizada para análise e monitoramento de domínio diferentes. Assim, muito embora o site investigado inicialmente por você não possua dados, o Analytics apontará outros serviços vinculados com as respostas buscadas.

Algumas ferramentas possibilitam a busca direta pelo Analytics e AdSense:

- Spy on web: <https://spyonweb.com/>.
- Built With: <https://builtwith.com>.
- DNS Lytics: <https://dnslytics.com/reverse-analytics>.

O Google AdSense é uma plataforma de publicidade que relaciona anúncios ao seu site com base nos visitantes e no conteúdo disponibilizado, ou seja, é uma forma de os responsáveis pelo domínio monetizarem. Ele deve ser consultado no código-fonte por pub-.

Já o Google Tag Manager permite a atualização dos códigos de rastreamento e fragmentos (tags) associados a um site ou aplicativo sem a necessidade de alteração do código-fonte. A busca é feita pelo termo GTM-.

Quando se tratar de investigação policial, recomendamos a expedição de ofício extrajudicial para que o Google forneça os dados cadastrais vinculados a esses identificadores.

Outras consultas relacionadas com domínios

Ao fazer uma busca por um domínio que se encontra offline ou já foi repassado para terceiro, recomendamos serviços que disponibilizam o histórico de páginas armazenadas ou a busca por cache[97].

O site Similar Web – <https://www.similarweb.com/pt> – disponibiliza a consulta por categoria e por países dos principais sites visitados[98]. Ao pesquisar um domínio, você obtém o ranqueamento global, a classificação por país e categoria, a estimativa de receita anual, o total de visitas e sites semelhantes. Outra ferramenta que recomendamos é o Similar Sites – <https://br.similarsites.com/>.

---

97 Recomendamos a consulta do tema no Capítulo 7 (Buscadores e técnicas de busca), item "Pesquisar dentro do cache do Google".

98 Em janeiro de 2024, os cinco sites mais visitados no Brasil eram: Google, YouTube, Facebook, Instagram e Twitter.

Para a visualização gráfica de um site (mapas visuais, HTML e XML), o serviço Power Mapper – <https://www.powermapper.com/products/mapper/ads/visual-site-maps/> – é recomendado.

O Down Detector – <https://downdetector.com.br/> – traz as informações de instabilidade de serviços, redes sociais, sites, jogos e serviços de entretenimento. O mau funcionamento dos serviços nos smartphones deixa o usuário com dúvidas sobre o problema estar no dispositivo ou ser na aplicação de Internet. Outros serviços disponíveis:

- Adobe – <https://status.adobe.com/>.
- Apple – <https://www.apple.com/support/systemstatus/>.
- Cloudflare – <https://www.cloudflarestatus.com/>.
- Discord – <https://status.discordapp.com/>.
- Down Right Now – <http://downrightnow.com/>.
- Dropbox – <https://status.dropbox.com/>.
- Flickr – <https://status.flickr.net/>.
- Github – <https://www.githubstatus.com/>.
- Google – <https://www.google.com/appsstatus>.
- Heroku – <https://status.heroku.com/>.
- Is the Service Down – <https://istheservicedown.com/>.
- Netflix – <https://help.netflix.com/en/is-netflix-down>.
- Nitendo – <https://www.nintendo.com/consumer/network/en_na/network_status.jsp>.
- Outage – <https://outage.report/>.
- PlayStation – <https://status.playstation.com/pt-BR/>.
- Reddit – <https://reddit.statuspage.io/>.

Para pesquisar domínios fraudulentos associados ao original, utilize Name Droppers (https://www.namedroppers.com/). Com ele, você obtém dados de todos os nomes de domínio registrados nas zonas .com, .net, .org, .edu, .biz, .us, .info e .name que contêm todos os termos de pesquisa inseridos, em qualquer lugar dentro do próprio nome de domínio.

A reputação de um domínio, ou seja, indicações de comportamentos suspeitos, pode ser consultada em:

- Trend Micro – <https://global.sitesafety.trendmicro.com/>.
- Sucuri – <https://sitecheck.sucuri.net/>.

- PhishTank – <https://www.phishtank.com/>.
- Abuse IP – <https://www.abuseipdb.com/>.

Na consulta sobre informações internacionais, acesse <https://tld-list.com/registrars> ou <https://dotdb.com/>. Se o domínio tiver vínculo com um emoji, consulte as informações em <https://xn--i-7iq.ws/>.

Se você quiser saber se um determinado endereço de IP já foi relé da rede Tor em um momento específico, o ExoneraTor – <https://metrics.torproject.org/exonerator.html> – é o serviço adequado, pois tem a capacidade de registrar múltiplos endereços IP associados a uma única retransmissão, considerando a possibilidade de que os retransmissores usem endereços IP distintos para se conectar à Internet e se registrar na rede Tor.

Search.org – O canivete suíço

O Search.org é uma organização sem fins lucrativos que disponibiliza recursos úteis na busca de informações sobre domínios e dados relacionados. Ele possui uma lista de contatos de plataformas e as orientações para o encaminhamento de pedido de dados cadastrais, ordens judiciais ou intimações.

Quando você faz a busca pelo Sony PlayStation (Sony Interactive Entertainment), obtém dados de telefone, e-mail e ainda os caminhos para fazer solicitações vinculadas a um processo legal. Se você fizer parte de agência de aplicação da lei, poderá demandar os guias de Law Enforcement do LinkedIn, CoinBase, Ebay, Discord, Microsoft.

Os navegadores customizados ofertados no Search.org facilitam a busca OSINT e os podcasts trazem conteúdos interessantes sobre a temática.

11. IMAGENS, TELEFONES E ENDEREÇOS

Pesquisa e ferramentas auxiliares de imagens

Sempre naquela visão de começar do mais simples, recomendamos que você pesquise por imagens semelhantes no Google, Yandex e Bing. O TinEye (<https://www.tineye.com>) possibilita a busca reversa da imagem pela web, criando uma espécie de impressão digital do arquivo para fazer uma busca de outras imagens semelhantes já indexadas na Internet.

Atualmente, as imagens geradas por inteligência artificial têm sido muito utilizadas e por vezes fica difícil detectar se aquele conteúdo é verdadeiro ou não. O site This Person Does Not Exist é o mais conhecido na criação desse tipo de conteúdo. A ferramenta Am I Real? – https://seintpl.github.io/AmIReal/ – identifica se a imagem é proveniente de thispersondoesnotexist.com.

A fotografia digital carrega consigo metadados que podem trazer informações sobre o tipo de equipamento utilizado (fabricante e modelo), coordenadas geográficas, dia e horário, além de outras informações. É o que nominamos de exif da fotografia.

O exif metadata – Exchangeable Image File Format – de uma fotografia aponta, por vezes, informações sobre elementos que a compõem, tais como: dia e hora, dispositivo informático utilizado, resolução e, em algumas situações, posicionamento geográfico.

Esses metadados podem ser buscados em ferramentas livremente disponíveis. Não obstante, essa busca deve levar em conta algumas particularidades, notadamente a possibilidade de edição dessas informações, apontando, assim, para outros caminhos distantes do que se busca.

Figura 18.

Granville et al. (2013) demonstram o procedimento para identificar e coletar dos metadados:

> *As informações contidas nas imagens, tais como dispositivo utilizado, data da foto e localização, podem ser fundamentais numa investigação. Compondo esses dados, um perito pode identificar os dispositivos utilizados bem como a região geográfica onde o possível crime ocorreu. Sabe-se que informações do metadado podem ser adulteradas, no entanto, essa análise está fora do escopo do nosso trabalho. Numa primeira análise, o Agente Forense identifica imagens com informações georreferenciadas. Na sequência, o metadado dessas imagens é inspecionado bem como outras informações do arquivo são extraídas (nome do arquivo, assinatura hash do arquivo e outras). Como resultado, o Agente Forense é responsável por compilar as informações encontradas e armazená-las num arquivo de texto num formato aberto e padronizado para exportação (XML, JSON). Da mesma forma, são incorporadas ao arquivo de exportação informações sobre a investigação e identificação do perito. Por fim, o perito tem um conjunto descritivo das informações encontradas no dispositivo e pode exportar diretamente para a base de dados centralizada. É importante destacar que toda a arquitetura atua apenas com a análise de metadados dos arquivos. Os arquivos originais não são*

alterados nem tampouco transferidos para a arquitetura. Na sequência os demais elementos da arquitetura são descritos com maior detalhamento.

Os metadados, todavia, não estão presentes apenas nas fotografias. Quando se tratar de vídeos também podemos buscá-los. Dentre as ferramentas disponíveis para consulta, destacamos: MediaInfo (<https://mediaarea.net/en/MediaInfo>) e GSpot (<http://www.headbands.com/gspot/>).

A resolução dos assassinatos praticados pelo serial killer BTK (Bind, Torture and Kill) é um dos bons exemplos do emprego de metadados de arquivos na investigação policial. Entre os anos de 1974 e 1991, esse criminoso praticou diversos assassinatos na região de Wichita, Kansas, Estados Unidos. As vítimas eram sempre amarradas, torturadas e mortas, daí resultou o apelido BTK (PRECISION COMPUTER INVESTIGATIONS, 2010). Sempre que praticava um homicídio, o criminoso enviava disquetes contendo detalhes do fato. Após uma análise minuciosa desse conteúdo, a polícia logrou êxito em identificar em um daqueles arquivos uma modificação realizada por "Denis, Igreja Luterana". Esse elemento informativo foi crucial para a solução do caso (DAVEY, 2005).

O vazamento de um relatório ultrassecreto do governo americano foi esclarecido graças a micropontos amarelos existentes no documento, ou seja, uma impressão digital da impressora com dados referentes a número de série, dia e hora da impressão (BARANIUK, 2020). Esses códigos de rastreamento existem em algumas impressoras laser coloridas.

Os dados obtidos do exif metadata não são absolutos, pois podem ser editados por ferramentas disponíveis. Em razão disso, é importante que eles sejam confrontados com outras fontes de informação para que sejam confirmados.

Dentre as ferramentas disponíveis para a leitura dos metadados de fotos digitais, o Opanda iExif (<http://opanda.com/en/iexif/>) é uma das melhores e com mais recursos. Se você quiser pesquisar pelo exif de diversas imagens, recomendamos VGG Image Search Engine – <https://robots.ox.ac.uk/~vgg/software/vise/>.

A leitura dos metadados de uma fotografia pode ser feita por diversos sites[99]:

- <https://www.verexif.com/>.
- <https://exifdata.com/>.

[99] Algumas soluções são descontinuadas no decorrer do tempo. A melhor recomendação é utilizar os mecanismos de busca para encontrar as disponíveis no momento da sua consulta.

- <https://www.pic2map.com/>.
- <https://exif.tools/>.
- <https://rootabout.com/>.

As extensões dos navegadores demonstram ser atrativas para esse tipo de pesquisa:

- FxIF – <https://addons.mozilla.org/pt-BR/firefox/addon/viewexif/>.
- Exif Viewer – <https://chrome.google.com/webstore/detail/exif-viewer/kbnpbnmjmgabkfemdehelbgdppngihhg>.

Muito embora essas informações estejam disponíveis em diversas plataformas, são excluídas por outras, notadamente sob a alegação de proteção da privacidade dos seus usuários. O Facebook e o Instagram, por exemplo, retiram essas informações das imagens. Não obstante, determinação judicial poderá obrigar o fornecimento desse conteúdo por parte dessas aplicações de Internet, eis que, em diversas situações, podem ser elementos individualizadores de autoria e materialidade delitiva.

Mesmo que as imagens oriundas de aplicativos de mensageria não possuam metadados, faça uma busca em sites e ferramentas existentes para identificar semelhança ou conteúdo reverso.

A ferramenta Geo Hints – <https://geohints.com/> – possibilita a pesquisa sobre imagens em segundo plano numa foto, tais como: sinais de trânsito, arquitetura, empresas, domínios, números das casas, bandeiras, placas de veículos, números de telefone, pinturas no asfalto, placas de trânsito e postes de iluminação.

Há uma infinidade de sites ou complementos de navegadores que possibilitam acesso ou análise desses dados.

- Foto Forensics: possibilita, após um upload da imagem ou análise da URL contendo a imagem, verificar se houve modificação, como acréscimo de dados etc. Acesso através do link <https://fotoforensics.com/>.
- Jpegsnoop: software que também permite a análise de imagens e seu nível de compressão, com informações detalhadas do arquivo.

A ferramenta Stolen Camera Finder, disponível em <https://www.stolencamerafinder.com/>, possibilita a identificação de máquinas fotográficas roubadas e/ou furtadas através de fotos publicadas na Internet. Há diversos casos de sucesso relatados no site do serviço. Já o site Stolen Drone Info – <https://stolendrone.info/home> – permite a busca por drones subtraídos.

Utilize, ainda, busca de imagens em serviços de mapas. O Google Mapas, por exemplo, permite a procura de imagens salvas em períodos anteriores. No modo Street View você pode pesquisar por mais datas e encontrar fotografias da região de anos anteriores. Essa visualização é feita também no Google Earth Pro.

Falando em mapas, você sabia que existe um site onde as pessoas colocam as informações georreferenciadas dos gatos?

I Know Where Your Cat Lives – <https://iknowwhereyourcatlives.com/> – geolocaliza uma seleção de um milhão de imagens públicas de gatos em um mapa global usando as coordenadas de latitude e longitude incorporadas em seus metadados. Esses registros felinos foram obtidos por meio de APIs de acesso público, disponibilizadas por renomados sites de compartilhamento de fotos.

Encontrou uma fotografia vinculada a um nome de usuário?

Procure outras redes sociais a ele vinculadas. Caso encontre contas vinculada ao Flickr, você pode buscar os metadados de imagens que não são excluídos pelo serviço.

Não esqueça de trabalhar outros aspectos da imagem. A análise de uma fotografia traz um conteúdo relevante, como, por exemplo, os dados de geolocalização visíveis na imagem; o reconhecimento de prédios, ruas, casas e pontos turísticos; condições do tempo[100]; etc.

As fotografias trazem imagens no primeiro e segundo planos, ou seja, árvores, veículos, placas, telefones devem ser verificados para uma possível localização da região em que foi tirada.

Algumas ferramentas que auxiliam no trabalho com imagens:

- ➢ Melhora a qualidade das imagens com inteligência artificial:
  - Deep Image – <https://deep-image.ai>.
  - Let's Enhance – <https://letsenhance.io>.
  - Remini – <https://remini.ai/>.

---

100 O site Wolfram Alpha, disponível em <https://www.wolframalpha.com/>, viabiliza a consulta por condições do tempo em períodos anteriores. Você pode identificar também objetos e outros elementos dentro de uma fotografia – <https://www.wolframalpha.com/input/?i=image+identify>.

- Cria imagens com inteligência artificial:
  - Leonardo AI – <https://leonardo.ai/>.
  - Bing Images – <https://www.bing.com/images/create>.
  - Microsoft Designer – <https://designer.microsoft.com/>.
  - Picsart – <https://picsart.com/ai-image-generator/>.
  - Azure – <https://azure.microsoft.com/en-us/products/ai-services/ai-vision>. Fornece insights de visão computacional a partir da análise de imagens e vídeos com OCR e IA.
- Busca livre de imagens:
  - Pixabay – <https://pixabay.com/>.
  - Freepik – <https://br.freepik.com/>.
  - Facecheck ID – <https://facecheck.id/>.
  - Pexels – <https://www.pexels.com/>.
  - Unsplash – <https://unsplash.com/>.
- Edição de fotos:
  - Canva – <https://www.canva.com/>.
  - Picwish – <https://picwish.com/>.
  - Clipdrop – <https://clipdrop.co/>.
  - Magic Eraser – <https://magicstudio.com/pt/magiceraser/>.
- Converter imagem em vídeo:
  - Runaway ml – <https://app.runwayml.com/>.
- Comparar imagens:
  - Runway – <https://app.runwayml.com/>.
  - Pixel Match – <https://github.com/mapbox/pixelmatch>.
  - Social Catfish[101] – <https://socialcatfish.com/reverse-image-search/>. Ferramenta para identificar imagens de contas impostoras utilizadas em sites de relacionamento para praticar romance scam.
  - Image Analysis Toolset (IAT) – aplicativo.
- Deep Fake[102]:
  - Face Forensics – <http://www.faceforensics.com/>
  - Foto Forensics – <https://fotoforensics.com>.
  - Fake Profile Detector – extensão do Chrome.
  - Real AI – <https://deepfakes.real-ai.cn/>.

---

[101] Ferramenta para identificar imagens de contas impostoras utilizadas em sites de relacionamento para praticar romance scam.

[102] Algumas ferramentas podem ser descontinuadas no decorrer do tempo. Utilize os mecanismos de busca para identificar atualizações.

- Veículos e placas:
  - Carnet AI – <https://carnet.ai/>.
  - Plate Recognizer – <https://platerecognizer.com>.
- Imagens de plantações, energia eólica, solar, campos de futebol, aeroportos:
  - Descartes Labs – <https://descarteslabs.com/>.
- Outras buscas:
  - Fotos antigas – https://pastvu.com/.

Pesquisa e ferramentas auxiliares de telefones

Figura 19.

O que você pode encontrar com um número de telefone?

Muita coisa. Vínculos com redes sociais e e-mail, até porque algumas plataformas exigem um número válido para fazer o cadastro de usuário. Pessoas e endereços, com ferramentas disponíveis para consulta e outros dados vinculados.

Você pode consultar o cadastro de terminais móveis, as coberturas de estações rádio-base de telefonia móvel, a portabilidade numérica, a operadora de telefonia por número etc.

A seguir, relacionamos as principais fontes de consulta disponíveis.

IMEI

O IMEI (International Mobile Equipment Identity) é o número de identificação do seu telefone celular e se encontra visível na nota fiscal, na etiqueta colada no aparelho e na caixa do celular. Outra maneira de consultar é quando você digita *#06#. Quando o smartphone possui mais de um chip é necessário checar um IMEI para cada.

Esse identificador é relevante para uma investigação policial, sobretudo pelo vínculo com outros números, redes sociais e contas de e-mail. Nesse caso, as informações devem ser obtidas apenas por ofício extrajudicial ou quebra de sigilo telemático.

A checagem do IMEI por aparelho pode ser realizada em:

- IMEI INFO – <https://www.imei.info/>.
- IMEI 24 – <https://imei24.com/>.
- International Numbering Plans – <https://www.numberingplans.com/>.

Portabilidade e operadoras por número

O site da ABR Telecom (entidade administradora da portabilidade numérica no Brasil) permite consultar o número em caso de portabilidade[103].

O facilitador dessa ferramenta é permitir ao analista a consulta imediata e prévia da operadora, sem a necessidade de checar tabelas afixadas na parede ou sequer realizar ligações diversas à procura da responsabilidade quanto ao número. Assim, pode ser acessado através do link: <https://consultanumero.abrtelecom.com.br/consultanumero/consulta/consultaSituacaoAtualCtg>. Uma outra permissão é a pesquisa por histórico do número.

Outro site que fornece tal pesquisa é o <https://consultaoperadora.com.br/site2015/>, cujo uso é bastante prático. Essa pesquisa evita que uma ordem judicial, por exem-

[103] A portabilidade numérica é a facilidade que possibilita ao cliente de serviços de telefonia fixa e móvel manter o número do telefone (código de acesso) a ele designado, independentemente da operadora do serviço a que esteja vinculado. Na telefonia fixa, os clientes podem mudar de endereço sem mudar de operadora, desde que seja na mesma área local; podem mudar de operadora sem mudar de endereço; podem mudar de endereço e de operadora, desde que na mesma área local; e também podem mudar de plano de serviço sem mudar de operadora. Já na telefonia móvel, os clientes podem mudar de operadora dentro da mesma área de registro (DDD) e mudar de plano de serviço. A portabilidade numérica nas telefonias (móvel e fixa) está ativa e cobre todo o Brasil desde 1º de março de 2009.

plo, seja encaminhada para todas as operadoras, sendo direcionada apenas a quem administra o número investigado.

Parte considerável dos usuários costuma vincular o número de telefone às redes sociais e às contas de e-mail – e, quando ocorre a portabilidade indevida (SIM swap), o criminoso reseta as contas e assume a identidade da vítima para praticar golpes.

A prática criminosa era realizada de maneira simples. O infrator ligava para a operadora de telefonia móvel e solicitava a mudança para uma companhia distinta. Quando o atendente solicitava a confirmação de identidade, ele acessava databrokers ilegais e fazia a confirmação[104]. Posteriormente era aberto um ticket sistêmico para a ABR Telecom e a operadora da titularidade do plano fazia essa mudança.

Para mitigar essa problemática com reflexo no aumento das fraudes eletrônicas, a ANATEL modificou as regras de portabilidade. Agora, o titular da linha deve fazer a confirmação da mudança de operadora por SMS. Se não o fizer ou permanecer em silêncio, o número permanecerá na operadora de origem (ANATEL, 2023).

Número impedido

Você pode obter informações sobre um smartphone e verificar se este está impedido de ser utilizado em função de bloqueio por roubo, furto, perda ou extravio. A pesquisa é realizada pelo IMEI no site <https://consultaaparelhoimpedido.com.br/>.

A ANATEL disponibiliza a consulta de celular legal em <https://www.consultaserialaparelho.com.br/public-web/homeSiga>.

Os smartphones não são mais apenas dispositivos nos quais os usuários efetuam ou recebem chamadas telefônicas. Eles carregam muitas informações, tanto de caráter pessoal quanto de valor econômico. Para os criminosos, passou a ser atrativo por essa razão e não mais para uma simples revenda no comércio paralelo.

Infelizmente, as vítimas realizavam procedimentos diferentes quando eram roubadas e não faziam o bloqueio das contas, do IMEI, das redes sociais e até deixavam de registrar ocorrência policial. Acrescente-se, ainda, o fato de que algumas polícias nem mesmo reportavam a relação de IMEIs impedidos, tornando as ferramentas de consulta ineficazes.

---

104 Banco de dados ilegais de consumidores com informações de filiação, endereço, telefones, renda mensal, veículos e dados de familiares.

Algumas iniciativas foram realizadas para proteger, sobretudo, o patrimônio das vítimas. Disponibilizado pelo Governo Federal, o serviço Celular Seguro – <https://celularseguro.mj.gov.br/> – permite ao usuário o cadastro do número de telefone e de um contato de confiança para bloqueio do IMEI e contas bancárias nas situações de roubo, furto ou perda.

Algumas polícias ofertam serviços para que o cidadão faça o cadastro do smartphone para auxiliar na devolução:

- Acre – <https://alertacelular.ac.gov.br/>.
- Alagoas – <https://alertacelular.al.gov.br/v1/duvidas>.
- Amazonas – <https://celularseguro.ssp.am.gov.br/>.
- Bahia – <https://alertacelular.ssp.ba.gov.br/>.
- Distrito Federal – <https://www.pcdf.df.gov.br/servicos/bloqueio-de-aparelho-celular>.
- Espírito Santo – <https://cadastrointeligente.es.gov.br/>.
- Minas Gerais – <https://www.mg.gov.br/servico/bloquear-celular-roubado-ou-furtado-no-sistema-online-da-cbloc>.
- Pará – <https://alertacelular.pa.gov.br/>.
- Piaui – <https://protegecelular.ati.pi.gov.br/>.
- Pernambuco – <https://www.alertacelular.sds.pe.gov.br/#/login>.
- Sergipe – <https://portalcidadao.ssp.se.gov.br/AlertaCelular>.

Estações Rádio-Base – ERBs

É ferramenta útil para o analista que, de uma forma rápida, sabe quantas torres de telefonia celular existem nas proximidades de um determinado local e direciona o pedido judicial, por exemplo, solicitando os dados de operadora de telefonia relativos apenas a determinado quadrante de cobertura da ERB especificada.

Podemos indicar dois importantes sites de busca por dados de operadoras de telefones fixos, celulares e bancos de ERBs (Estações Rádio-Base).

A consulta deve ser feita no site da TELECO <https://www.teleco.com.br/erb.asp>, ou na ANATEL, disponível em <https://sistemas.anatel.gov.br/stel/consultas/ListaEstacoesLocalidade/tela.asp?pNumServico=010>. Neste site pode ser feita consulta, por exemplo, de todas as ERBs de um município ou apenas por operadoras. Evita uma prévia consulta à operadora, via ordem judicial, sobre quais antenas operam sobre determinado endereço ou coordenada geográfica, o que pode retardar a coleta de evidências em uma investigação criminal ou numa representação de quebra de sigilo telemático reverso de ERB.

O aplicativo Anatel Cobertura Celular permite realizar essa consulta em dispositivos móveis. Há ainda o site Cobertura Celular, disponível em <http://www.coberturacelular.com.br/>, que identifica quais as ERBs próximas a um determinado endereço e/ou as respectivas coordenadas geográficas.

Se quiser procurar uma antena nos Estados Unidos, utilize o serviço <https://www.antennasearch.com/>.

Número fixo

O site brasileiro TELECO – <https://www.teleco.com.br/num.asp> – fornece informações sobre código de acesso de usuário, prefixos, códigos nacionais, códigos de seleção de prestadora e não geográfico, códigos de serviços de utilidade pública e demais dados. Além disso, tem uma gama de respostas para os interessados no funcionamento das telefonias fixas e móveis, com os procedimentos técnicos relacionados.

O usuário pode fazer a pesquisa de DDD a partir do nome da cidade. Essa consulta sobre o DDD das cidades, capitais e códigos do Brasil pode ser feita através do site <http://www.ekwbrasil.com.br/endereco.php5/>. A pesquisa pode ser feita também no site MBI, através da URL <http://www.mbi.com.br/mbi/biblioteca/utilidades/dddprefix98/#lista_ddd>.

A Anatel disponibiliza a consulta a telefones fixos por número, rua, município, cidade ou estado. O acesso encontra-se disponível em <https://sistemas.anatel.gov.br/fiqueligado>. Infelizmente, os telefones públicos já não são encontrados com tanta frequência.

Vários são os sites que fornecem dados de cadastro de telefonia fixa. Alguns serviços ofertam essa busca mediante o pagamento de valores, permitindo consultas mais completas, inclusive vínculos por CPF. Assim, o analista não precisa necessariamente ficar adstrito à pesquisa nas listas telefônicas ainda enviadas pelas operadoras de telefonia fixa. Dentre os sites existentes, sugerimos:

- 102 Online: ao acessar <https://www.oi.com.br/oi/oi-pra-voce/102/>, é possível fazer diversos tipos de consulta, encontrar assinantes ou saber se determinado número de telefone é público e qual sua localização. Na pesquisa por assinante ou empresa você poderá fazer um filtro de cidades de dez estados brasileiros para obter dados mais detalhados.

- Telelistas: o site <https://www.telelistas.net/> fornece inúmeras opções de pesquisa de telefones, podendo ela ser feita por estado, cidade, nome e/ou atividade. Além de possuir aplicativos para smartphones, há possibilidade de uso de mapas e rotas.
- Guia Mais: disponível em <https://www.guiamais.com.br>, fornece informações sobre endereços e dados de empresas em diversas cidades do Brasil. Ferramenta com excelente poder de resposta para fornecer respostas úteis sobre um dado pesquisado.

Telefonia móvel

Alguns aplicativos possibilitam a pesquisa sobre números de telefonia móvel, porém alguns cuidados são necessários, pois eles compartilham a agenda de contatos do seu telefone.

O True Caller é uma ótima opção. Funcionando de forma colaborativa, os usuários compartilham números indesejados de telefones (spams) que são bloqueados. Assim, é possível pesquisar sobre um número de telefone e, se algum outro usuário salvou na agenda, os dados serão mostrados. A informação obtida deve ser confrontada com outras fontes de dados em razão do caráter colaborativo da plataforma, podendo levar a falsos positivos. Whoscall é outra aplicação que deve ser utilizada para esse tipo de consulta.

Outras opções para consulta de números:

- My SMS Box – <https://mysmsbox.ru/>.
- Have I been pwned – <https://haveibeenpwned.com/>. Para verificação de números de telefone vazados.
- That's them – <https://thatsthem.com/>.
- Sync me – <https://sync.me/>.

Wi-fi

Você pode pesquisar sobre redes wi-fi mapeadas em uma determinada área para identificar semelhanças, como, por exemplo, apelidos, nome completo, empresa.

A aplicação Wigle, disponível em <https://wigle.net/>, consolida informações sobre redes wi-fi de todo o mundo para uma base de dados, com ferramentas web e desktop que podem mapear, consultar e atualizar o banco de dados. Outra ferramenta para encontrar wi-fi é a WiFi Map, disponível em <https://www.wifimap.io>.

Pesquisa e ferramentas auxiliares de endereços

Figura 20.

Endereços

Há uma infinidade de serviços disponíveis para consultar mapas, endereços e as melhoras rotas nos locais desejados. É comum alguém ser abordado na rua sobre onde fica determinado local. Às vezes, equipes de policiais desperdiçam tempo até encontrar determinado endereço. Isso é preocupante, pois, ao atender a um chamado através dos números 190, 191, 193 ou 197, os minutos perdidos procurando informação farão diferença no atendimento de quem está precisando de ajuda. O uso desses recursos pelas delegacias de polícia e batalhões maximiza o atendimento dessas ocorrências, reduzindo, sobremaneira, o tempo necessário para encontrar o local.

Para tanto, há uma infinidade de mapas e plataformas que podem ser consultadas de forma gratuita na Internet. Vamos detalhar as funcionalidades de alguns deles. Acompanhe-nos.

Google Maps

O Google Maps é a plataforma gratuita desenvolvida pela Google para pesquisar e visualizar mapas[105]. Dentre as opções, destacamos a funcionalidade Street View. Esse recurso permite um passeio virtual de 360° em várias cidades do planeta. O mapeamento é feito através de veículos com GPS equipados com câmeras para fotografar continuamente todos os locais.

Em pontos distantes e/ou inacessíveis, um trekker equipado com câmera possibilita a coleta de imagens em espaços apertados e estreitos. É possível baixar o mapa de uma determinada região e fazer uso no smartphone ou tablet na modalidade offline, notadamente para as regiões com Internet inexistente ou lenta.

Outra busca que deve ser realizada é por fotografias ao longo do tempo. Ao verificar o modo de rua, procure por mais datas. Geralmente, você identificará capturas de outros momentos que podem ajudar, por exemplo, no acompanhamento da construção de uma escola pública ou auxiliar numa investigação para encontrar veículos ou pessoas.

No Brasil, o serviço foi implementado primeiramente em grandes centros como São Paulo, Rio de Janeiro, Belo Horizonte e cidades-sede da Copa do Mundo de 2014. Posteriormente alcançou boa parte das cidades brasileiras. Funciona, portanto, como uma ferramenta essencial na checagem de endereços.

O objetivo foi facilitar a vida dos turistas, demonstrando rotas e locais de interesse, propiciando fazer tours virtuais e conhecer determinados lugares sem sair de casa. Beneficia ainda diversas outras atividades, desde empresas que queiram programar um negócio em determinada área a órgãos de segurança pública. Facilita, portanto, a localização de qualquer direção.

O grande problema enfrentado por essa tecnologia são as ações indenizatórias por conta de fotografias retiradas de transeuntes e postadas no serviço. Um dos casos foi o de um transeunte em Belo Horizonte, fotografado quando estava vomitando. Após a publicidade no serviço, gerou uma Ação de Indenização com pedido de R$ 500.000,00 por danos morais. Em sede de medida liminar, a juíza determinou à Google S. A. que promovesse a retirada da imagem do ar no prazo de 48 horas, sob pena de

105 O aplicativo para Android Google Maps disponibiliza mapas detalhados com construções em 3D, navegação por voz, informações sobre trânsito e mapas internos de aeroportos e lojas. Há, ainda, a disponibilidade para ver em modo Street View.

multa diária de R$ 5.000,00[106]. Em primeira instância, a empresa foi condenada em R$ 8.000. Em sede de recurso o Tribunal elevou a condenação para o valor de R$ 15 mil (REDAÇÃO CONJUR, 2015b).

Noutra decisão, o TJ-SP condenou o Google a pagar uma indenização de R$ 15.000,00 para uma diarista em razão da exposição indevida das imagens no local de trabalho[107]:

> *O fato de o recorrido ter borrado a imagem após emitida a tutela antecipada deve ser sopesado como uma causa de ponderação do arbitramento previsto no art. 944, do CC, sendo que pelo fato de reproduzir a mulher em seu trabalho, em residência alheia (um fato que retira a possibilidade de se defender rapidamente), autoriza definir o valor de R$ 15.000,00 (quinze mil reais) como quantia adequada para amenizar os efeitos da desautorizada publicação. O recorrido, nesse caso, embora atue de forma a contribuir para localizar endereços e facilitar a vida de quem busca acesso a locais, não está imunizado a ponto de receber anistia por permitir que as suas reproduções saíssem com imagem que possibilitou reconhecer e identificar a diarista do imóvel.*

Por outro lado, algumas decisões judiciais utilizam as imagens fornecidas pela plataforma para checagem de fatos, como, por exemplo, o indeferimento da justiça gratuita com base nas informações consultadas no Street View[108]:

> *Consigne-se, ainda, que em consulta no aplicativo 'Google Street View', segundo o endereço fornecido pelos apelantes, estes residem em casa térrea, com portão basculante, calçamento em pedras cujo padrão, em princípio, também não condiz com padrão socioeconômico de quem pretende o benefício da Justiça Gratuita.*

---

106 Processo nº 2418522-18.2010.8.13.0024. 35ª Vara Cível da Comarca de Belo Horizonte.

107 Tribunal de Justiça de São Paulo. APELAÇÃO CÍVEL Nº 1026589-37.2022.8.26.0003. COMARCA: SÃO PAULO

108 TJSP. AG.INT. nº 1000393-30.2017.8.26.0189/50000. Relator(a): Roberto Mac Cracken. Comarca: Fernandópolis. Órgão julgador: 22ª Câmara de Direito Privado, Data do julgamento: 28/02/2019. No mesmo sentido, TJ-SP, Agravo de Instrumento nº 2135290-26.2018.8.26.0000: "Consigne-se que, em consulta no aplicativo "Google Street View", segundo o endereço fornecido pela recorrente, esta reside em casa assobradada, com fachada envidraçada, em padrões de construção que, em princípio, também não condizem com padrão socioeconômico de quem pretende o benefício da Justiça Gratuita".

Outros casos interessantes sobre a ferramenta:

- Polícia italiana prende fugitivo da máfia (GOOGLE MAPS, 2002): um foragido da máfia italiana por quase 20 anos e condenado à prisão perpétua foi localizado na cidade de Galapar, Espanha, após os investigadores encontrarem no Google Maps sua imagem nas proximidades de uma loja de frutas.
- Localização de veículo e dos restos mortais da vítima após 22 anos do desaparecimento: um homem desapareceu na Florida (EUA) no ano de 1997 e, desde então, não se tinha notícia do seu paradeiro. O veículo dele foi encontrado no ano de 2019 após um morador fazer consulta no Google Maps para um trabalho que realizaria na região (GOOGLE MAPS, 2019).
- Traficantes identificados pelo carro do Street View: os criminosos foram presos quando vendiam drogas no Brooklyn, Nova Iorque (EUA), e tiveram suas imagens salvas na aplicação (ABC NEWS, 2010).

Sem sombra de dúvidas, com as digitalizações das imagens de cidades brasileiras que são liberadas a cada dia e novas funcionalidades ofertadas, é a melhor ferramenta gratuita para consultar endereços.

Waze

Outra excelente fonte de consulta é o Waze. Nessa ferramenta é possível buscar informações sobre o trânsito em tempo real, incluindo dados de eventos, localização da polícia e acidentes em uma determinada região. Os mapas e a navegação são alimentados e compartilhados pelos usuários, com dados atualizados a cada instante. A plataforma está disponível nos mais diversos sistemas operacionais.

Tramitava na Câmara dos Deputados um projeto de lei, de autoria do deputado Major Fábio (DEM/PB), visando a proibir o uso de aplicativos e redes sociais para alertar sobre a ocorrência de blitz de trânsito[109]. O projeto, que teve outros dois apensados (PL nº 5806/2013 e PL nº 8957/2017), foi arquivado em 2019 atendendo ao parecer do relator, que se manifestou pela inconstitucionalidade. O PL nº 7094/2017 tem como justificativa apresentada:

---

[109] Projeto de Lei nº 5596/2013, de 16 de maio de 2013. Outro Projeto de Lei, nº 7094, de 14 de março de 2017, de autoria do deputado Hugo Leal, propõe a alteração do Código de Trânsito Brasileiro para definir como crime disseminar, divulgar, difundir, em redes sociais e aplicativos de mensagens instantâneas, locais, datas e horários de atividade de fiscalização dos agentes da autoridade de trânsito.

As redes sociais fazem parte cotidiana de toda a sociedade. São informações chegando com velocidade indescritível. E essas redes são compostas por pessoas ou organizações, conectadas por um ou vários tipos de relações, que partilham valores e objetivos comuns, tendo por características fundamentais a sua abertura porosidade, possibilitando relacionamentos horizontais e não hierárquicos entre os participantes. Desta forma, urge que condutas desfavoráveis às ações de segurança pública de trânsito sejam previstas e penalizadas. Tem sido comum a divulgação, pelas redes sociais, de horários e locais de fiscalização de trânsito, o que coloca a sociedade em prejuízo, não só no que se refere à segurança do trânsito, como de segurança pública. Criminosos, bêbados ao volante, estão se utilizando desse tipo de informação para aumentar a sua rede criminosa, expondo a sociedade aos riscos inerentes a tais condutas. E isso se reflete em aumento de acidentes, mortos e feridos no trânsito.

Bing Maps

A plataforma da Microsoft, disponível em <https://www.bing.com/maps>, permite o mapeamento de vários locais, com a obtenção de dados para trânsito/caminhada/carro. Além disso, exibe as condições do tráfego ao vivo, acidentes, obras, fechamento de estradas, outros incidentes e câmeras.

Yandex Maps

Recurso alternativo ao Google Maps traz respostas que, por vezes, não são alcançadas por aquele. As atualizações de tráfego são bastante precisas e melhores do que outros serviços. Disponível em: <https://yandex.com/maps/>.

Open Street Map

O Open Street Maps é uma plataforma de uso livre sob licença aberta. Desde que a autoria seja creditada ao OpenStreetMap e aos seus colaboradores, a ferramenta pode ser utilizada com os mais diversos fins. O serviço está disponível em <https://www.openstreetmap.org>.

IBGE – Instituto Brasileiro de Geografia e Estatística

As estatísticas produzidas pelo IBGE e outros órgãos públicos abrangem os principais indicadores sociais, econômicos e populacionais por um longo período. Auxilia, sobremaneira, nas pesquisas completas por município e estado da federação.

Ao acessar o site <https://cidades.ibge.gov.br/> e consultar a cidade de Porto Alegre, por exemplo, obteremos informações sobre população (último censo e densidade demográfica), área territorial, história do município, informações sobre censos populacionais e agropecuários, trabalho e rendimento (salário médio mensal dos trabalhadores, pessoal ocupado, percentual da população com rendimento nominal mensal per capita), educação (taxa de escolarização, matrículas, docentes, estabelecimento de ensino), meio ambiente (área urbanizada, esgotamento sanitário, arborização e urbanização de vias públicas, bioma, sistema costeiro marinho), saúde (mortalidade infantil, internações por diarreia e estabelecimentos de saúde), PIB, registro civil, instituições financeiras, finanças públicas, dentre outras.

A seção Mapas (<https://mapas.ibge.gov.br/>) permite o acesso e a visualização de mais de 33 mil mapas produzidos pelo órgão, dentre os quais destacamos[110]:

- Aplicações e serviços: aplicações do censo 2010, como: áreas urbanizadas do Brasil; arranjos populacionais e concentrações urbanas do Brasil; dinâmica territorial da produção agropecuária; ligações aéreas 2019-2020; ligações rodoviárias e hidroviárias 2016; macrocaracterização do recursos naturais do Brasil; mapa índice digital; monitoramento da cobertura e uso da terra do Brasil; população em áreas de risco no Brasil; redes e fluxos do território; redes e fluxos do território – logística de energia 2015; regiões geográficas; tipologia intraurbana.
- Atlas Nacional do Brasil 2010.
- Cadastro Nacional de Endereços para fins estatísticos.
- Cartas e mapas – bases cartográficas contínuas; folhas topográficas; mapa índice digital; mapas do Brasil; mapas estaduais; mapas municipais; mapas para fins de levantamentos estatísticos; mapas regionais.
- Imagens do território.
- Informações ambientais – biodiversidade; climatologia; cobertura e uso da terra; estudos ambientais; geologia; geomorfologia; pedologia; vegetação.
- Informações sobre posicionamento geodésico – rede altimétrica; rede brasileira de monitoramento contínuo dos sistemas GNSS; rede gravimétrica; rede maregráfica permanente para geodésia; rede planimétrica; modelos digitais de superfície; modelo de ondulação geoidal; modelos digitais de elevação.
- Organização do território – produtos educacionais; recortes para fins estatísticos.

110 Dados de janeiro de 2024.

Apontador

Excelente ferramenta para a localização de vários endereços, serviços e facilidades pelo Brasil. Conta com mais de 11 milhões de locais e serviços cadastrados para serem acessados e 2 milhões de usuários por mês. Disponível em <https://www.apontador.com.br/>.

Correios

No site dos Correios (<https://www.correios.com.br/>) o analista pode fazer a busca pelo CEP ou por endereço de determinada localidade. Basta clicar na opção "Busca CEP ou Endereço" que o usuário poderá fazer uma busca específica por CEP ou endereço; CEP por localidade; endereço por CEP; CEP de logradouro ou de bairro; faixas de CEP e outras pesquisas. Poderá também, por exemplo, colocar o bairro de determinada cidade e terá como respostas todas as ruas e os respectivos CEPs. A ferramenta é bem útil para localizar endereços em todo o Brasil. Disponível em <https://www2.correios.com.br/sistemas/buscacep/buscacep.cfm>.

Show My Street

O site <http://showmystreet.com> utiliza o Google Maps para permitir Street View e autoriza o usuário a digitar qualquer endereço para localizar imediatamente, com vista de rua. É necessário que o endereço seja inserido de forma correta. Com a pesquisa, no topo da página, à direita, há amostragem do mapa do local e, no centro, a visualização "real" do local.

DNIT

O site do DNIT (Departamento Nacional de Infraestrutura de Transportes), em <https://dados.gov.br/dados/conjuntos-dados/condicoes-do-pavimento1>, disponibiliza as condições das rodovias federais. A consulta pode ser feita por estado com um clique no mapa interativo sobre o número da BR que irão aparecer informações sobre as condições da pista, sinalização e particularidades de cada trecho.

Caso o usuário queira, poderá entrar em <https://www.gov.br/dnit/pt-br/assuntos/planejamento-e-pesquisa/dnit-geo/mapas-multimodais/mapa-do-brasil> e ter acesso a arquivos de mapas rodoviários atualizados de todos os estados brasileiros. Basta fazer download e acessar o conteúdo.

Outras consultas

Há diversos bancos de dados que permitem o acesso aos mais diversos mapas com a integração em vários idiomas, coordenadas geográficas e informações dos lugares. Não obstante, a ferramenta é editada manualmente pelo usuário e eventualmente poderá conter informações destoantes. Basta acessar <http://www.geonames.org/> e colocar o nome do lugar na barra de busca. Recomenda-se fazer a pesquisa por país e depois escolher a cidade. No resultado aparecerá um mapa com os nomes dos bairros plotados.

Há ainda outros sites que podem ser consultados para mapas:

- MapQuest – <https://www.mapquest.com/>. Permite pesquisar os mapas e relacionar serviços nos resultados da consulta.
- GPS Visualizer – <https://www.gpsvisualizer.com/calculators>. Permite visualizar e calcular a distância entre pontos através das coordenadas geográficas.
- WikiMapia – <http://wikimapia.org/>. Mapa colaborativo de conteúdo aberto.
- Peak Visor – <https://peakvisor.com/>. Banco de dados de montanhas do planeta com mais de um milhão de cumes nomeados.
- Satellites Pro – <https://satellites.pro/>. Imagens combinadas de satélites.
- SunCalc – <https://www.suncalc.org>. Análise da posição do sol e da sombra em determinado período. Quando você coloca a altura do objeto, o algoritmo aponta o comprimento correspondente da sombra.
- Dual Maps – <https://data.mashedworld.com/dualmaps/map.htm>. Combina em um só lugar imagem de satélite, vista de rua e mapa.
- Map Cheking – <https://www.mapchecking.com/>. Estima o número de pessoas em uma determinada área. Excelente para os casos de manifestações e aglomerações.
- Open Railway Map – <https://www.openrailwaymap.org/>. Infraestrutura de ferrovias no mundo.

12. OSINT E INVESTIGAÇÃO PATRIMONIAL

Quais informações patrimoniais conseguimos coletar na internet?

Figura 21.

A tecnologia está incorporada na nossa rotina, sobretudo nas mídias sociais. Usuários postam viagens, informações pessoalmente identificáveis, bens adquiridos, estilo de vida – e, por vezes, ostentação e riqueza.

Essa exposição excessiva tem facilitado bastante a vida dos criminosos, principalmente para a prática de infrações patrimoniais. Como aquela viagem para o litoral postada com antecedência, a postagem da venda de um bem ou as imagens do interior da residência irão auxiliar na empreitada criminosa?

Como referido, há vários sites que podem ser utilizados como fontes de busca, dentre os quais: (a) correios; (b) mapas, útil desde a localização de endereço para a entrega de uma intimação até o reconhecimento de uma área para a montagem de um plano operacional; (c) protocolo de Internet; (d) sites para localização dos IPs e do respectivo provedor, com dados de contato dos responsáveis técnicos e/ou comerciais; (e) possibilidade de localizar boletins de acidente de trânsito, certidão em cartórios e nos tribunais; (f) Receita Federal; (g) informações sobre cidades, estados, política e cultura de determinada região; (h) redes sociais; (i) telefonia fixa e móvel; etc. Além disso, serão indicadas várias ferramentas de localização de computadores, dispositivos móveis e aplicativos indispensáveis ao trabalho do investigador.

Goodman (2015) enfatiza na sua obra os problemas dessa exposição excessiva, com a recomendação de sempre postar o passado e não o futuro.

Por outro lado, o infrator/investigado também é atraído por essa exposição excessiva, reflexo do comportamento moderno. Uma busca sobre notícias de exposição de criminoso demonstra que o ser humano, animal de hábito, procura, por vezes, afirmação e reconhecimento:

a) Golpe dos nudes: grupo criminoso ostentava em fotos nas redes sociais. Os infratores atraíam as vítimas com o compartilhamento de imagens íntimas e extorquiram mais de 80 pessoas. A operação da Polícia Civil do Rio Grande do Sul, em parceria com outros estados, prendeu 33 pessoas. O grupo ostentava nas redes sociais com os ganhos da empreitada criminosa (G1 RS; RBS TV, 2023).
b) Prefeita Ostentação: uma ex-prefeita foi presa por estampar nas mídias sociais uma vida de luxo (DA REDAÇÃO, 2017).
c) Grupo se gabava na redes sociais: seis invetigados foram presos por mais de 200 crimes praticados na região de New York, Estados Unidos. Imagens de veículos empregados na atividade criminosa juntamente com postagens realizadas em redes sociais facilitaram a atribuição da autoria delitiva (COULTER, 2023).

d) Assaltante tem pena mantida pelo tribunal por ostentação excessiva nas redes sociais: fotos publicadas nas redes sociais foram cruciais para a condenação de três pessoas por roubo de veículo. A investigação da Polícia Civil catarinense trouxe para a investigação imagens do Facebook onde o réu estava ao lado do veículo roubado (PODER JUDICIÁRIO DE SANTA CATARINA, 2023).

Inicialmente, ao identificar um CPF e CNPJ, procure localizar endereços, empresas, sócios e pessoas eventualmente vinculadas. Em seguida, identifique as mídias sociais utilizadas e procure por parentes, vínculos afetivos, ostentação, negócios, bens, viagens e informações de transparência pública. Por fim, procure por outros dados agregadores: domínio, propriedade intelectual e outros dados oriundos de fontes fechadas.

A investigação patrimonial deve utilizar as informações livremente disponíveis. Passaremos agora a traçar um caminho para a coleta da melhor forma possível: mídias sociais, laranjas, bancos de dados privados e portais de transparência.

CPF e CNPJ

O Cadastro de Pessoa Física ou o Cadastro de Pessoa Jurídica são cruciais para a investigação patrimonial. Essas duas chaves são relevantes para a identificação de veículos, endereços, empresas, imóveis e aeronaves.

Sempre na visão de começar pelo mais fácil, você deve utilizar o Google para fazer pesquisas sobre o nome e CPF.

Os órgãos de persecução criminal possuem acesso a banco de dados que trazem diversas repostas quando um dos dois parâmetros é empregado. Não obstante, temos distintas fontes OSINT disponíveis.

- Receita Federal, pesquisa por CPF[111] – <https://servicos.receita.fazenda.gov.br/Servicos/CPF/ConsultaSituacao/ConsultaPublica.asp>. Bastante útil não só para ver a regularidade fiscal de um número de CPF, mas também para ver o nome vinculado a ele. Assim, caso só tenhamos o número do CPF e a data de aniversário, realizando a consulta neste site obtemos o nome do responsável.
- Receita Federal, pesquisa por CNPJ – <https://solucoes.receita.fazenda.gov.br/servicos/cnpjreva/cnpjreva_solicitacao.asp>.

111 Para realizar a consulta, são necessários o CPF e a data de aniversário.

Existem outras fontes de consulta por CNPJ e CPF[112]:

a) Situação Cadastral – <https://www.situacao-cadastral.com/>.
b) CNPJ Biz – <https://cnpj.biz/>.
c) Casa dos Dados – <https://casadosdados.com.br/>.
d) Consulta CNPJ – <https://consultacnpj.com/cnpj/>.
e) Informe Cadastral – <https://www.informecadastral.com.br/>.
f) Cadastro Empresa – <https://cadastroempresa.com.br/>.
g) CNPJ Services – <https://cnpj.services/>.
h) Rede CNPJ – <https://www.redecnpj.com/r/pag/sobre.html>. Permite visualizar de forma gráfica os relacionamentos entre empresas e sócios, a partir da base de dados públicos de CNPJ da Receita Federal.

O Sintegra – <http://www.sintegra.gov.br/> – é o Sistema Integrado de Informações sobre Operações Interestaduais com Mercadorias e Serviços. Permite saber informações sobre CNPJ e Inscrição Estadual de pessoas jurídicas de todos os estados da federação.

Os dados aqui encontrados devem ser verificados com outras fontes. Quando você checar um endereço, por exemplo, utilize serviços de mapas on-line para buscar imagens do local, inclusive em momentos distintos.

Por fim, recomendamos a pesquisa por CPF e CNPJ tanto no Portal da Transparência Federal quanto nas plataformas dos estados e municípios com o intuito de obter dados de repasse de recursos ou contratos celebrados com o poder público.

No Portal da Transparência do Governo Federal, você pode consultar se uma empresa já foi sancionada ou se existem acordos de leniência vigentes (<https://portaldatransparencia.gov.br/sancoes>):

- CEIS (Cadastro de Empresas Inidôneas e Suspensas) – Relação de empresas e pessoas físicas sancionadas com restrição de participar em licitações ou celebrar contratos com a Administração Pública em todas as esferas e poderes.
- CNEP (Cadastro Nacional de Empresas Punidas) – Empresas que sofreram punições previstas na lei nº 12.846/2013[113].

---

112 As consultas realizadas nesses sites podem trazer informações complementares e auxiliar na investigação patrimonial. Alguns serviços são descontinuados com o tempo.

113 Dispõe sobre a responsabilização administrativa e civil de pessoas jurídicas pela prática de atos contra a administração pública, nacional ou estrangeira, e dá outras providências.

- CEPIM (Cadastro de Entidades Privadas sem Fins Lucrativos Impedidas) – Entidades privadas sem fins lucrativos que estão impedidas de celebrar novos convênios, contratos de repasse ou termos de parceria com a Administração Pública Federal, em função das irregularidades identificadas.
- CEAF (Cadastro de Expulsões da Administração Federal) – Banco de dados com informações de servidores do Poder Executivo Federal punidos com demissão, destituição ou cassação de aposentadoria.
- Acordos de leniência – Acordos celebrados entre a administração pública e a pessoa jurídica que praticou ilícitos administrativos com a colaboração de maneira livre e efetiva com a investigação e o processo administrativo.

Além do mais, a pesquisa pela remuneração dos servidores é disponibilizada nos portais de transparência ou nas secretarias de administração de alguns estados.

Imóveis

Figura 22.

A consulta por imóveis é um outro aspecto que deve ser empregado durante a investigação patrimonial. Ela é realizada tanto em sites de consulta como por meio de informações disponibilizadas em mídias sociais.

Citamos, como exemplo fictício, o caso de um agente político que, apesar de não possuir bens em seu nome, sempre publica imagens de festas e finais de semana em propriedade no município vizinho, local este em nome de 'terceiro'.

- Mapa de transações imobiliárias – <https://www.registrodeimoveis.org.br/mapa>. Você pesquisa pelos seguintes parâmetros: endereço (nome da rua e número); cidade; número do projeto de loteamento ou Setor Quadra Lote (SQL); denominação do imóvel rural; código do imóvel (SCNR/INCRA); CAR; latitude e longitude.
- Cadastro Ambiental Rural[114] – <https://www.car.gov.br/#/consultar>.
- SINTER[115] – Você deve logar com a conta gov.br.
- DF – Ficha Cadastral – <https://ww1.receita.fazenda.df.gov.br/cidadao/consulta/imoveis/iptu-tlp/FichaCadastral>.

Pessoas

Há uma infinidade de sites disponíveis que permitem consultas sobre pessoas, possibilitando encontrar e-mails, nomes de usuários (usernames), blogs, mandados de prisão e contatos em redes de relacionamento social.

A coleta em fontes abertas nas redes sociais pode fornecer ao investigador ou ao profissional de Inteligência de Segurança Pública contribuições na obtenção de dados úteis para a antecipação dos fatos. Deve, portanto, adequar-se a essas novas tecnologias a forma de investigar e de produzir conhecimentos.

Ressalte-se, por oportuno, que não basta primeiramente a coleta sem procedimentos e não compreensão da lógica de cada rede social. Além do mais, o processamento manual dessa enxurrada de informações é inviável. É necessário possuir softwares

---

114 Criado pela lei nº 12.651, de 25 de maio de 2012, o Cadastro Ambiental Rural (CAR), no âmbito do Sistema Nacional de Informação sobre Meio Ambiente (SINIMA), é o registro público eletrônico de âmbito nacional, obrigatório para todos os imóveis rurais, com a finalidade de integrar as informações ambientais das propriedades e posses rurais, compondo base de dados para controle, monitoramento, planejamento ambiental e econômico e combate ao desmatamento.

115 O Sistema Nacional de Gestão de Informações Territoriais (Sinter) é uma ferramenta de gestão pública que integra, em um banco de dados espaciais, o fluxo dinâmico de dados jurídicos produzidos pelos serviços de registros públicos (cartórios) ao fluxo de dados fiscais, cadastrais e geoespaciais de imóveis urbanos (prefeituras) e rurais (INCRA) produzidos pela União, pelos Estados, pelo Distrito Federal e pelos Municípios. O Sinter não interfere na autonomia da gestão cadastral do município ou do INCRA, nem na atribuição legal dos cartórios.

que possibilitem a análise desse conteúdo – caso contrário, informações que poderiam ser úteis em situações críticas serão ignoradas.

A análise desse conteúdo deve levar em conta o "ruído" de informações, pois parte desses dados é postada de forma incompleta, sem localização ou fora de contexto.

Em eventos críticos, principalmente os relacionados à atividade de segurança pública e de defesa social, os internautas postam rapidamente fotografias e comentários de desastres naturais, acidentes de trânsitos, crimes ocorridos e um monte de informações do dia a dia de cada local.

Maron (2013), em artigo publicado na revista Scientific American, menciona o poder dessas mídias sociais em resposta a desastres naturais quando pontua que:

> *No momento em que o furacão Sandy chegou à costa leste o ano passado, a mídia social tornou-se papel integrante na resposta a catástrofes, alcançando áreas onde o serviço de celular não funcionava, enquanto milhões de americanos procuravam manter-se informados no Twitter e no Facebook, localizando entes queridos, notificando autoridades e solicitando ajuda. Remotos são os dias em que a comunicação de desastres era feita apenas por boletins oficiais.*

A utilização de ferramentas que monitorem esse conteúdo permite:

- Antecipar situações que venham a demandar a mobilização de forças de segurança pública.
- Acompanhar notícias relacionadas a grandes eventos ou desastres naturais.
- Verificar postagens relacionadas com eventos agendados de gangues ou torcidas organizadas.
- Pronta resposta em situações de emergência ou crises em andamento.
- Informações sobre tráfego, transportes públicos, interdição de vias, clima, tempo etc.
- Coleta de dados sobre crimes praticados e eventuais suspeitos e testemunhas.

O pipl (<https://pipl.com/>) permite a busca por nome, usuário (username), e-mail e telefone. Possibilita ainda filtrar a pesquisa, além de trazer informações relacionadas com matérias postadas na web. A ferramenta tem bilhões de dados indexados de celulares, e-mails e identidades digitais. Dentre os mecanismos existentes, é uma das melhores na busca por pessoas e tem sido amplamente utilizada por times de investigação de crimes e fraudes eletrônicas.

O site <http://www.achecerto.com.br/> permite uma busca de pessoas por nomes e telefones em todos os estados da federação. É um domínio nacional com vários canais de conteúdo com acesso liberado para todo tipo de usuário.

No endereço <http://www.yasni.com/> é possível fazer uma busca por nomes ou apelidos e ainda procurar por diferentes critérios, mas principalmente "o que a net sabe sobre você".

O Webmii – <https://webmii.com/> – é o mecanismo de busca de informações públicas de pessoas.

O Zabasearch (<https://www.zabasearch.com/>) é também interessante na busca de pessoas. O grande empecilho no seu uso é o fato de só permitir a busca de indivíduos residentes nos Estados Unidos. As informações coletadas são endereços com as respectivas fotos do satélite, números de telefone, aniversário, informações criminais, parentesco etc. Caso queira pagar por uma consulta mais detalhada, mais dados estarão disponíveis.

O Spokeo é uma excelente ferramenta de busca. Pode ser acessada através do site <https://www.spokeo.com/>. Ao digitar o nome e o sobrenome de alguém para ser localizado, o resultado da pesquisa é demonstrado em um mapa dos Estados Unidos com a localização georreferenciada. Possibilita ainda a pesquisa por e-mail, telefone, nome de usuário e endereço. Infelizmente, o site é restrito a buscas relacionadas aos Estados Unidos. Assim, se sabemos que determinado usuário tem perfil como se fosse dos EUA, a pesquisa é válida! A consulta gratuita tem limitações.

O Wink People Search é um mecanismo de busca que permite encontrar pessoas pelo nome, oferecendo número de telefone, fotos, websites, informações sobre trabalho e escola. Pode ser acessado em <http://itools.com/tool/wink-people-search>. Assim como o Spokeo, as respostas são relacionadas a cidadãos norte-americanos.

O PeekYou está disponível em <https://www.peekyou.com/> e possibilita consultas por nome, telefone e nome de usuário.

Alguns sites são excelentes ferramentas para localização de pessoas desaparecidas, funcionando como o cadastro nacional, onde são colocadas fotografias, informações sobre encontrados e estatísticas.

Algumas polícias estaduais também disponibilizam páginas com o cadastro de desaparecidos no âmbito estadual, visando uma localização mais rápida e efetiva:

- GO – <https://www.go.gov.br/servicos/servico/consultar-pessoas-desaparecidas-e-cadaveres-nao-identificados>.
- ES – <https://pc.es.gov.br/pessoas-desaparecidas>.
- MA – <https://www.ssp.ma.gov.br/disque-denuncia/desaparecidos/>.
- MG – <https://desaparecidos.policiacivil.mg.gov.br/>.
- PR – <https://www.desaparecidos.pr.gov.br/desaparecidos/>.
- RS – <https://www.pc.rs.gov.br/desaparecidos>.
- SC – https://desaparecidos.pc.sc.gov.br/#/.
- SP:
  - Ministério Público – <https://www.mpsp.mp.br/desaparecidos>.
  - Prefeitura de São Paulo – <https://www.prefeitura.sp.gov.br/cidade/secretarias/direitos_humanos/desaparecidos/index.php>.

As redes sociais e os aplicativos de envio de mensagens de texto e vídeo têm papel de grande relevância na localização de pessoas desaparecidas. Tanto as famílias quanto as polícias têm feito essa divulgação através dessas ferramentas e têm logrado êxito na localização de desaparecidos.

A Secretaria Nacional de Segurança Pública do Ministério da Justiça aderiu, no ano de 2023, ao Amber Alerts. Por este sistema, é possível gerar um alerta com uma foto de uma criança desaparecida para todos os usuários do Instagram e Facebook num raio de até 160 km. Para que isso ocorra, o desaparecido deve ter menos de 18 anos e se encontrar em situação de risco.

Profissão

A Internet oferece uma infinidade de ferramentas para encontrar e localizar profissionais. Em uma investigação, por exemplo, para saber se determinado indivíduo investigado possui ou não registro no conselho de classe, o investigador ou analista teria que expedir algum ofício ou dar um telefonema, ato este que poderia dar publicidade a algo que, por enquanto, deveria ser mantido em sigilo. Assim, há vários sites que disponibilizam essas informações em tempo real e que podem ser consultados com transparência a quem interessar.

O site da Ordem dos Advogados do Brasil (OAB) fornece o CNA (Cadastro Nacional de Advogados – disponível em <https://cna.oab.org.br/>). Nele é possível fazer uma consulta a todos os advogados do Brasil, podendo a pesquisa ser realizada por nome, número e tipo de inscrição, além da seccional. A ferramenta disponibiliza o endereço profissional, o contato telefônico e a fotografia do pesquisado. Há ainda aplicativos disponíveis para fazer consultas sobre a situação de inscrição do profissional na ordem.

Alguns endereços eletrônicos, principalmente os Conselhos Regionais de Medicina, disponibilizam pesquisa sobre os médicos em atividade profissional com registro e devidamente credenciados, com informações sobre endereço, fotografia e especialidades. Outros disponibilizam apenas dados básicos como a especialidade.

A página do Conselho Federal de Medicina (<http://portal.cfm.org.br/>), na aba "Serviços para o cidadão", possibilita a pesquisa em todos os Conselhos de Classe dos Estados. Seguem alguns sites dos Conselhos Regionais que disponibilizam esta ferramenta, sendo que alguns apenas consultam o CFM:

- CREMESP – <http://www.cremesp.org.br/>.
- CREMERJ – <http://www.cremerj.org.br/>.
- CRM/MG – <http://www.crmmg.org.br/>.
- CRM/ES – <http://www.crmes.org.br/>.
- CRM/RS – <http://www.cremers.org.br/>.
- CRM/SC – <http://www.cremesc.org.br/>.
- CRM/PR – <https://www.crmpr.org.br/>.
- CRM/DF – <http://www.crmdf.org.br/>.
- CRM/GO – <http://www.cremego.org.br/>.
- CRM/MT – <http://www.crmmt.org.br/>.
- CRM/MS – <http://www.crmms.org.br/>.
- CRM/BA – <http://www.cremeb.org.br/>.
- CRM/SE – <http://www.cremese.org.br/>.
- CRM/AL – <http://www.cremal.org.br/>.
- CRM/PE – <http://www.cremepe.org.br/>.
- CRM/PB – <http://www.crmpb.org.br/>.
- CRM/RN – <http://www.cremern.org.br/>.
- CRM/CE – <http://www.cremec.com.br/>.
- CRM/PI – <http://www.crmpi.org.br/>.
- CRM/MA – <http://www.crmma.org.br/>.
- CRM/TO – <http://www.crmto.org.br/>.
- CRM/PA – <http://www.cremepa.org.br/>.
- CRM/AP – <http://www.crmap.org.br/>.
- CRM/RR – <http://www.crmrr.org.br/>.

- CRM/AC – <http://www.crmac.org.br/>.
- CRM/RO – <http://www.cremero.org.br/>.

No site <http://www.maismedicos.gov.br/>, é possível fazer a consulta dos médicos que participam do Programa Mais Médicos do governo federal. A busca pode ser feita pelo nome do médico, pela unidade federativa ou pelo município de lotação.

O site do DATASUS permite acesso ao cadastro nacional de estabelecimentos de saúde, disponível em <https://cnes.datasus.gov.br/pages/estabelecimentos/consulta.jsp>. A consulta pode ser feita por vários campos de pesquisa.

No que diz respeito à área de contabilidade, o sítio do Conselho Federal de Contabilidade (<https://www3.cfc.org.br/SPW/ConsultaNacionalCFC/cfc>) disponibiliza a consulta cadastral de profissionais e empresas, informando o nome completo, número e tipo de registro, categoria profissional, atual situação do registro e a qual conselho regional está vinculado[116].

Outras classes e profissões podem ser consultadas em:

- Engenheiros e agrônomos – <https://consultaprofissional.confea.org.br/>.
- Psicólogos – <https://site.cfp.org.br/>. O cadastro nacional de psicólogos pode ser acessado através da URL <https://cadastro.cfp.org.br/>. A consulta pode ser feita pelo número de registro, nome, CPF ou região.
- Odontólogos – <https://website.cfo.org.br/consulta-inscritos/>. O site ainda permite a consulta a:
  - Entidades cadastradas junto ao Conselho.
  - Faculdades de odontologia por estado.
  - Lista de cursos de especialização.
- Enfermeiros: a consulta pode ser feita em alguns sites de conselhos regionais de Enfermagem. No site do Conselho Federal de Enfermagem, a consulta poderá ser realizada mediante cadastro prévio.
- Nutricionistas – <https://www.cfn.org.br/index.php/consulta-nacional-de-nutricionistas/>.
- Biomédicos – <https://cfbm-br.implanta.net.br/visaonacional/publico/consulta-publica/index>
- Biólogos – <http://cfbio.com.br/SPW/consultanacional/cadastro_cfbio_simplificado.aspx>

---

116 A pesquisa pode ser realizada também por organizações contábeis.

- Farmacêuticos – <https://site.cff.org.br/farmaceutico>
- Fonoaudiólogos – <https://fonoaudiologia.org.br/buscar-profissionais-por-regiao/>.

Veículos

Figura 23.

Há uma infinidade de ferramentas e plataformas disponíveis para consultas realizadas sobre veículos e dados relacionados com os condutores. Lembre-se, ainda, de tentar identificar os veículos em mídias sociais, notadamente as placas postadas em fotos e vídeos. As polícias e Ministérios Públicos possuem fontes fechadas para pesquisas de veículos. Alguns sites disponibilizam a consulta:

- Consulta Placa: <https://www.consultarplaca.com.br/>.
- Qual veículo: <https://www.qualveiculo.net/>.

A plataforma OH SHINT possibilita a pesquisa por reconhecimento de veículos, banco de dados de logotipos de fabricantes, decodificador de número de veículos e procura por placas mundiais. O endereço é <https://ohshint.gitbook.io/oh-shint-its-a-blog/osint-web-resources/vehicle-and-transportation-intelligence-vatint>.

Tens a fotografia de um veículo e não sabes qual é?

A plataforma Carnet AI – <https://carnet.ai/> – tem uma funcionalidade para reconhecer a marca, o modelo e a geração de um veículo com mais de 97% de precisão.

O site da PRF permite várias consultas úteis, além de algumas funcionalidades, como o alerta de roubo ou furto de veículos on-line, o chamado SINAL – Sistema Nacional de Alarmes (<https://www.prf.gov.br/sinal>). Nesta funcionalidade, a vítima poderá fazer um registro on-line da ocorrência, com a geração de alerta para todos os postos da PRF. Esse sistema leva em conta que quanto mais rápido for registrada a ocorrência, maior será a probabilidade de recuperar o veículo. É importante mencionar que esse registro não suprirá aquele realizado nas delegacias de polícia de pronto atendimento, plantões ou especializadas na repressão a furto e roubo de veículos.

É possível, da mesma forma, a consulta de:

- Multas: oportuniza a pesquisa por infrações lavradas pela Polícia Rodoviária Federal, com data, hora e local de enquadramento, além de gerar o boleto para o pagamento do débito relacionado.
- Boletim de Acidente de Trânsito: é o documento para os acidentes de trânsito ocorridos nas rodovias federais. O acesso pode ser feito através de <https://www.gov.br/pt-br/servicos/obter-boletim-de-acidente-de-transito>, com número do BAT, CPF ou CNPJ.

O SINESP Cidadão é a plataforma que permite a qualquer usuário consultar informações sobre:

- Veículos: situação de roubo ou furto de qualquer veículo do Brasil, e constatar, a partir dos dados apresentados, se há clonagem do veículo.
- Mandados de prisão: mandados de prisão que ainda não foram cumpridos, com a finalidade de comunicar à polícia. As informações são consultadas diretamente no Banco Nacional de Mandados de Prisão do Conselho Nacional de Justiça – BNMP/CNJ.
- Pessoas desaparecidas: pessoas que constam como desaparecidas. As informações são consultadas diretamente do Sinesp Infoseg, que integra registros de desaparecimentos realizados pelas Polícias Civis dos estados participantes.

O DENATRAN (Departamento Nacional de Trânsito) permite em seu site (<https://portalservicos.denatran.serpro.gov.br/#/>), após inserir o CPF ou CNPJ e o RENAVAM do veículo, saber informações sobre propriedade, tipo de veículo, ano, restrição, além de ocorrência por furto ou roubo[117]. Entretanto, as informações retiradas do site não servem como certidão negativa. As consultas institucionais devem ser feitas por outro canal.

Vários sites de DETRANs (Departamentos Estaduais de Trânsito) disponibilizam a consulta por multas e pontuação em CNH. É possível saber se determinado indivíduo já foi multado no estado em que é procurado. Vejamos alguns deles:

- Acre – <https://www.detran.ac.gov.br/>.
- Alagoas – <https://www.detran.al.gov.br/>.
- Amapá – <http://www.detran.ap.gov.br/detranap/>.
- Amazonas – <https://www.detran.am.gov.br/>.
- Bahia – <http://www.detran.ba.gov.br/>.
- Ceará – <http://www.detran.ce.gov.br/>.
- Distrito Federal – <http://www.detran.df.gov.br/>.
- Espírito Santo – <https://detran.es.gov.br/>.
- Goiás – <https://goias.gov.br/detran/>.
- Maranhão – <http://www.detran.ma.gov.br/>.
- Mato Grosso – <https://www.detran.mt.gov.br/>.
- Mato Grosso do Sul – <http://www.detran.ms.gov.br/>.
- Minas Gerais – <https://www.detran.mg.gov.br/>.
- Pará – <http://www.detran.pa.gov.br>.
- Paraíba – <http://detran.pb.gov.br/>.
- Paraná – <http://www.detran.pr.gov.br/>.
- Pernambuco – <https://www.detran.pe.gov.br/>.
- Piauí – <http://www.detran.pi.gov.br/>.
- Rio de Janeiro – <http://www.detran.rj.gov.br/>.
- Rio Grande do Norte – <http://www.detran.rn.gov.br/>.
- Rio Grande do Sul – <https://www.detran.rs.gov.br/inicial>.
- Rondônia – <https://www.detran.ro.gov.br/>.
- Roraima – <https://www.detran.rr.gov.br/>.
- Santa Catarina – <http://www.detran.sc.gov.br/>.
- São Paulo – <https://www.detran.sp.gov.br/wps/portal/portaldetran/cidadao/home>.
- Sergipe – <http://www.detran.se.gov.br>.
- Tocantins – <https://detran.to.gov.br/>.

117 A consulta deve ser realizada com a conta gov.br.

O gravame existe quando se inclui um ônus (anotação de registro) no veículo financiado, não sendo permitida a sua transferência até o pagamento da última parcela.

Em um processo de análise e/ou investigação, é interessante saber se determinado veículo possui essa restrição, não podendo haver transferência para terceiro enquanto perdurar o financiamento.

Vários sites disponibilizam essa consulta:

- DETRAN–AC – <https://www.ac.getran.com.br/site/apps/veiculo/consulta/filtro-consulta-veiculo.jsp>.
- DETRAN-AL – <https://www.detran.al.gov.br/veiculos/consulta-gravame/>.
- DETRAN-AM – <https://digital.detran.am.gov.br/#focoMenu>. Clique em "Veículos".
- DETRAN-BA – <http://www.servicos.detran.ba.gov.br/Gravame>.
- DETRAN-DF – <http://www.detran.df.gov.br/consulta-sng-html/>.
- DETRAN-GO – <https://goias.gov.br/detran/consulta-de-gravame/>.
- DETRAN-PA – <http://www.detran.pa.gov.br/sistransito/detran-web/servicos/veiculos/indexSNG.jsf>.
- DETRAN–MG – <https://transito.mg.gov.br/veiculos/situacao-do-veiculo/consultar-situacao-do-veiculo>.
- DETRAN-MS – <https://www.meudetran.ms.gov.br/veiculo.php#>. Clique em "Consulta Informação de Gravame".
- DETRAN-PI – <http://www.detran.pi.gov.br/veiculo/>.
- DETRAN-PR – <http://www.detran.pr.gov.br/servicos/consultar-cadastro-de-restricoes-de-veiculo>.
- DETRAN-RN – <http://www2.detran.rn.gov.br/externo/ConsultaSNG.asp>.
- DETRAN-RO – <https://consulta.detran.ro.gov.br/CentralDeConsultasInternet/Software/ViewConsultaVeiculos.aspx>.
- DETRAN-SE – <https://www.detran.se.gov.br/portal/?pg=cons_veiculoko>.
- DETRAN-SP – Permite a consulta, entretanto é necessário que o usuário faça um cadastro para receber um login a fim de habilitá-lo para acessar as informações. Após isso, basta acessar <http://www.detran.sp.gov.br/wps/portal/portaldetran/cidadao/veiculos/fichaservico/EmissaoNovoCRV>. No mesmo site é possível pesquisar sobre débitos e restrições do veículo.

Aeronaves, embarcações, rodoviário e ferroviário

Vamos ao seguinte caso hipotético: um prefeito de uma pequena cidade do interior brasileiro criou uma elaborada rede de desvio de recursos públicos. Os valores eram desviados para terceiros e ele não tinha nenhum bem. Não obstante, costumava ostentar sua paixão por aviação nas redes sociais, com fotografias e vídeos de aeronaves. Algumas vezes, as matrículas eram expostas. Quais informações poderíamos obter?

Figura 24.

O primeiro passo é a consulta ao RAB – Registro Aeronáutico Brasileiro – em <https://sistemas.anac.gov.br/aeronaves/cons_rab.asp>. Com o prefixo da aeronave, você obtém os dados do proprietário, CPF ou CNPJ, operador, modelo, fabricante e ano, tipo de habilitação do piloto, classe de aeronave, número de passageiros permitidos, data da compra e o status operacional, dentre outros[118].

Outras consultas que podem ser realizadas junto à Agência Nacional de Aviação Civil:

- Licenças e habilitações técnicas – <https://sistemas.anac.gov.br/consultadelicencas/>

118 O proprietário é obrigado a fazer o registro da aeronave civil na ANAC. O Registro Aeronáutico Brasileiro é regulamentado pela Resolução ANAC nº 293/2013.

- Certidão Negativa de Propriedade de Aeronaves – <https://sistemas.anac.gov.br/CNPA/PesquisarCnpa?AspxAutoDetectCookieSupport=>
- Profissionais Credenciados em Projeto, Fabricação, e Aeronavegabilidade (PCP/PCF/PCA) – <https://sistemas.anac.gov.br/certificacao/ReprCredenc/ReprCredenc.asp>
- Empresas e aeronaves de táxi-aéreo – <https://sistemas.anac.gov.br/voeseguro/>
- Aeródromos – <https://www.anac.gov.br/acesso-a-informacao/dados-abertos/areas-de-atuacao/aerodromos>
- Consulta de voos passados – VRA – <https://sas.anac.gov.br/sas/bav/view/frmConsultaVRA>
- Base de dados estatísticos do transporte aéreo[119] – <https://www.gov.br/anac/pt-br/assuntos/dados-e-estatisticas/dados-estatisticos/dados-estatisticos>
- Nada Consta – <https://sistemas.anac.gov.br/nadaconsta/>. A pesquisa pode ser feita por CNPJ, CPF ou código ANAC.
- Resultado de exames teóricos – disponível em <https://sistemas.anac.gov.br/resultadodosexames/>.

Uma consulta prévia ao voo programado e sobre as condições meteorológicas pode ser feita no site do Departamento de Controle do Espaço Aéreo (<https://aisweb.decea.mil.br/>).

A pesquisa por voo específico, por aeroporto ou companhia aérea deve ser realizada dentro do site da Infraero, em <http://voos.infraero.gov.br/voos/index.aspx>. Quando um voo for realizado por autoridade brasileira, a Força Aérea disponibiliza as informações de voos realizados (<https://www.fab.mil.br/voos>), com dados da autoridade solicitante, trajeto, data, horário de decolagem e de pouso, o motivo da solicitação, além da previsão do número de passageiros.

A busca por voos pode ser feita ainda diretamente no Google através de <https://www.google.com/flights?hl=pt-BR>. De mais a mais, a plataforma possibilita uma consulta a preços de voos nacionais ou internacionais com a criação de alertas para recebimento por e-mail de ofertas para trechos desejados.

O site Flight Radar24 – <https://www.flightradar24.com/> – tem se mostrado uma ferramenta usual para fornecer informações de voo em tempo real, com o acompa-

---

119 Informações sobre a série histórica dos dados estatísticos do transporte aéreo brasileiro (voos e atrasos), incluindo ainda: quantidade de passageiros, malas transportadas, distâncias voadas, combustível consumido, dentre outros.

nhamento de mais de 200 mil aeronaves diariamente. A Reuters noticiou que mais de 5 milhões de pessoas fizeram o acompanhamento on-line do voo que fez o translado do corpo da rainha Elizabeth de Edimburgo para Londres (QUEEN, 2022). Os sites Flight Aware (<https://pt.flightaware.com/>), Plane Finder (<https://planefinder.net/>) e Flight Stats (<https://www.flightstats.com/v2>) são fontes alternativas de consulta.

Figura 25.

A pesquisa por embarcações é realizada no site da Marinha do Brasil – <https://www3.dpc.mar.mil.br/sisgevi/consultainternet/relat_documentos_validos_internet_criterio_selecao.asp>.

Através da plataforma Marine Traffic (<https://www.marinetraffic.com/>), o usuário rastreia navios comerciais e embarcações marítimas, além das informações de matrícula. Outras fontes:

- Vessel Finder – <https://www.vesselfinder.com/>.
- My Ship Tracking – <https://www.myshiptracking.com/>.
- Shipping Database – <https://theshippingdatabase.com/>.

Da mesma forma que as vias aéreas e marítimas, a ANTT (Agência Nacional de Transportes Terrestres) disponibiliza consultas livres de diversas temáticas, dentre as quais a busca por origem e destino de uma determinada empresa de ônibus em <https://www.gov.br/antt/pt-br/assuntos/passageiros>. Outras pesquisas:

- Ônibus – <https://portal.antt.gov.br/consulta-onibus>.
- Produtos Perigosos – <https://produtoperigoso.antt.gov.br/>.
- RNTRC (Registro Nacional de Transportadores Rodoviários de Cargas) – <https://consultapublica.antt.gov.br/Site/ConsultaRNTRC.aspx/consultapublica>.
- Motoristas habilitados para a prestação do serviço de transporte rodoviário interestadual de passageiros, sob regime de autorização e fretamento – <https://dados.antt.gov.br/dataset/motoristas-habilitados>.
- Empresas com autorização para realizar transporte fretado – <https://dados.antt.gov.br/dataset/empresas-habilitadas>.

No site <https://www.buscaonibus.com.br/> é possível localizar qual empresa de ônibus faz a rota entre duas cidades interestaduais, além do preço cobrado pela passagem.

As concessões rodoviárias podem ser acessadas no site da ANTT (<https://www.gov.br/antt/pt-br>), que administra 21 concessões de rodovias, totalizando 9.969 km. É possível consultar as concessões vigentes e as com contrato encerrado.

O site da ANTT fornece uma infinidade de informações sobre o Sistema Ferroviário Nacional, desde o seu histórico até a lista de concessões. Ao clicar sobre determinada concessão, serão fornecidos dados sobre a área de atuação, extensão das linhas etc.

A ANTT é responsável, ainda, pela gestão dos serviços de transporte ferroviário em malha ferroviária concedida, entre portos brasileiros e fronteiras nacionais, ou que transportam nos limites de estado ou território. Ela disponibiliza informações sobre os trens regulares e os turísticos.

O site do metrô de São Paulo (<http://www.metro.sp.gov.br/>) permite consulta aos trechos de viagens selecionando o local de embarque e desembarque e informações detalhadas sobre cada estação.

Outras aplicações de Internet relacionadas a metrô possibilitam diversas informações, desde o serviço fornecido até interdições de linhas. Podemos destacar:

- Rio de Janeiro – <https://www.metrorio.com.br/>.
- Fortaleza – <https://www.metrofor.ce.gov.br/>.

- Recife – <https://www.cbtu.gov.br/index.php/pt/recife>.
- Salvador – <http://www.ccrmetrobahia.com.br/>.
- Belo Horizonte – <https://www.metrobh.com.br/>.
- Brasília – <http://www.metro.df.gov.br/>.

Alguns endereços eletrônicos disponibilizam consultas sobre as rotas praticadas pelos ônibus municipais. A ferramenta é bem útil na realização de um planejamento operacional, podendo saber em quais vias e em que horário circula determinada empresa de ônibus.

Podem ser consultados, ainda, outros sites de referência no assunto:

- Aracaju – <http://www.smttaju.com.br/>.
- Belém – <https://semob.belem.pa.gov.br/linhas/>.
- Belo Horizonte – <https://portalbhtrans.pbh.gov.br/itinerario>.
- Campo Grande – <https://www.consorcioguaicurus.com.br/servico/consultar-horarios/>.
- Cuiabá – <http://amtu.com.br/>.
- Curitiba – <http://www.urbs.curitiba.pr.gov.br/transporte/itinerarios>.
- Distrito Federal – <https://www.sistemas.dftrans.df.gov.br/horarios/>.
- Fortaleza – <https://catalogodeservicos.fortaleza.ce.gov.br/categoria/mobilidade/servico/325>.
- Florianópolis – <http://www.pmf.sc.gov.br/servicos/index.php?pagina=onibus>.
- João Pessoa – <https://servicos.semobjp.pb.gov.br/linhas-de-onibus/>.
- Manaus – <http://transporte.manaus.am.gov.br/>.
- Porto Alegre – <https://linhas.eptc.com.br/>.
- Porto Velho – https://semtran.portovelho.ro.gov.br/horarios_dos_onibus.
- Recife – <http://itinerario.granderecife.pe.gov.br/site/consulta/itinerarios.asp>.
- Vitória – <https://ceturb.es.gov.br/Itinerarios>.
- Salvador – <https://mobilidade.salvador.ba.gov.br/>.
- São Paulo – <http://www.sptrans.com.br/busca-de-itinerarios/>.

Consultas em estabelecimentos diversos

Farmácias e drogarias

É possível consultar a autorização de funcionamento desses estabelecimentos pelo site da Anvisa. Basta acessar <https://consultas.anvisa.gov.br/#/empresas/empresas/>. Serão trazidos como resposta os detalhes da razão social da empresa consultada, responsável legal e técnico por seu funcionamento, autorização, situação cadastral da empresa e atividades desempenhadas.

A Anvisa ainda permite uma infinidade de outras consultas:

- Relação de produtos dispensados de registro antes e depois do sistema Prodir.
- Informações sobre alimentos como o nome da empresa fabricante, números de registro e do processo, além de prazo de validade.
- Acesso às bulas de medicamentos registrados e comercializados no Brasil.
- Situação de documentos.
- Produtos registrados de empresas de medicamento e hemoderivados.
- Cosméticos.
- Informações sobre substâncias psicotrópicas constantes na Portaria SVS/MS nº 344, de 12 de maio de 1998, e de suas atualizações, bem como os medicamentos registrados no Brasil que as contenham.

Postos de combustíveis

A Agência Nacional de Petróleo disponibiliza a consulta em dados públicos em <https://cdp.anp.gov.br/ords/r/cdp_apex/consulta-dados-publicos-cdp/home>. Você encontrará informações de gasodutos, postos, oleodutos, produtores de biodiesel e etanol, revendas GLP, concessões e produções por poço, dentre outras.

É possível checar se o estabelecimento está ou não com autorização de funcionamento perante a agência reguladora.

No âmbito da fiscalização de postos ou distribuidoras, o site da agência reguladora permite obter informações sobre:

- Ações de fiscalização.
- Distribuidoras autuadas ou interditadas.
- Postos autuados ou interditados.
- Mapa da fiscalização da ANP.
- Publicações sobre fiscalização.

Bancos e outras instituições financeiras

A Febraban disponibiliza uma busca completa por instituições financeiras no Brasil através de <http://www.buscabanco.org.br/>. A pesquisa pode ser filtrada somente por agências e/ou postos bancários. Na pesquisa por cidade, há uma infinidade de opções de refinamento da busca com o resultado georreferenciado em mapa.

TSE e consulta de patrimônio dos candidatos

O Tribunal Superior Eleitoral permite consultar todos os candidatos que pediram registro à Justiça Eleitoral, as suas contas eleitorais e as dos partidos políticos em <https://divulgacandcontas.tse.jus.br/divulga/#/>. Você encontrará: a lista de bens declarados do candidato com descrição, tipo e valor do bem; prestação de contas (receitas, despesas, extratos bancários, notas fiscais eletrônicas, representantes, comercialização, conciliações bancárias e histórico de entregas); total líquido de recursos recebidos (fundo partidário, especial e outros recursos, limites de gastos e despesas).

Outros dados relevantes e com vínculo patrimonial é a permissão para visualizar o ranking de doadores e fornecedores, bem como a concentração das despesas durante a campanha eleitoral (publicidade, locação, despesas com pessoal etc.).

Por fim, há uma relação de certidões disponíveis que foram anexadas durante o registro da candidatura.

Marcas e patentes

As marcas e patentes devem ser consultadas quando se tratar de pesquisa patrimonial.

A pesquisa deve ser realizada na base de dados no Instituto Nacional de Propriedade Intelectual (INPI), disponível em <https://busca.inpi.gov.br/pePI/jsp/marcas/Pesquisa_classe_basica.jsp>.

O Google Patents (<https://patents.google.com/>) possibilita a pesquisa de textos de patente em diversos países. A solicitação deve ser realizada por número, palavra-chave, proximidade, inventos, dentre outros.

A WIPO (<https://branddb.wipo.int/en/quicksearch>) disponibiliza um banco de dados de marcas globais que pode ser consultado de maneira livre. São 63.832.555 registros de 76 fontes de dados distintas[120].

---

120 A World Intellectual Property Organization (WIPO) o fórum global para serviços, políticas, informações e cooperação de propriedade intelectual (PI). Com 193 membros, a agência é autofinanciada pelas Nações Unidas e tem como missão liderar o desenvolvimento de um sistema internacional de PI equilibrado e eficaz que permita a inovação e a criatividade para o benefício de todos.

O USPTO[121] disponibiliza um banco de dados para consulta em <https://tmsearch.uspto.gov/search/search-information>.

Domínios

A consulta de domínios traz algumas respostas que auxiliam na investigação patrimonial: proprietário, histórico[122], e-mail, telefone, endereço e redes sociais vinculadas. Alguns destes podem não ter vinculação com bens de maneira direta; todavia, indiretamente levam para outras fontes de consulta.

Recomendamos a leitura do Capítulo 10, referente a domínios. Lá você irá encontrar ferramentas e dicas OSINT relacionadas ao assunto.

Certidões

A consulta por meio de certidões é um outro aspecto que deve ser empregado durante a investigação patrimonial, eis que elas atestam informações oficiais sobre uma pessoa física ou jurídica.

Federal

- Certidão de Débitos Relativos a Créditos Tributários Federais e à Dívida Ativa da União – <https://solucoes.receita.fazenda.gov.br/servicos/certidaointernet/pj/emitir>.
- Consulta à Certidão Negativa de Débito (CND)/Certidão Positiva de Débito com Efeitos de Negativa (CPD-EN) – <http://cnd.dataprev.gov.br/cws/contexto/cnd/cnd.html>.
- Certidão Negativa de Débitos de Imóvel Rural – <https://solucoes.receita.fazenda.gov.br/Servicos/certidaointernet/ITR/Emitir>.
- INSS – Consulta à Certidão Negativa de Débito (CND)/Certidão Positiva de Débito com Efeitos de Negativa (CPD-EN) –<http://cnd.dataprev.gov.br/cws/contexto/cnd/cnd.html>.

---

121 The United States Patent and Trademark Office (USPTO) é a agência federal que concede patentes e registra marcas nos EUA. Ao fazer isso, o USPTO cumpre o mandato do Artigo I, Seção 8, Cláusula 8, da Constituição de que o Poder Legislativo deve "promover o progresso da ciência e das artes úteis, garantindo por tempo limitado aos autores e inventores o direito exclusivo aos seus respectivos Escritos e Descobertas". O USPTO registra marcas com base na cláusula comercial da Constituição (Artigo I, Seção 8, Cláusula 3).

122 Verificar os proprietários anteriores bem como se o domínio já foi utilizado para alguma atividade ilícita.

- IBAMA – Certidão Negativa de Débitos – <https://servicos.ibama.gov.br/sicafiext/sistema.php>.
- Certidão Negativa de Débitos Trabalhistas[123] – <http://www.tst.jus.br/certidao/>.
- Consulta de regularidade de empregador[124] – Caixa Econômica Federal – <https://consulta-crf.caixa.gov.br/consultacrf/pages/consultaEmpregador.jsf>.
- Tribunal de Contas da União – <https://portal.tcu.gov.br/certidoes/>. Emite diversas certidões, dentre as quais: negativa de contas julgadas irregulares; certidão negativa de contas julgadas irregulares com implicação eleitoral; certidão negativa de inabilitado para função pública; certidão negativa de licitante inidôneo; certidão negativa de processos no âmbito do TCU; consulta situação de pessoa jurídica; lista de inabilitados para função pública; lista de licitantes inidôneos; lista de responsáveis com contas julgadas irregulares com implicação eleitoral; lista de responsáveis com contas julgadas irregulares.
- Certidão Eleitoral – <http://www.tse.jus.br/eleitor/certidoes/certidoes>. São vários os tipos que podem ser solicitados:
  - Composição partidária: tem como intuito atestar a composição dos órgãos partidários.
  - Crimes eleitorais: serve para atestar a existência ou a inexistência de registros de condenação criminal eleitoral decorrente de decisão judicial a qual não caiba mais recurso.
  - Filiação partidária: atesta a existência ou inexistência de pessoas no sistema de filiação partidária.
  - Negativa de alistamento: destinada a atestar a inexistência de título de eleitor perante a Justiça Eleitoral.
  - Quitação eleitoral: atestar a existência/inexistência de registro no histórico da inscrição (título) do interessado no cadastro eleitoral de restrição no que se refere à plenitude do gozo dos direitos políticos, ao regular exercício do voto, ao atendimento a convocações da Justiça Eleitoral para auxiliar os trabalhos relativos ao pleito, à inexistência de multas aplicadas, em caráter definitivo, pela Justiça Eleitoral e não remitidas, e à apresentação de contas de campanha eleitoral.

---

[123] Em cumprimento à Lei nº 12.440/2011 e à Resolução Administrativa TST nº 1470/2011, a Justiça do Trabalho emite, desde 04 de janeiro de 2012, a Certidão Negativa de Débitos Trabalhistas (CNDT), documento indispensável à participação em licitações públicas.

[124] A regularidade perante o FGTS é condição obrigatória para que o empregador possa relacionar-se com os órgãos da Administração Pública e com instituições oficiais de crédito. Nesta página você poderá consultar a situação de regularidade do empregador e obter o correspondente Certificado de Regularidade do FGTS – CRF, para os fins previstos em Lei.

As solicitações de certidão negativa de débito devem ser buscadas nas Secretarias de Fazenda dos Estados. Os órgãos encarregados das receitas estaduais permitem a emissão e validação de certidão negativa de débitos estaduais e de situação fiscal e tributária. As opções de consulta são por CPF e CNPJ. Alguns possibilitam a consulta por número de inscrição estadual.

Para consultas diretas, podemos sugerir os sites de cada estado:

- Secretaria da Fazenda do Estado do Acre – <http://sefaz.ac.gov.br/2021/>.
- Secretaria da Fazenda do Estado do Alagoas – <http://www.sefaz.al.gov.br/>.
- Secretaria da Fazenda do Estado do Amapá – <http://www.sefaz.ap.gov.br/>.
- Secretaria da Fazenda do Estado do Amazonas – <http://www.sefaz.am.gov.br/>.
- Secretaria da Fazenda do Estado da Bahia – <https://www.sefaz.ba.gov.br/>.
- Secretaria da Fazenda do Estado do Ceará – <https://www.sefaz.ce.gov.br>.
- Secretaria de Economia do Distrito Federal – <http://www.fazenda.df.gov.br>.
- Secretaria da Fazenda do Estado do Espírito Santo – <https://internet.sefaz.es.gov.br/>.
- Secretaria da Economia do Estado do Goiás – <http://www.economia.go.gov.br/>.
- Secretaria da Fazenda do Estado do Maranhão – <https://sistemas1.sefaz.ma.gov.br/>.
- Secretaria da Fazenda do Estado do Mato Grosso – <http://www5.sefaz.mt.gov.br/>.
- Secretaria da Fazenda do Estado do Mato Grosso do Sul – <http://www.sefaz.ms.gov.br/>.
- Secretaria da Fazenda do Estado de Minas Gerais – <http://www.fazenda.mg.gov.br/>.
- Secretaria da Fazenda do Estado do Pará – <http://www.sefa.pa.gov.br/>.
- Secretaria da Fazenda do Estado da Paraíba – <https://www.sefaz.pb.gov.br/>.
- Secretaria da Fazenda do Estado do Paraná – <http://www.fazenda.pr.gov.br/>.
- Secretaria da Fazenda do Estado de Pernambuco – <https://www.sefaz.pe.gov.br>.
- Secretaria da Fazenda do Estado do Piauí – <https://www.sefaz.pi.gov.br/>.
- Secretaria da Fazenda do Estado do Rio de Janeiro – <http://www.fazenda.rj.gov.br/>.
- Secretaria de Tributação do Estado do Rio Grande do Norte – <http://www.set.rn.gov.br/>.
- Secretaria da Fazenda do Estado do Rio Grande do Sul – <https://fazenda.rs.gov.br/inicial>.
- Secretaria de Finanças do Estado de Rondônia – <https://www.sefin.ro.gov.br/>.
- Secretaria da Fazenda do Estado de Roraima – <https://www.sefaz.rr.gov.br/>.

- Secretaria da Fazenda do Estado de Santa Catarina – <http://www.sef.sc.gov.br/>.
- Secretaria da Fazenda e Planejamento do Estado de São Paulo – <https://portal.fazenda.sp.gov.br/>.
- Secretaria da Fazenda do Estado de Sergipe – <http://www.sefaz.se.gov.br/>.
- Secretaria da Fazenda e Planejamento do Estado de Tocantins – <http://www.sefaz.to.gov.br/>.

Consulta de certidão em tribunais:

- STF – <https://certidoes.stf.jus.br/>.
- STJ – <https://www.stj.jus.br/sites/portalp/Paginas/Processos/Certidoes/Certidao-Negativa.aspx>.
- Certidão Negativa Justiça Militar – <https://www.stm.jus.br/servicos-stm/certidao-negativa>.

A pesquisa nos sites dos tribunais de justiça pode trazer informações úteis sobre determinada empresa ou indivíduo.

Anteriormente, cada tribunal tinha um padrão diferenciado para consulta. Hoje, com a Resolução nº 121 do Conselho Nacional de Justiça, ficaram estabelecidas diretrizes para a consolidação de um padrão nacional de publicidade das informações judiciais[125].

Os dados com acesso livre são: número, classe e assunto do processo; nome das partes e de seus advogados; movimentação processual; inteiro teor das decisões, sentenças, votos e acórdãos. O Ministério Público, o advogado e as partes cadastradas terão acesso a todo o conteúdo do processo eletrônico.

O Diário de Justiça Eletrônico é um excelente banco de informações. Está disponível em todos os endereços eletrônicos dos tribunais de justiça dos estados. É uma ferramenta útil responsável pela publicação e divulgação de atos oficiais, administrativos e demais comunicações oficiais. Ao consultar o diário você poderá colocar um nome no parâmetro de pesquisa e localizar dados referentes a nome completo, identidade, CPF, endereço, testemunhas relacionadas ao processo etc. Todos os tribunais disponibilizam essa consulta.

[125] Art. 1º. A consulta aos dados básicos dos processos judiciais será disponibilizada na rede mundial de computadores (Internet), assegurado o direito de acesso a informações processuais a toda e qualquer pessoa, independentemente de prévio cadastramento ou de demonstração de interesse.

Ainda é possível verificar informações sobre jurisprudência, consulta processual, estatísticas sobre o total de processos julgados por ano e informações sobre Transparência Pública. Alguns ainda permitem o cadastro no sistema "Push" de recebimento de informações de andamento processual e possibilitam a expedição e autenticação de certidões negativas.

A seguir, a lista de todos os endereços eletrônicos dos TJs estaduais:

- Acre – <https://www.tjac.jus.br/>.
- Alagoas – <http://www.tjal.jus.br/>.
- Amapá – <http://www.tjap.jus.br>.
- Amazonas – <https://www.tjam.jus.br/>.
- Bahia – <http://www5.tjba.jus.br>.
- Ceará – <https://www.tjce.jus.br/>.
- Distrito Federal – <https://www.tjdft.jus.br/>.
- Espírito Santo – <http://www.tjes.jus.br/>.
- Goiás – <https://www.tjgo.jus.br/>.
- Maranhão – <http://www.tjma.jus.br/>.
- Mato Grosso – <http://www.tjmt.jus.br/>.
- Mato Grosso do Sul – <https://www.tjms.jus.br/>.
- Minas Gerais – <http://www.tjmg.jus.br/>.
- Pará – <http://www.tjpa.jus.br/>.
- Paraíba – <https://www.tjpb.jus.br/>.
- Paraná – <https://www.tjpr.jus.br/>.
- Pernambuco – <http://www.tjpe.jus.br/>.
- Piauí – <http://www.tjpi.jus.br/>.
- Rio de Janeiro – <http://www.tjrj.jus.br/>.
- Rio Grande do Norte – <http://www.tjrn.jus.br/>.
- Rio Grande do Sul – <http://www.tjrs.jus.br/>.
- Rondônia – <https://www.tjro.jus.br/>.
- Roraima – <http://www.tjrr.jus.br/>.
- Santa Catarina – <https://www.tjsc.jus.br/>.
- São Paulo – <http://www.tjsp.jus.br/>.
- Sergipe – <http://www.tjse.jus.br/>.
- Tocantins – <http://www.tjto.jus.br/>.

Informações de caráter policial

Documento fornecido pela Polícia Judiciária para informar no momento da consulta se uma pessoa tem ou não antecedentes criminais. Alguns estados utilizam o termo "Certificado" em vez de "Atestado". Grande parte das Polícias Civis já possibilita a retirada desse documento via web, sem necessidade de se dirigir a uma delegacia ou órgão congênere. São eles:

- Polícia Federal – <https://www.gov.br/pt-br/servicos/emitir-certidao-de-antecedentes-criminais>.
- Bahia – <https://www.comunicacao.ba.gov.br/antecedentes-criminais/>.
- Ceará – <https://sistemas.sspds.ce.gov.br/AtestadoAntecedentes/>.
- Distrito Federal – <https://certidaoweb.pcdf.df.gov.br>.
- Espírito Santo – <https://pc.es.gov.br/atestado-de-antecedentes-criminais>.
- Minas Gerais – <https://wwws.pc.mg.gov.br/atestado>.
- Pará – <https://antecedentes.policiacivil.pa.gov.br/>.
- Paraná -- <https://www.policiacivil.pr.gov.br/servicos/Servicos/Documentos/Solicitar-atestado-de-antecedentes-eVoG68rb>.
- Pernambuco – <https://www.servicos.sds.pe.gov.br/antecedentes>.
- Rio de Janeiro – <https://atestadodic.detran.rj.gov.br/>.
- Rio Grande do Sul – <https://www.pc.rs.gov.br/emitir-certidao-de-antecedentes-policiais>.
- Roraima – <http://www.idnetbrasil.rr.gov.br/AtestadoWeb/pages/MasterPages/IUPrincipal.aspx#>.
- São Paulo – <http://www2.ssp.sp.gov.br/atestado/novo/>.
- Sergipe – <https://ssp.se.gov.br/servicos/Antecedentes>.

Mandados de prisão

A Lei nº 12.403, de 04 de maio de 2011, alterou o Código de Processo Penal, determinando ao Conselho Nacional de Justiça a criação e a manutenção de um Banco Nacional de Mandados de Prisão (BNMP). Segundo a Resolução nº 137 do CNJ, o mandado deverá estar disponível na rede mundial de computadores visando garantir o direito de informações a toda e qualquer pessoa, independentemente de cadastro prévio ou demonstração de interesse.

Os mandados de prisão deverão ser atualizados pelos juízes e respectivos tribunais responsáveis por sua expedição. Cada um deverá ter por objeto apenas uma única pessoa, com as informações sobre o número do processo, espécie de prisão decretada, prazo de prisão, pena imposta, dentre outras.

No caso de cumprimento ou revogação de mandado de prisão, as informações deverão ser atualizadas no prazo máximo de 24 horas, garantindo assim uma informação segura e atualizada para o responsável por dar cumprimento da prisão.

A medida visa dar maior publicidade a informações que antes eram apenas restritas à Polícia e ao Judiciário – além disso, por muitas vezes, a prisão não era cumprida.

A consulta está disponível no site <https://portalbnmp.cnj.jus.br>. O acesso facilita o trabalho do policial, que pode, além de consultar, imprimir o mandado para dar seu cumprimento. Além do mais, não há necessidade de o juiz determinar que seja deprecado o seu cumprimento. Com o mandado incluído no BNMP, basta apenas que a autoridade policial, ao realizar a prisão, independentemente de estar ou não na jurisdição do juiz que a expediu, comunique imediatamente ao juiz do local do cumprimento da medida.

Alguns sites apresentam ainda uma aba de procurados pela Justiça, disponibilizando as fotografias e a filiação de foragidos. Por vezes, são oferecidas recompensas pela captura:

- Amazonas – <http://www.policiacivil.am.gov.br/?cat=5>.
- Bahia – <https://disquedenuncia.com/baralho-do-crime/copas/>.
- Ceará – <https://procurados.sspds.ce.gov.br/>.
- Distrito Federal – <https://procurados.pcdf.df.gov.br/views/Default.aspx>.
- Maranhão – <https://www.ssp.ma.gov.br/disque-denuncia/procurados/>.
- Minas Gerais – <http://procurase.seguranca.mg.gov.br/>.
- Paraíba – <https://procurados.pb.gov.br/>
- Rio de Janeiro – <https://www.procurados.org.br/>, interligado com o sistema de Disque-Denúncia do Estado do Rio de Janeiro.
- São Paulo – <https://www.policiacivil.sp.gov.br>.
- Sergipe – <https://www.policiacivil.se.gov.br/procurados/>.
- Santa Catarina – <https://sistemas.pc.sc.gov.br/foragidos/index.php>.
- Rio Grande do Sul – <https://www.pc.rs.gov.br/procurados>.

A Interpol faz a divulgação dos criminosos mais procurados no planeta com difusão vermelha através do endereço <https://www.interpol.int/en/How-we-work/Notices/View-Red-Notices>[126]. Outros sites para pesquisa:

---

[126] A difusão vermelha da Interpol é a solicitação de órgãos de persecução penal para localizar e prender um foragido. Esse documento deve conter dados individualizadores do foragido bem como informações sobre os crimes praticados. No Brasil, o CNJ, através da Instrução Normativa nº 01, de 10 de fevereiro de 2010, da Corregedoria Nacional de Justiça, regulamentou a questão.

- FBI – <https://www.fbi.gov/wanted>.
- DEA[127] – <https://www.dea.gov/fugitives/all>.
- ICE[128] – <https://www.ice.gov/most-wanted>.
- EUROPOL – <https://eumostwanted.eu/>.
- Austrália – <https://www.police.nsw.gov.au/can_you_help_us/wanted>.
- Bélgica – <http://www.mostwanted.federalpolice.be/>.
- Canadá – <http://www.rcmp-grc.gc.ca/en/wanted>.
- Espanha – <https://www.policia.es/_es/colabora_masbuscados.php>.
- Holanda – <https://www.politie.nl/en/wanted-and-missing>.
- Nova Zelândia – <https://www.police.govt.nz/stolenwanted/wanted-to-arrest>.
- Reino Unido – <https://crimestoppers-uk.org/give-information/most-wanted>.

Protestos

Em razão de ser informação pública, o registro de protesto é uma forma de consulta tanto de uma empresa quanto uma pessoa física. As respostas são interessantes para demonstrar, em parte, a vida financeira da empresa e também verificar eventuais desafios por ela enfrentados.

O IEPTB (Instituto de Estudos de Protesto de Títulos do Brasil), com consultas gratuitas de protestos em <http://pesquisaprotesto.com.br/>, possui atualmente acesso aos dados de todos os estados da federação para consultar gratuitamente a existência de protestos[129].

Nota fiscal eletrônica

A nota fiscal eletrônica foi instituída pelo Conselho Nacional de Política Fazendária (CONFAZ) e pelo Secretário Geral da Receita Federal do Brasil através do Ajuste SI-NIEF 07/05 em reunião realizada em Manaus no dia 30 de setembro de 2005, sendo definida como[130]:

---

127 Drug Enforcement Administration (DEA), vinculada ao Departamento de Justiça dos Estados Unidos, tem como função a repressão e o controle de narcóticos no seu país.

128 U.S. Immigration and Customs Enforcement – Serviço de Imigração e Controle de Aduanas dos Estados Unidos – é subordinada ao Departamento de Segurança Interna do governo americano.

129 É necessário fazer o login na plataforma.

130 Nova redação dada ao § 1º da cláusula primeira pelo Ajuste SINIEF 28/22, efeitos a partir de 06 de julho de 2022.

> *o documento emitido e armazenado eletronicamente, de existência apenas digital, com o intuito de documentar prestações relativas aos serviços de comunicação e telecomunicação, cuja validade jurídica é garantida pela assinatura digital do emitente e autorização de uso pela administração tributária da unidade federada do contribuinte.*

Desde então, foram realizados vários ajustes para a nota fiscal eletrônica, notadamente com o intuito de substituir a emissão em papel de documento fiscal por meio eletrônico. A grande vantagem é a possibilidade de o Fisco acompanhar, em tempo real, as operações realizadas, além da redução dos custos de emissão por parte das empresas.

A consulta é de grande utilidade para checar a veracidade ou não de determinada nota fiscal eletrônica, sobre a qual são buscadas as informações. Por exemplo, um policial, ao dar cumprimento a mandado de busca e apreensão e encontrar uma nota fiscal emitida por via eletrônica, poderá fazer uma consulta para saber se é autêntica ou não.

A consulta de uma nota fiscal eletrônica é realizada diretamente através de <https://www.nfe.fazenda.gov.br/portal/consultaRecaptcha.aspx?tipoConsulta=resumo&tipoConteudo=7PhJ+gAVw2g=>. Você deve informar a chave de acesso (o número de 44 dígitos presentes no DANFE (Documento Auxiliar de Nota Fiscal Eletrônica).

Acesso às Juntas Comerciais dos Estados

Os acessos aos cadastros existentes nas Juntas Comerciais dos Estados permitem a busca de várias informações relacionadas a pessoas jurídicas.

A Junta Comercial do Estado de São Paulo (<https://www.jucesponline.sp.gov.br/>), por exemplo, fornece uma infinidade de dados através do nome da empresa, razão social ou NIRE. Quando você realiza a busca por um CNPJ, além de obter as informações da empresa (NIRE, constituição, atividade, objeto, capital social e endereço) é possível requerer certidões e ficha cadastral em determinado período: Ficha de Breve Relato Digitalizada (dados anteriores a 1992); Ficha Cadastral Completa (a partir de 1992); e Ficha Cadastral Simplificada (dados atuais da empresa). Quanto à emissão de certidões, elas podem ser simplificadas com extrato de informações atualizadas de atos arquivados; simplificada para filiais com sede em outra unidade da federação; específica pré-formatada; e específica com teor solicitado. Alguns serviços são tarifados.

Por outro lado, a Junta Comercial do Estado de Minas Gerais (JUCEMG) – <https://www.jucemg.mg.gov.br> – ainda oferece um serviço de bloqueio ao CPF a fim de evitar que esses dados sejam, em caso de roubo, furto ou extravio, utilizados indevidamente na abertura de novas empresas[131].

Algumas Juntas Comerciais também oferecem serviços e informações em fonte aberta. Noutras o serviço é pago:

- Junta Comercial do Estado de Alagoas (JUCEAL) – <https://jucis.df.gov.br/>.
- Junta Comercial do Estado do Ceará (JUCEC) – <https://www.jucec.ce.gov.br/>.
- Junta Comercial do Estado do Distrito Federal (JUCIS) – <https://jucis.df.gov.br/>.
- Junta Comercial do Estado do Espírito Santo (JUCEES) – <https://www.jucees.es.gov.br/>.
- Junta Comercial do Estado do Goais (JUCEG) – <https://www.juceg.go.gov.br/>.
- Junta Comercial do Maranhão (JUCEMA) – <http://www.jucema.ma.gov.br/>.
- Junta Comercial do Estado de Mato Grosso (JUCEMAT) – <http://www.jucemat.mt.gov.br/>.
- Junta Comercial do Estado de Mato Grosso do Sul (JUCEMS) – <https://www.jucems.ms.gov.br/>.
- Junta Comercial do Estado do Pará (JUCEPA) – <http://www.jucepa.pa.gov.br/>.
- Junta Comercial do Estado do Paraná (JUCEPAR) – <http://www.juntacomercial.pr.gov.br/>.
- Junta Comercial do Estado de Pernambuco (JUCEPE) – <http://portal.jucepe.pe.gov.br/>.
- Junta Comercial do Estado do Piauí (JUCEPI) – <http://www.jucepi.pi.gov.br>.
- Junta Comercial do Estado do Rio de Janeiro (JUCERJA) – <https://www.jucerja.rj.gov.br/>.
- Junta Comercial do Estado do Rio Grande do Sul (JUCISRS) – <https://jucisrs.rs.gov.br/inicial>.
- Junta Comercial do Estado de Santa Catarina (JUCESC) – <http://www.jucesc.sc.gov.br/>.

[131] O CPF será bloqueado em até 1 dia útil. Disponível em <https://jucemg.mg.gov.br/servicos/31/SOLICITAR+BLOQUEIO+DO+CPF>.

13. Transparência pública: pesquisa e acessos a sites governamentais e de dados públicos

Há vários sites, disponibilizados por diversos entes da Administração Pública, onde é possível fazer consultas sobre municípios, acessar portais de transparência, retirar certidões negativas, fazer consultas sobre CPF e CNPJ e obter uma infinidade de informações.

A previsão legal para a transparência é oriunda de diversas leis federais e estaduais, sobretudo a lei de acesso à informação:

> *Art. 3º Os procedimentos previstos nesta Lei destinam-se a assegurar o direito fundamental de acesso à informação e devem ser executados em conformidade com os princípios básicos da administração pública e com as seguintes diretrizes:*
>
> *I – observância da publicidade como preceito geral e do sigilo como exceção;*
>
> *II – divulgação de informações de interesse público, independentemente de solicitações;*
>
> *III – utilização de meios de comunicação viabilizados pela tecnologia da informação;*
>
> *IV – fomento ao desenvolvimento da cultura de transparência na administração pública.*

Inicialmente destacamos o Portal Dados Abertos[132] – <https://dados.gov.br/home>. Aqui, você encontra uma infinidade de dados publicados pelos governos federal e

[132] Qualquer pessoa pode acessar, usar, modificar e compartilhar livremente para qualquer finalidade (sujeito a, no máximo, requisitos que preservem a proveniência e a sua abertura).

local. Dentre alguns dados disponíveis destacamos: compras públicas do governo federal; licitações e compras; perfil do eleitorado de diversos anos; indicadores sobre os sistemas de informações hospitalares do SUS; COVID; Economia etc.

Assim, podemos elencar outras ferramentas de informações públicas que podem ser úteis ao analista de Inteligência Policial ou investigador policial.

Portal da Transparência

Governo Federal

O portal (<http://www.portaltransparencia.gov.br/>) foi lançado no ano de 2004 pelo Ministério da Transparência e Controladoria-Geral da União. O importante instrumento de controle social assegura dados de:

- Orçamento.
- Despesas e receitas.
- Órgãos: despesas do órgão (execução orçamentária e financeira); execução do orçamento por área de atuação; execução orçamentária e receita financeira; visão geral dos vínculos dos servidores ativos; distribuição dos servidores; licitações com contrato no ano; visão geral dos contratos firmados; maiores fornecedores de compras realizadas por meio de contrato; visão geral de convênios e acordos; convenentes e contratados; gastos por meio do cartão de pagamento; e visão geral dos gastos com viagem e serviços.
- Estados e municípios: são fornecidos dados dos recursos do governo federal aplicados na localidade; distribuição de transferências; constitucionais e royalties por tipo de favorecido; benefícios ao cidadão (programas de transferência de renda direta); população x recursos recebidos; convênios e acordos; e relatórios de auditório.
- Licitações e contratos.
- Convênios: número do convênio, período da última liberação do recurso; vigência; convenente; órgão; UF; município; situação, tipo de instrumento (acordo de cooperação técnica, contrato de repasse, convênio, termo de compromisso, termo de parceria e transferência legal); valor liberado; e valor legal.
- Cartões de pagamento: Cartão de Pagamento do Governo Federal (CPGF); Cartão de Pagamento de Compras Centralizadas (CPCC); e Cartão de Pagamento da Defesa Civil (CPDC).
- Recursos transferidos: período; tipo de transferência; favorecido; UF; município; área de atuação; programa orçamentário; ação orçamentária; natureza da despesa (grupo, elemento e modalidade de aplicação).

- Servidores: viagens a serviço; início e final do afastamento do servidor; pessoa que realizou a viagem; órgão; tipo de viagem; valor da diária e de passagens gastas e demais dados. A consulta poderá ser realizada por órgãos ou vínculos.
- Emenda parlamentar: período; autor da emenda; função e subfunção e valores empenhados; e liquidados de pagos.
- Notas fiscais.

No campo de benefícios pagos ao cidadão encontra-se acessível a consulta dos pagamentos realizados para Bolsa Família, Garantia-Safra[133], Seguro Defeso[134] e PETI[135].

Essas informações são relevantes, notadamente nos casos de investigações policiais para apurar o recebimento indevido de benefícios do governo federal. Caso fosse expedido um ofício para solicitar esses dados, as respostas certamente atrasariam a conclusão do inquérito policial.

Durante a pandemia da COVID-19, foi criado o benefício do Auxílio Emergencial para ajudar as pessoas de baixa renda[136]. Não obstante, o auxílio governamental foi alvo de milhares de fraudes. Em levantamento do Tribunal de Contas da União, aproximadamente 11 mil candidatos nas eleições municipais de 2020 e com patrimônio superior a R$ 300.000,00 receberam o auxílio emergencial (LAGO, 2020). A Polícia Federal do Brasil deflagrou operações para reprimir esse tipo de fraude[137]. As informações para saber se uma pessoa recebeu o benefício estão disponíveis no Portal da Transparência do Governo Federal.

Os imóveis funcionais de propriedade da União são outro parâmetro de consulta, que pode ser feita por endereço.

---

[133] A Ação do Programa Nacional de Fortalecimento da Agricultura Familiar (Pronaf) tem como beneficiários os agricultores com renda familiar mensal de, no máximo, 1,5 salário-mínimo e que plantam entre 0,6 e 5 hectares de feijão, milho, arroz, mandioca ou algodão.

[134] É a garantia de renda ofertada aos pescadores artesanais impossibilitados de trabalhar no período de defeso.

[135] O PETI – Programa de Erradicação do Trabalho Infantil – oferece o pagamento, através de cartão magnético, de auxílio financeiro às famílias de menores com o intuito de erradicar todas as formas de trabalho infantil no Brasil.

[136] Lei nº 13.982, de 02 de abril de 2020. Altera a Lei nº 8.742, de 7 de dezembro de 1993, para dispor sobre parâmetros adicionais de caracterização da situação de vulnerabilidade social para fins de elegibilidade ao benefício de prestação continuada (BPC), e estabelece medidas excepcionais de proteção social a serem adotadas durante o período de enfrentamento da emergência de saúde pública de importância internacional decorrente do coronavírus (Covid-19) responsável pelo surto de 2019, a que se refere a Lei nº 13.979, de 06 de fevereiro de 2020.

[137] Operações Vida Fácil I e II.

Outro dado relevante a ser buscado é o cadastro de sanções aplicadas a pessoas físicas, jurídicas e servidores públicos federais. Dentre os bancos ofertados, além de acordos de leniência, destacamos:

CEIS	Cadastro de Empresas Inidôneas e Suspensas
CNEP	Cadastro Nacional de Empresas Punidas
CEPIM	Cadastro de Entidades Privadas sem Fins Lucrativos Impedidas
CEAF	Cadastro de Expulsões da Administração Federal

A consulta pode ser realizada por vários parâmetros, dentre os quais: nome, CPF, CNPJ, órgão sancionador, dentre outros.

Há outros sites de busca disponíveis em nível federal e estadual, com o mesmo objetivo de dar transparência à gestão pública.

Estados

A Lei Complementar nº 131, de 27 de maio de 2009, acrescentou dispositivos à LC nº 101/2000 a fim de estabelecer normas de finanças públicas voltadas para a responsabilidade na gestão fiscal. Determinou, para tanto, a disponibilização, em tempo real, de informações pormenorizadas sobre a execução orçamentária e financeira da União, dos estados, do Distrito Federal e dos municípios.

Segundo estabelecido na lei, todos os atos praticados pelas unidades gestoras, no decorrer da execução da despesa, ou quanto à receita, deverão estar acessíveis a qualquer pessoa física ou jurídica nos seguintes prazos (art. 73-B):

- Um ano para a União, os estados, o Distrito Federal e os municípios com mais de 100.000 habitantes.
- Dois anos para os municípios que tenham entre 50.000 e 100.000 habitantes.
- Quatro anos para os municípios que tenham até 50.000 habitantes.

Grande parcela dos portais estaduais de transparência disponibiliza informações sobre despesas, receitas e prestação de contas. Outros fornecem dados mais detalhados, como a relação de servidores por órgão de lotação e o respectivo quadro remuneratório, balanços contábeis, compras públicas e benefícios fiscais.

São esses os portais estaduais consultados[138]:

- Acre – <https://www.transparencia.ac.gov.br/>.
- Alagoas – <http://transparencia.al.gov.br/>.
- Amapá – <http://www.transparencia.ap.gov.br/>.
- Amazonas – <http://www.transparencia.am.gov.br/>.
- Bahia – <http://www.transparencia.ba.gov.br/>.
- Ceará – <https://cearatransparente.ce.gov.br/>.
- Distrito Federal – <http://www.transparencia.df.gov.br>.
- Espírito Santo – <https://transparencia.es.gov.br/>.
- Goiás – <http://www.transparencia.go.gov.br/portaldatransparencia/>.
- Maranhão – <http://www.transparencia.ma.gov.br/>.
- Minas Gerais – <http://www.transparencia.mg.gov.br/>.
- Pará – <http://www.transparencia.pa.gov.br/>.
- Paraíba – <http://transparencia.pb.gov.br/>.
- Paraná – <http://www.transparencia.pr.gov.br/>.
- Pernambuco – <http://web.transparencia.pe.gov.br/>.
- Piauí – <http://transparencia.pi.gov.br/>.
- Rio de Janeiro – <http://www.transparencia.rj.gov.br/>.
- Rio Grande do Norte – <http://www.transparencia.rn.gov.br>.
- Rio Grande do Sul – <http://www.transparencia.rs.gov.br>.
- Rondônia – <http://www.transparencia.ro.gov.br/>.
- Roraima – <http://www.transparencia.rr.gov.br/>.
- Santa Catarina – <http://www.transparencia.sc.gov.br/>.
- São Paulo – <http://www.transparencia.sp.gov.br/>.
- Sergipe – <http://www.transparenciasergipe.se.gov.br>.
- Tocantins – <http://www.transparencia.to.gov.br/>.

Municípios

Os portais das capitais brasileiras possibilitam acesso às despesas e receitas efetuadas em atendimento à Lei de Responsabilidade Fiscal. Algumas das mais populosas cidades brasileiras também já possuem sua ferramenta de consulta pela Internet[139]. Todavia, alguns municípios ainda deixam a desejar no tocante à disponibilidade de informações.

---

[138] Portais da Transparência consultados em janeiro de 2024.

[139] Guarulhos (SP), Campinas (SP), São Gonçalo (RJ), Duque de Caxias (RJ), Nova Iguaçu (RJ), São Bernardo do Campo (SP) e Santo André (SP) são alguns exemplos.

São esses os principais sítios para consulta[140]:

- Aracaju – <https://transparencia.aracaju.se.gov.br/>.
- Belém – <http://www.belem.pa.gov.br/transparencia/>.
- Belo Horizonte – <https://prefeitura.pbh.gov.br/transparencia>.
- Boa Vista – <http://transparencia.boavista.rr.gov.br/>.
- Campo Grande – <http://transparencia.campogrande.ms.gov.br/canais/servidores/>.
- Cuiabá – <http://transparencia.cuiaba.mt.gov.br/portaltransparencia/transparencia/#/home>.
- Curitiba – <https://www.transparencia.curitiba.pr.gov.br/>.
- Florianópolis – <http://www.pmf.sc.gov.br/transparencia/>.
- Fortaleza – <https://transparencia.fortaleza.ce.gov.br/>.
- Goiania – <https://www12.goiania.go.gov.br/transparencia>.
- João Pessoa – <https://transparencia.joaopessoa.pb.gov.br>.
- Macapá – <https://transparencia2.macapa.ap.gov.br/>.
- Maceió – <http://www.transparencia.maceio.al.gov.br/>.
- Natal – <https://www.natal.rn.gov.br/transparencia/>.
- Palmas – <https://acessoainformacao.palmas.to.gov.br/>.
- Porto Alegre – <http://www2.portoalegre.rs.gov.br/transparencia/>.
- Recife – <http://www2.recife.pe.gov.br/servico/portal-da-transparencia>.
- Rio Branco – <http://transparencia.riobranco.ac.gov.br/>.
- Rio de Janeiro – <https://transparencia.prefeitura.rio/>.
- Salvador – <http://www.transparencia.salvador.ba.gov.br>.
- São Luís – <http://transparencia.saoluis.ma.gov.br/>.
- São Paulo – <http://transparencia.prefeitura.sp.gov.br>.
- Teresina – <http://transparencia.teresina.pi.gov.br/>.
- Vitória – <http://transparencia.vitoria.es.gov.br/>.

Câmara dos Deputados

O Portal da Transparência da Câmara dos Deputados, disponível em <https://www.camara.leg.br/transparencia/>, assegura acesso a informações livremente disponíveis como: distribuição dos servidores efetivos e secretários parlamentares e resultados legislativos (áreas temáticas mais votadas, sessões no plenário e nas comissões.

É possível, por exemplo, obter os dados de receitas e despesas pagas, incluindo dados de despesas consolidadas, cartão de suprimento de fundo, relatório de gestão fiscal,

140 Consulta realizada em 14 mar. 2024.

cronograma de desembolso financeiro, contingenciamento e relatório de gestão orçamentária.

Além do mais, é possível fazer consultas sobre licitações e contratos, com dados de compras diretas realizadas pela Câmara, as atas de Registro de Preços, contratos vigentes, os últimos editais publicados e a relação dos terceirizados que prestam serviço à Câmara dos Deputados.

Quanto aos gastos dos parlamentares por exercício da atividade parlamentar, o detalhamento dos dados inclui:

- A Cota para o Exercício de Atividade Parlamentar inclui as despesas do mandato, passagens aéreas e contas de celular. É possível fazer a verificação da cota mensalmente por unidade da federação.
- Verba de gabinete.
- Imóveis funcionais e auxílio-moradia.
- Remuneração.
- Viagens oficiais.

Uma outra funcionalidade do portal é a indicação de e-mail para o recebimento de dados de deputados, propostas e notícias a cada 15 dias. Esse alerta envia conteúdo, por exemplo, da atuação parlamentar, projetos de lei apresentados e relatados, votos na Câmara, discursos realizados e demais notícias.

A página Dados Abertos da Câmara dos Deputados (<https://dadosabertos.camara.leg.br/>) encontra informações sobre legislaturas, deputados, partidos, blocos, órgãos, frentes, eventos, proposições, votações, referências e atualizações. Nessa consulta os dados são fornecidos de forma bruta para terceiros a fim de monitorar e fiscalizar, além de conhecer e discutir os gastos ali demonstrados[141].

Na seção "Fiscalize o Orçamento" (<https://www2.camara.leg.br/orcamento-da-uniao/fiscalize>) é possível verificar a execução da lei orçamentária anual – LOA[142]. Esse acompanhamento pode ser feito através de:

a) execução orçamentária;
b) transferências por programação, entidades privadas, municípios e estados;

---

141 Alguns aplicativos, disponíveis para os sistemas operacionais iOS e Android, utilizam esses dados disponíveis, apresentando-os de forma interativa, a fim de que o usuário possa acompanhar a fiscalização dos gastos públicos.

142 A Lei Orçamentária Anual disciplina todas as ações do Governo Federal.

c) convênios relacionados a emendas individuais e coletivas e outros de forma geral.

Em "Receba Notificações", disponível em <https://portaldatransparencia.gov.br/notificacoes>, é permitido fazer um cadastro prévio a fim de receber os dados sobre a gestão de recursos públicos no Poder Executivo Federal.

Senado

O portal do Senado tem uma seção dedicada à Transparência Pública (<https://www12.senado.leg.br/transparencia>). Nela você poderá acessar todos os dados referentes a:

a) Senadores: recursos utilizados no exercício da atividade parlamentar.
b) Gestão e governança: planejamento e gestão no Senado Federal, estrutura administrativa e Boletim Administrativo.
c) Licitações e contratos[143]: todas as modalidades de licitação e contratos firmados.
d) Gestão de pessoas: consulta de servidores ativos, aposentados, concursos, terceirizados, estagiários, pensionistas e colaboradores eventuais.
e) Orçamento e finanças: receitas e despesas do Senado Federal, suprimento de fundos e relatórios de gestão fiscal.

Os dados abertos podem ser consultados e baixados em <https://www12.senado.leg.br/dados-abertos>, com informações de contratações, senadores (gastos, benefícios e aposentadorias), projetos e matérias em trâmite na casa, dados de parlamentares, comissões e acervo de normas jurídicas.

Dentro da página do Senado ainda existe o Portal do Orçamento, disponível em <https://www12.senado.leg.br/orcamento/sigabrasil>. Nele há o Siga Brasil, ferramenta de consulta que possibilita um acesso amplo ao SIAFI e a diversas bases de dados sobre orçamentos públicos. As informações sobre a Lei Orçamentária Anual estão disponíveis, sendo possível checar todas as fases do processo orçamentário.

A função GeoSiga apresenta, através do georreferenciamento, informações sobre transferências federais aos estados e municípios. O filtro utilizado na pesquisa é por estado, município, população, ano e mês.

---

143 Informações sobre todos os contratos firmados pelo Senado Federal, organizados em vigentes e encerrados, com a possibilidade de busca pela empresa contratada, pelo objeto do contrato, pelos contratos de mão de obra e ainda por diferentes espécies de contrato.

Ferramentas e links úteis de consulta de transparência

Optamos agora por trazer algumas pesquisas direcionadas para facilitar a localização do dado desejado:

- Contratações: compras, item compra e termo aditivo – <https://portaldatransparencia.gov.br/download-de-dados/compras>.

Como opções de consulta, temos algumas ferramentas:

Transferegov

Ferramenta integrada e centralizada com dados abertos disponível em <https://www.gov.br/transferegov/pt-br> para a informatização e a operacionalização das transferências de recursos oriundos do Orçamento Fiscal e da Seguridade Social da União a órgão ou entidade da administração pública estadual, distrital, municipal, direta ou indireta, consórcios públicos e entidades privadas sem fins lucrativos.

Outras consultas:

- Convênio e pré-convênio.
- Programas.
- Verificação de regularidade.
- Execução.
- Acompanhamento e fiscalização.

Obrasgov

Disponível em <https://cipi.economia.gov.br/cipi-frontend/pesquisa-aberta-projetos>, é o registro público centralizado de informações de projetos de investimento em infraestrutura, custeados com recursos dos Orçamentos Fiscal e da Seguridade Social, no âmbito dos órgãos e entidades do Poder Executivo Federal. Você consulta informações sobre investimentos e suas localizações, volume de recursos empregados e fotos e vídeos do andamento das obras de infraestrutura.

O Portal Transferegov, disponível em <https://www.gov.br/transferegov/pt-br>, traz dados de transferências e parcerias da União. Lá você encontrará:

- Transfere Gov – Ferramenta integrada e centralizada, com dados abertos, destinada à informatização e à operacionalização das transferências de recursos oriundos do Orçamento Fiscal e da Seguridade Social da União a órgão ou entidade da administração pública estadual, distrital, municipal, direta ou indireta, consórcios públicos e entidades privadas sem fins lucrativos.

- Transferências especiais.
- Transferências discricionárias e legais.
- Termo de execução descentralizada.
- Transferência fundo a fundo.

Compras governamentais

No Portal de Compras do Governo Federal (<https://www.gov.br/compras/pt-br>), você consulta processos de contratações e atas disponíveis de acordo com as leis nº 14.133/21[144], nº 8.666[145], nº 10.520[146] e nº 12.462[147]. As consultas permitidas são:

a) Licitações: avisos, resultados, pesquisa textual, sessões públicas e atas.
b) Pregões: agendados, em andamento, realizados e pendentes de recurso, adjudicação, homologação, pregões anulados, revogados ou abandonados, atas e anexos.
c) Atas: pregão, registro de preço.
d) Cotações e dispensas.
e) Regime diferenciado de contratações.
f) Fornecedor.
g) Relação de UASG.
h) Catálogo.
i) Contratos.

Outras consultas que podem ser realizadas:

- Catálogo de materiais e serviços – <https://catalogo.compras.gov.br/cnbs-web/busca>.

---

144 Lei de Licitações e Contratos Administrativos.

145 Lei revogada de licitações e contratos.

146 Lei revogada que instituiu, no âmbito da União, Estados, Distrito Federal e Municípios, nos termos do art. 37, inciso XXI, da Constituição Federal, modalidade de licitação denominada pregão, para aquisição de bens e serviços comuns, e dá outras providências.

147 Institui o Regime Diferenciado de Contratações Públicas – RDC; altera a Lei nº 10.683, de 28 de maio de 2003, que dispõe sobre a organização da Presidência da República e dos Ministérios, a legislação da Agência Nacional de Aviação Civil (Anac) e a legislação da Empresa Brasileira de Infraestrutura Aeroportuária (Infraero); cria a Secretaria de Aviação Civil, cargos de Ministro de Estado, cargos em comissão e cargos de Controlador de Tráfego Aéreo; autoriza a contratação de controladores de tráfego aéreo temporários.

- Painel de Compras[148] – <http://paineldecompras.economia.gov.br/>. Contratações de órgãos ou entidades da Administração Pública federal, direta, autárquica ou fundacional, que pretendem realizar ou prorrogar, para os exercícios subsequentes; atos convocatórios das licitações encerradas e em curso, com as informações para a participação no processo de compras públicas; processos licitatórios em curso para participar ou analisar; atas de registro de preço vigentes ou encerradas; contratos vigentes ou encerrados por unidade da federação, órgão ou objeto.
- Painel de Preços[149] – <https://paineldeprecos.planejamento.gov.br/>. Facilita pesquisas de mercado, análise e comparação de preços de referência na aquisição de bens e contratação de serviços gerais.
- Licitações do Dia – <http://comprasnet.gov.br/ConsultaLicitacoes/ConsLicitacaoDia.asp>. Licitações publicadas no Diário Oficial.
- Painel Custeio Administrativo – <https://paineldecusteio.economia.gov.br/>. Despesas de funcionamento da Administração Pública Federal, como, por exemplo, apoio administrativo, energia elétrica, água, telefone, locação de imóveis, dentre outros.
- Painel Viagens – <http://paineldeviagens.economia.gov.br/>. Afastamentos a serviço, nacionais e internacionais, do Governo Federal registrados no Sistema de Concessão de Diárias e Passagens (SCDP) e do Banco Central do Brasil através do VIAJAR.

Outros sites que permitem a busca eletrônica de compras:

- São Paulo: Bolsa Eletrônica de Compras – <https://www.bec.sp.gov.br/BECSP/Home/Home.aspx>.
- Rio de Janeiro: Compras Públicas – <https://www.compras.rj.gov.br/Portal-Siga>.
- Minas Gerais: Portal de Compras MG – <http://www.compras.mg.gov.br/>.
- Santa Catarina: Portal de Compras – <http://www.portaldecompras.sc.gov.br/>.
- Goiás: ComprasNet GO – <http://www.comprasnet.go.gov.br/>.
- Ceará: Portal Compras – <https://www.portalcompras.ce.gov.br/>.
- Bahia: ComprasNet BA – <https://comprasnet.ba.gov.br/>.
- Rio Grande do Sul: Compras Eletrônicas RS – <https://www.compras.rs.gov.br/>.

---

148 Informações e dados sobre as contratações públicas do governo federal com o acompanhamento de todo o ciclo de vida do processo de compras.

149 Possui as informações de compras públicas com o intuito de prestar auxílio aos gestores nas execuções de processos de compra.

- Mato Grosso: Secretaria Adjunta de Aquisições Governamentais – <https://aquisicoes.gestao.mt.gov.br/#>.
- Distrito Federal: Portal de Compras – <https://portal.compras.df.gov.br/>.

Tribunal de Contas da União

O site do TCU possibilita diversos parâmetros de busca e de emissão de certidões de responsabilização pública:

a) Contas julgadas irregulares: cadastro reunindo nome de todas as pessoas, físicas ou jurídicas, detentoras ou não de cargo ou função pública, cujas contas foram julgadas irregulares pelo órgão. A consulta pode ser feita por número do processo, nome, CPF ou CNPJ. Há a opção de exibir uma lista completa ou emitir um relatório. Disponível em <https://contasirregulares.tcu.gov.br/>.
b) Inabilitados para função pública: relação dos que estão inabilitados para o exercício de cargos em comissão ou função de confiança em nível de Administração Pública Federal.
c) Licitantes inidôneos: relação de todos os inidôneos a participarem de licitações realizadas pela Administração Pública Federal.
d) Eleições: relação com contas julgadas irregulares nos oito anos que antecedem a eleição. A consulta pode ser feita por ordem alfabética ou por unidade federativa.

A certidão negativa de processos poderá ser solicitada através de <https://contas.tcu.gov.br/certidao/Web/Certidao/NadaConsta/home.faces>.

A consulta consolidada de pessoa jurídica está acessível em <https://certidoes-apf.apps.tcu.gov.br/>.

Fundo Nacional de Desenvolvimento da Educação

O Portal do Fundo Nacional de Desenvolvimento da Educação, <https://www.gov.br/fnde/pt-br>, permite, na seção de consultas on-line, verificar os valores da liberação de recursos do fundo para cada município desde o ano de 2000. Você pode pesquisar sobre: repasses para alimentação escolar, bolsas, educação infantil, escola em tempo integral, FUDEB, transporte escolar etc. É uma excelente ferramenta para fiscalizar a correta aplicação dos recursos públicos repassados aos estados e municípios.

Tesouro Nacional

Excelente ferramenta para os órgãos de fiscalização, o site da Secretaria do Tesouro Nacional (<https://www.gov.br/tesouronacional/pt-br>) disponibiliza os valores dos repasses das receitas federais para os estados, municípios e Distrito Federal. É possível obter informações sobre os valores repassados das seguintes receitas: Fundo de Participação dos Estados e do Distrito Federal (FPE), Fundo de Participação dos Municípios (FPM), Fundo de Compensação pela Exportação de Produtos Industrializados (FPEX), Fundo de Manutenção e Desenvolvimento da Educação Básica e da Valorização dos Profissionais de Educação (Fundeb) e Imposto sobre a Propriedade Territorial Rural. É possível fazer a filtragem por estado, município, mês, ano e espécie de transferência.

Com relação aos dados sobre Transferências Voluntárias[150], a consulta pode ser feita por nome ou CNPJ.

Banco do Brasil

Essa fonte de consulta é uma excelente ferramenta para auxiliar o Ministério Público e a Polícia Judiciária no acompanhamento dos recursos repassados aos gestores, permitindo uma atuação preventiva mais célere, sem necessidade de oficiar ou representar por autorização judicial para obtenção desses dados. Os dados encontram-se livremente disponíveis para consulta.

O site do Banco do Brasil também disponibiliza informações sobre o repasse de recursos aos governos federal, estadual e municipal. Basta acessar <https://www.bb.com.br>.

Nessa pesquisa poderemos obter como resposta os dados de repasse dos seguintes fundos:

- ABR – Programa Abrigo
- FP – Fundo de Participação – Correção Monetária
- AFE – Apoio Financeiro aos Estados
- AFM – Apoio Financeiro aos Municípios
- ANP – Royalties da ANP
- API – Programa de Apoio à Pessoa Idosa
- BCC – Programa Brasil Criança Cidadã

---

[150] A transferência voluntária é a entrega de recursos correntes ou de capital a outro ente da Federação, a título de cooperação, auxílio ou assistência financeira, que não decorra de determinação constitucional, legal ou os destinados ao Sistema Único de Saúde, por meio da formalização de convênios ou contratos de repasse.

- BPC – Programa do Benefício de Prestação Continuada
- CBA – FCBA – Fundo de Cultura da Bahia
- CFH – Compensação Financeira Recursos Hídricos
- CFM – Departamento Nacional de Produção Mineral
- CID – CIDE – Contribuição Intervenção Domínio Econômico
- CIE – Controle Remessa CIE
- EAP – Programa de Enfrentamento à Pobreza
- ETI – Programa Erradicação Trabalho Infantil
- EVT – Controle Remessa EVT
- FCS – Fundo de Condicionamento da Saúde
- FDB – Inf FUNDEB
- FUNDEB
- FUNDEF
- FEP – Fundo Especial do Petróleo
- FEX – Auxílio Financeiro Fomento às Exportações
- FIT – Geração Fundeb
- FNS – Fundo Nacional de Saúde
- FP – Fundo de Participação – Correção Monetária
- FPM – Fundo de Participação dos Municípios
- FUS – Fundo Saúde
- ICMS – Desoneração das Exportações
- ICS – ICMS Estadual
- ICT – ICMS Substituto Tributário
- IES – FIES
- IPI – Exportação
- IPM – IPI Exportação
- IPV – IPVA
- ISO – Imposto sobre Ouro
- ISS – Imposto sobre Serviço
- IST – Imposto sobre Transportes
- ITA – Royalties de Itaipu
- ITR – Imposto Territorial Rural
- IUL – Imposto Único – Lubrificantes e Combustíveis
- IUM – Imposto Único sobre Minerais
- PAB – Piso de Atenção Básica
- PAC – Programa de Apoio à Criança
- PEA – Participação Especial ANP
- PPD – Programa de Apoio à Pessoa Portadora de Deficiência
- REN – Fundo Rendimentos

- RPM – Royalties Petróleo – Cota Municipal
- SAC – Programa Serviço de Ação Continuada
- SAE – FNDE – Salário Educação
- SED – Salário Educação
- SIM – Imposto Simples
- SNA – Simples Nacional

A plataforma e-licitações, disponível em <https://www.licitacoes-e.com.br/aop/index.jsp>, possibilita o acesso às informações de licitações em andamento, publicadas, propostas em aberto, disputa, homologadas ou concluídas.

BNDES

O Banco Nacional do Desenvolvimento proporciona, na aba "BNDES Transparente" (<https://www.bndes.gov.br/wps/portal/site/home/transparencia/>), a opção de consultar os seguintes tópicos:

- Consultas a operações do BNDES: principais projetos financiados, financiamentos à exportação brasileira para obras no exterior e participações acionárias.
- Dados abertos.
- Contribuição para os ODS (objetivos mundiais de desenvolvimento sustentável).
- Participações acionárias.
- Uso dos recursos do Tesouro Nacional.
- Cinquenta maiores clientes.
- Perguntas e respostas.
- Estatísticas e desempenho.
- Financiamentos à exportação.
- Informações financeiras.
- Fontes de recursos.
- Licitações e contratos.

Acesso a dados da Agência Nacional de Saúde Complementar (ANS)

A ANS possui uma ferramenta, através da URL <https://www.ans.gov.br/planos-de-saude-e-operadoras>, para localizar um Rol de Procedimentos e Eventos em Saúde (consultas de exames e tratamentos) que um plano de saúde é obrigado a oferecer.

A ANS fornece, ainda, informações sobre o ranking das operadoras de planos de saúde que mais recebem reclamações e permite saber se o registro da operadora está ativo na ANS.

O site da ANVISA (<https://www.gov.br/anvisa/pt-br>) oferece várias ferramentas para consulta, úteis principalmente para quem trabalha em órgãos de defesa do consumidor e de fiscalização de medicamentos. O analista poderá consultar os seguintes bancos de dados:

- Alimentos: consta informação sobre alimentos, empresa fabricante, número de registro do processo, prazo e sua validade. A pesquisa poderá ser feita por marca, produto, razão social ou CNPJ da empresa. Disponível em <https://consultas.anvisa.gov.br/#/>.
- Farmácias: permite checar as farmácias e drogarias que possuem autorização da ANVISA para funcionar. Disponível em <https://consultas.anvisa.gov.br/#/empresas/empresas/>.
- Produtos controlados: fornece a relação de produtos controlados constantes da Portaria SVS/MS nº 344, de 12 de maio de 1998[151].
- Preços máximos de medicamentos por princípio ativo: permite consulta a uma lista de preços de medicamentos que contempla o preço fábrica ou preço fabricante, que é o preço praticado pelas empresas produtoras ou importadoras do produto e pelas empresas distribuidoras.
- Registros e autorizações: dados sobre autorização de funcionamento, autorização especial, certificação de boas práticas de fabricação, distribuição ou armazenagem, venda livre, importação, exportação, dentre outros. Disponível em <https://antigo.anvisa.gov.br/en_US/registros-e-autorizacoes>.

IBAMA

Há uma infinidade de consultas que podem ser realizadas no site do IBAMA (<https://www.gov.br/ibama/pt-br>). É permitido, por exemplo, verificar as atuações ambientais e diversos tipos de embargos, incluindo o desmatamento.

Ao fazer uma busca, os dados vêm com o conteúdo da infração. Em alguns casos, as infrações são georreferenciadas.

Outras consultas:

a) Ato Declaratório Ambiental: veracidade dos recibos.
b) Audiências públicas.

---

[151] O site da DEA (Drug Enforcement Agency) – <https://www.dea.gov/media-gallery/drug-images> – possui um banco de dados de imagens de narcóticos. Você pode utilizar RX List – <https://www.rxlist.com/pill-identification-tool/article.htm> para encontrar imagens de comprimidos ou cápsulas.

c) Autuações e embargos: áreas embargadas e autos de infração ambiental; Cadastro Técnico Federal: certificado de regularidade, dados georreferenciados e estatísticas do Cadastro Técnico Federal de Atividades Potencialmente Poluidoras; simulação de enquadramento de pessoas físicas ou jurídicas.
d) Cites (Convenção sobre Comércio Internacional das Espécies da Flora e Fauna Selvagens em Perigo de Extinção).
e) Desmatamento.
f) Documento de Origem Florestal.
g) Incêndios florestais: monitoramento de queimadas.
h) Licenciamento ambiental.
i) Licitações e contratos.
j) Produtos perigosos.
k) Veículos automotores.

IBGE (Instituto Brasileiro de Geografia e Estatística)

Permite a consulta às estatísticas produzidas pelo IBGE e outros órgãos públicos, abrangendo os principais indicadores sociais, econômicos e populacionais por um longo período. Auxilia, também, em uma pesquisa completa por cada município e estado da federação.

Ao acessar o site <https://www.ibge.gov.br/> e consultar dados sobre a cidade de Porto Alegre, iremos obter informações sobre população, área territorial, história do município, informações sobre censos populacionais e agropecuários, saneamento básico, serviços de saúde, PIB, registro civil, mortalidade, educação, instituições financeiras, finanças públicas etc.

Acesso ao DATASUS

Ao consultar o site do Departamento de Informática do Serviço Único de Saúde, <http://datasus.saude.gov.br>, o analista poderá ter informações sobre morbidade, incapacidade, acesso aos serviços, cadastro de redes hospitalares e ambulatoriais e de estabelecimentos de saúde, bem como relatos sociodemográficos e dados de inquéritos e pesquisas realizados.

No tocante ao aspecto financeiro, é possível saber sobre recursos federais transferidos aos municípios e aos prestadores pelo SUS, além de consultar um banco de dados de autorizações de internação hospitalar. A busca pode ser feita através de CPF, CNPJ ou por unidade de gestão.

Diários oficiais

A pesquisa em sites do diário oficial permite visualizar atos publicados pelos poderes executivo, legislativo e judiciário. O Diário Oficial da União poderá ser consultado através do endereço <https://www.gov.br/imprensanacional/pt-br>. Outras consultas que podem ser realizadas:

- AC – <http://www.diario.ac.gov.br/>.
- AL – <http://www.imprensaoficialal.com.br/diario-oficial/>.
- AP – <https://sead.portal.ap.gov.br/diario_oficial>.
- AM – <http://www.imprensaoficial.am.gov.br/>.
- BA – <https://dool.egba.ba.gov.br/>.
- CE – <http://pesquisa.doe.seplag.ce.gov.br/>.
- DF – <https://www.dodf.df.gov.br/>.
- ES – <http://ioes.dio.es.gov.br/portal/visualizacoes/diario_oficial>.
- GO – <http://diariooficial.abc.go.gov.br/>.
- MA – <https://www.diariooficial.ma.gov.br/>.
- MT – <https://www.iomat.mt.gov.br/>.
- MS – <http://www.spdo.ms.gov.br/diariodoe>.
- MG – <https://www.governo.mg.gov.br/>.
- PA – <http://www.ioepa.com.br/portal/>.
- PB – <https://auniao.pb.gov.br/doe>.
- PR – <http://www.imprensaoficial.pr.gov.br/>.
- PE – <https://www.cepe.com.br/>.
- PI – <https://www.diario.pi.gov.br/doe/>.
- RR – <http://www.imprensaoficial.rr.gov.br/>.
- RO – <https://diof.ro.gov.br/>.
- RJ – <http://doweb.rio.rj.gov.br/>.
- RN – <http://www.diariooficial.rn.gov.br/>.
- RS – <https://www.diariooficial.rs.gov.br/>.
- SC – <http://www.doe.sea.sc.gov.br/>.
- SP – <https://www.imprensaoficial.com.br/>.
- SE – <https://iose.se.gov.br/diario-oficial>.
- TO – <https://diariooficial.to.gov.br/>.

Outras consultas podem ser realizadas ainda nos sites de:

- Tribunal de Contas dos Municípios.
- Municípios.

- Diários da Justiça Estadual.
- Diários da Justiça Federal.
- Tribunais Superiores.
- Tribunal Regional Eleitoral.
- Tribunal Regional do Trabalho.

Pesquisa e acesso aos tribunais e órgãos da justiça

Os sites dos tribunais disponibilizam uma infinidade de informações que podem ser consultadas pela Internet sem a necessidade de expedir ofício ou perder tempo para obter uma resposta rápida e eficiente. Para uma melhor compreensão, dividiremos por cada tribunal, face às peculiares de cada consulta.

Tribunais superiores

STF

O site do Supremo Tribunal Federal (<https://portal.stf.jus.br/>) permite realizar buscas por jurisprudência do Tribunal. É possível fazer o cadastro no "STF Push" para receber por e-mail informativos de jurisprudência, notícias diárias e acompanhamento de andamento processual. Há links que disponibilizam a Constituição Federal em áudio, além de todas as Constituições Estaduais.

A consulta da remuneração dos servidores pode ser realizada no link <https://portal.stf.jus.br/remuneracao/pesquisarRemuneracao.asp>.

STJ

No site do Superior Tribunal de Justiça (<https://www.stj.jus.br/sites/portalp/Inicio>) há o diário de Justiça Eletrônico, com informações sobre atos administrativos, atos judiciais e comunicações em geral do Tribunal. A jurisprudência poderá ser consultada com a íntegra dos acórdãos. O usuário, além disso, poderá se cadastrar no "STJ Push" e receber por e-mail os informativos de jurisprudência, acompanhamento processual e notícias publicadas no site. A página ainda oferece relatórios sobre gastos, contratos, licitações e outros dados orçamentários do STJ.

TSE

No site do TSE (Tribunal Superior Eleitoral) – acessado através da página <https://www.tse.jus.br/#/> – é possível o acompanhamento processual no próprio tribunal superior e também em qualquer Tribunal Regional Eleitoral da Federação, permitindo a consulta por vários critérios, desde o número de processo até o município de origem. Permite, por exemplo, a emissão de várias certidões on-line por:

- composição partidária;
- crimes eleitorais;
- filiação partidária;
- negativa de alistamento;
- quitação eleitoral.

Há ainda a consulta por nome ou título da situação eleitoral do eleitor e seu local de votação, além de acesso a um sistema capaz de consultar as zonas eleitorais no país separadas por estados. Esse tipo de pesquisa mostra-se bastante útil quando se trata da localização de foragidos ou dados adicionais na coleta em fontes abertas.

O Diário de Justiça Eletrônico do TSE e os Tribunais Regionais podem também ser consultados sem necessidade prévia de cadastro. Uma das funcionalidades do site do TSE é, por exemplo, obter informações sobre todas as candidaturas, incluindo candidatos por município aos cargos de prefeito, vereador e quantidade de vagas por Câmara Municipal. Ao clicar sobre o candidato, serão exibidas informações sobre seus dados pessoais, informações partidárias, CNPJ de campanha, declaração de bens, certidões criminais, situação processual e prestação de contas. No caso das eleições de 2016, dentre as informações constam as prestações de contas dos candidatos: <http://divulgacandcontas.tse.jus.br/divulga/#/>. Para informações de eleições anteriores, basta acessar o menu lateral e escolher a eleição.

No Sistema de Consulta de Atribuição de CNPJ – TSE/RFB é possível fazer a consulta pelo CPF ou número do candidato e ainda pelo comitê financeiro do partido. Basta acessar a URL <http://www.tse.jus.br/eleicoes/eleicoes-2018/prestacao-de-contas-1/consulta-de-atribuicao-de-cnpj>.

É possível pesquisar ainda filiados por partido político em <http://www.tse.jus.br/partidos/filiacao-partidaria/relacao-de-filiados>.

Mais dados serão apresentados na sequência, quando tratarmos dos Tribunais Regionais Eleitorais.

TST

O Tribunal Superior do Trabalho pode ser acessado através da URL <https://www.tst.jus.br/> e permite a consulta à jurisprudência do TST decorrente do procedimento de uniformização. Há, ainda, acesso ao Diário Eletrônico da Justiça do Trabalho e a possibilidade de se cadastrar no "e-Push" para receber informações processuais por e-mail.

A Resolução Administrativa nº 1.470/2011 do TST permitiu ao usuário do site a possibilidade de retirar certidão negativa de débitos trabalhistas por meio eletrônico. Em fevereiro de 2020 já tinham sido retiradas eletronicamente 418.106.344 certidões (JUSTIÇA DO TRABALHO, s.d.).

STM

O site do Superior Tribunal Militar permite o acompanhamento processual de ações penais militares, procedimentos investigatórios e processos de segunda instância. Permite, ainda, a emissão e a autenticação de certidão negativa eletronicamente. É possível fazer a consulta de jurisprudência e também fazer um cadastro no sistema "push" para receber uma infinidade de informações por e-mail. Da mesma forma, há um link para consultar o Diário de Justiça Eletrônico e outro que permite o encaminhamento de petição, via web, para o Tribunal. Há possibilidade de emissão de certidão negativa on-line. O site para consultas é <https://www.stm.jus.br/>.

Conselhos de Justiça

Conselho Nacional de Justiça (CNJ)

O site do Conselho Nacional de Justiça (CNJ) oferece várias ferramentas para busca.

Há a consulta pública de processo em trâmite no CNJ, podendo ser feita por número do processo, parte, advogado, CPF, CNPJ e número de protocolo. Quando o processo tramitar em sigilo, a consulta só poderá ser feita pelo número do processo.

A consulta ao Banco Nacional de Mandados de Prisão pode ser feita no site do CNJ. O serviço tem a finalidade de facilitar o conhecimento por qualquer pessoa e o cumprimento de diligências por parte das autoridades policiais, assim como auxiliar os juízes no exercício de sua jurisdição. Este será alimentado através de um web service e tem a finalidade de disponibilizar a consulta e a recepção dos mandados de prisão. O serviço está disponível em <https://portalbnmp.cnj.jus.br>. Há ainda a possibilidade de gerar uma certidão do mandado de prisão consultado. O aplicativo Sinesp Cidadão permite a consulta em smartphones.

A consulta nacional de serventias públicas e privadas pode ser acessada no site do Ministério da Justiça, no link <http://www.cnj.jus.br/corregedoria/justica_aberta/?>.

O serviço "Produtividade dos magistrados" fornece informações sobre os juízes vinculados a determinada vara, produtividade das serventias por ano, quantidade de servidores, funcionários cedidos para a vara e o responsável pela Secretaria do Fórum. Há ainda a consulta por magistrados de Segundo Grau e por produtividade das serventias extrajudiciais. A consulta pode ser feita em <http://www.cnj.jus.br/corregedoria/justica_aberta/?>.

A consulta de dados da Justiça pode ser realizada em Justiça em Números (<https://www.cnj.jus.br/pesquisas-judiciarias/justica-em-numeros/>). Principal fonte das estatísticas oficiais do Poder Judiciário, anualmente, desde 2004, o Relatório Justiça em Números divulga a realidade dos tribunais brasileiros, com muitos detalhamentos da estrutura e litigiosidade, além dos indicadores e das análises essenciais para subsidiar a gestão judiciária brasileira.

O Cadastro Nacional de Inspeções nos Estabelecimentos é uma ferramenta eletrônica que consolida, em um único banco de dados, informações sobre inspeções em todo o território nacional, permitindo um melhor controle das inspeções pelos órgãos judiciais. É possível ver os estabelecimentos georreferenciados em <https://www.cnj.jus.br/inspecao_penal/mapa.php>.

Na consulta de painéis do CNJ (<https://www.cnj.jus.br/pesquisas-judiciarias/paineis-cnj/>), podemos checar ainda:

- Justiça em Números: estatísticas detalhadas a nível de município e unidade judiciária, por classe e assunto, além de dispor de uma API pública que permite download da base de dados com os processos judiciais.
- Estatísticas: principais as estatísticas do Judiciário, em todos os tribunais do país, incluindo informações como tamanho do acervo, tempos de tramitação, número de processos conclusos, pendentes e baixados.
- Grandes litigantes: dados de processos judiciais novos e pendentes dos 20 maiores litigantes de cada tribunal dos segmentos estadual, federal e trabalhista e por cada unidade judiciária.

- Mapa de Implantação do Juízo 100% Digital e do Núcleo de Justiça 4.0: informações de todas as unidades judiciárias que já operam na modalidade do Juízo 100%.
- Índice de Governança, Gestão e Infraestrutura de Tecnologia da Informação e Comunicação do Poder Judiciário (iGovTIC-JUD).
- Estatísticas do COAF: política, procedimentos e controles a serem adotados pelos notários e registradores visando à prevenção dos crimes de lavagem de dinheiro.
- Justiça em números.
- Módulo de produtividade.
- Judicialização da saúde: dados dos processos novos, pendentes, julgados e baixados desde 2020, com informações de indicadores de desempenho e produtividade, tais como taxa de congestionamento, índice de atendimento à demanda e tempo de duração dos processos.
- Cadastro Nacional de Ações Coletivas (Cacol): dados dos órgãos com o intuito de apresentar estatísticas referentes a ação civil pública, ação civil coletiva, ação popular, mandado de segurança coletivo, inquérito civil público e termo de ajustamento de conduta.
- Monitoramento de Medidas Protetivas de Urgência Lei Maria da Penha: medidas concedidas no país destinadas aos agressores ou às vítimas de violência doméstica e familiar contra a mulher. O painel identifica de forma individualizada as medidas protetivas de urgência concedidas pelo Judiciário, assim como pelos órgãos policiais.
- Demandas repetitivas: agrega e consolida os diversos temas submetidos ao julgamento segundo o rito das demandas repetitivas nos tribunais estaduais, federais e superiores.
- Sistema Nacional de Controle de Interceptações de Comunicações (SNCI): dados estatísticos dos processos relativos a comunicações de decisões sobre interceptações e de prorrogação de intercepções telefônicas, de sistemas de informática e telemática.
- Produtividade do CNJ.
- Política de Atenção Integral à Saúde de Magistrados e Servidores do Poder Judiciário: dados anuais referentes ao absenteísmo, ao índice de realização de Exames Periódicos de Saúde (EPS), bem como a doenças mais frequentes diagnosticadas nas licenças saúde e durante a realização do EPS.
- Sustentabilidade.
- Violência doméstica: localização das varas exclusivas e número de processos novos, pendentes, baixados e julgados.
- Socioambiental.

Conselho Superior da Justiça do Trabalho

O link para acesso ao Conselho Superior de Justiça do Trabalho é <http://www.csjt.jus.br/>. Há um link para certidão de débitos trabalhistas e tabela para atualização monetária de cálculos trabalhistas. Também há uma ferramenta para auxiliar na realização de cálculos trabalhistas. A visualização do processo eletrônico também estará disponível, desde que o interessado seja advogado ou procurador, mediante cadastro prévio. A Certidão Negativa de Débitos Trabalhistas (CNDT) pode ser emitida diretamente no site.

Conselho da Justiça Federal (CJF)

O site do Conselho da Justiça Federal (CJF) permite acessar e emitir certidão negativa de todos os Tribunais Regionais Federais. Basta apenas informar o nome, CPF ou CNPJ, órgão vinculado e o tipo de certidão, se cível ou criminal. Ao final, a certidão pode ser autenticada via Internet. Também há uma ferramenta de busca de jurisprudências. No serviço ao cidadão há informações sobre servidores e terceirizados. O site do conselho pode ser acessado através do endereço eletrônico <https://www.cjf.jus.br/cjf/>.

É possível a emissão de certidão negativa por Tribunal Regional Federal.

O Sistema de Mapeamento da Justiça Federal (SISMAPA) possui informações sobre todas as unidades judicantes de primeiro e segundo graus, com os seguintes critérios para consulta[152]:

- identificação das unidades judiciárias;
- municípios sedes de jurisdição;
- órgãos judicantes;
- competência jurisdicional;
- nome dos magistrados e diretor de secretaria;
- jurisdição territorial;
- localização da unidade judiciária;
- movimentação processual (casos novos, baixados e pendentes);
- índice de atendimento à demanda (baixados/casos novos); e
- quantitativo de processos sobrestados, suspensos ou em arquivo provisório.

---

152 Conselho da Justiça Federal. Resolução nº CJF-RES-2017/00473 de 13 de dezembro de 2017.

Tribunais Regionais Federais (TRFs)

O Brasil possui cinco Tribunais Regionais Federais, cada um com seu endereço eletrônico. As ferramentas de consulta, apesar de estarem dispostas em abas e links diferentes, permitem praticamente o mesmo nível de busca. Podemos destacar como as principais: consulta ao inteiro teor de jurisprudência, consulta processual, certidão on-line de situação processual, diário de justiça eletrônico, estatísticas processuais e cadastro no sistema "Push".

A consulta unificada de jurisprudência pode ser realizada no site do Conselho da Justiça Federal – <https://www2.cjf.jus.br/jurisprudencia/unificada/>.

As cinco regiões são dispostas da seguinte forma:

- TRF 1ª Região: abrange 13 estados brasileiros: AC, AM, AP, BA, DF, GO, MA, MG, MT, PA, PI, RO e RR. Pode ser acessado em <https://www.trf1.jus.br/trf1/home/>.
- TRF 2ª Região: abrange os estados do ES e RJ. O endereço eletrônico é <https://www10.trf2.jus.br/portal/>.
- TRF 3ª Região: sua jurisdição alcança MS e SP. O site é hospedado em <http://www.trf3.jus.br/>.
- TRF 4ª Região: abrange os estados da região sul do país: PR, RS e SC. O endereço para acesso é <https://www.trf4.jus.br>.
- TRF 5ª Região: tem alcance em vários estados do nordeste brasileiro: AL, CE, PB, PE, RN e SE. As informações podem ser verificadas através do endereço eletrônico <https://www.trf5.jus.br/>.
- TRF 6ª Região: abrange o Estado de Minas Gerais – <https://portal.trf6.jus.br/>.

Tribunais Regionais do Trabalho (TRTs)

Os sites dos Tribunais Regionais do Trabalho permitem a consulta do trâmite de processos e do banco de jurisprudências, peticionamento eletrônico, Certidão Negativa de Débitos Trabalhistas on-line e uma infinidade de informações para cumprir o que preconiza a Transparência Pública.

Seguem os endereços:

- TRT 1ª Região (Rio de Janeiro) – <https://www.trt1.jus.br/>.
- TRT 2ª Região (São Paulo/capital) – <https://ww2.trt2.jus.br/>.

- TRT 3ª Região (Minas Gerais) – <https://portal.trt3.jus.br/internet>.
- TRT 4ª Região (Rio Grande do Sul) – <https://www.trt4.jus.br>.
- TRT 5ª Região (Bahia) – <https://portalpje.trt5.jus.br/>.
- TRT 6ª Região (Pernambuco) – <https://www.trt6.jus.br>.
- TRT 7ª Região (Ceará) – <http://www.trt7.jus.br/>.
- TRT 8ª Região (Pará e Amapá) – <https://www.trt8.jus.br/>.
- TRT 9ª Região (Paraná) – <https://www.trt9.jus.br>.
- TRT 10ª Região (Distrito Federal e Tocantins) – <https://www.trt10.jus.br/>.
- TRT 11ª Região (Roraima e Amazonas) – <https://portal.trt11.jus.br>.
- TRT 12ª Região (Santa Catarina) – <http://www.trt12.jus.br/portal/>.
- TRT 13ª Região (Paraíba) – <https://www.trt13.jus.br>.
- TRT 14ª Região (Acre e Rondônia) – <https://portal.trt14.jus.br/portal/>.
- TRT 15ª Região (São Paulo/interior) – <https://portal.trt15.jus.br/>.
- TRT 16ª Região (Maranhão) – <https://www.trt16.jus.br>.
- TRT 17ª Região (Espírito Santo) – <https://www.trtes.jus.br/>.
- TRT 18ª Região (Goiás) – <https://www.trt18.jus.br/portal/>.
- TRT 19ª Região (Alagoas) – <https://site.trt19.jus.br/>.
- TRT 20ª Região (Sergipe) – <https://www.trt20.jus.br>.
- TRT 21ª Região (Rio Grande do Norte) – <https://www.trt21.jus.br>.
- TRT 22ª Região (Piauí) – <http://www.trt22.jus.br/portal/home.jsp>.
- TRT 23ª Região (Mato Grosso) – <https://portal.trt23.jus.br>.
- TRT 24ª Região (Mato Grosso do Sul) – <http://www.trt24.jus.br/>.

Tribunais Regionais Eleitorais (TREs)

Ao consultar os sites dos Tribunais Regionais Eleitorais é possível obter dados sobre jurisprudência, acompanhamento processual e cadastramento no sistema "push", diário de justiça eletrônico, peticionamento eletrônico, informação sobre eleições anteriores com dados dos candidatos, filiação e contas partidárias, situação eleitoral e dados sobre o título e local de votação.

Alguns permitem a emissão on-line de certidões de crimes eleitorais, filiação partidária, negativa de alistamento e quitação eleitoral. Relação dos sites:

- Acre – <https://www.tre-ac.jus.br/#/>.
- Alagoas – <https://www.tre-al.jus.br/#/>.
- Amapá – <https://www.tre-ap.jus.br/#/>.
- Amazonas – <https://www.tre-am.jus.br/#/>.

- Bahia – <https://www.tre-ba.jus.br/#/>.
- Ceará – <https://www.tre-ce.jus.br/#/>.
- Distrito Federal – <https://www.tre-df.jus.br/#/>.
- Espírito Santo – <https://www.tre-es.jus.br/#/>.
- Goiás – <https://www.tre-go.jus.br/#/>.
- Maranhão – <https://www.tre-ma.jus.br/#/>.
- Mato Grosso – <https://www.tre-mt.jus.br/#/>.
- Mato Grosso do Sul – <https://www.tre-ms.jus.br/#/>.
- Minas Gerais – <https://www.tre-mg.jus.br/#/>.
- Pará – <https://www.tre-pa.jus.br/#/>.
- Paraíba – <https://www.tre-pb.jus.br/#/>.
- Paraná – <https://www.tre-pr.jus.br/#/>.
- Pernambuco – <https://www.tre-pe.jus.br/#/>.
- Piauí – <https://www.tre-pi.jus.br/#/>.
- Rio de Janeiro – <https://www.tre-rj.jus.br/#/>.
- Rio Grande do Norte – <https://www.tre-rn.jus.br/#/>.
- Rio Grande do Sul – <https://www.tre-rs.jus.br/#/>.
- Rondônia – <https://www.tre-ro.jus.br/#/>.
- Roraima – <https://www.tre-rr.jus.br/#/>.
- Santa Catarina – <https://www.tre-sc.jus.br/#/>.
- São Paulo – <https://www.tre-sp.jus.br/#/>.
- Sergipe – <https://www.tre-se.jus.br/#/>.
- Tocantins – <https://www.tre-to.jus.br/#/>.

É importante referir que, conforme previsão do Art. 17B da lei nº 9.613/98, os cadastros de eleitores poderão ser fornecidos sem ordem judicial nas investigações relativas ao crime de lavagem de capitais.

Tribunais de Contas

Tribunal de Contas da União (TCU)

O site do Tribunal de Contas da União (<https://portal.tcu.gov.br/inicio/index.htm>) possui várias ferramentas para consulta. É possível checar o vídeo das sessões do tribunal pela data ou pelo número da sessão. Há possibilidade também de checar o resumo dos processos incluídos em pauta, além de consultar as atas de julgamento com os respectivos acórdãos e fazer pesquisa completa de jurisprudência.

A pesquisa integrada permite buscar termos e expressões simultaneamente em diversas bases e ter resultados categorizados.

A vista eletrônica de processos poderá ser realizada desde que haja cadastro prévio, o que permitirá ainda receber novidades e atualizações do portal do TCU.

Na aba "Licitações e contratos", é possível acessar licitações em andamento e concluídas pelo TCU, atas de registro de preço e consulta de contratos, pregões eletrônicos e compras diretas realizadas.

Também, somente para as pessoas físicas, é possível fazer a expedição e certificação on-line de Certidão Negativa de Contas Julgadas Irregulares, bastando digitar o número do CPF que quer pesquisar para o analista obter informações. A autenticidade da certidão pode ser checada na página do TCU.

Uma interessante ferramenta disponibilizada é a que reúne um histórico com todas as pessoas físicas e jurídicas, detentoras ou não de cargo e função pública, que tiveram suas contas julgadas irregulares. A consulta pode ser feita por CPF, CNPJ, número do processo ou parte do nome.

É possível, da mesma forma, acessar e conferir se determinado documento assinado eletronicamente é autêntico ou não.

Tribunais de Contas Estaduais (TCEs)

Os sites das Cortes de Contas têm informações úteis que podem ser consultadas por todos com a finalidade de tornar mais transparentes os atos da Administração Pública. Neles, o analista consegue acessar os principais despachos e decisões que tramitam em determinada corte, além de um grande repertório jurisprudencial.

Alguns tribunais estaduais já possibilitam a expedição de certidão negativa de contas julgadas irregulares, documento que já vem sendo requisitado por diversos órgãos para dar cumprimento à Lei da Ficha Limpa. Em alguns casos será exigido que o interessado compareça ao tribunal para preencher requerimento e possibilitar o recebimento da certidão.

Outra ferramenta disponível em endereços eletrônicos de TCs é o processo eletrônico, que possibilita a transmissão de processos pela web e, via de consequência, facilita a consulta de informações e o intercâmbio de dados entre as instituições.

Além disso, os TCEs permitem consultar as compras feitas pelos municípios, observando-se as empresas e os serviços contratados.

A seguir, a lista de todos os endereços eletrônicos dos TCEs:

- Acre – <https://tceac.tc.br/site/>.
- Alagoas – <https://www.tceal.tc.br/>.
- Amapá – <https://www.tce.ap.gov.br/>.
- Amazonas – <https://www2.tce.am.gov.br/>.
- Bahia – <https://www.tce.ba.gov.br/>.
- Ceará – <https://www.tce.ce.gov.br/>.
- Distrito Federal – <https://www.tc.df.gov.br/>.
- Espírito Santo – <https://www.tcees.tc.br/>.
- Goiás – <https://portal.tce.go.gov.br/>.
- Maranhão – <https://www.tcema.tc.br/>.
- Mato Grosso – <https://www.tce.mt.gov.br/>.
- Mato Grosso do Sul – <https://www.tce.ms.gov.br/home>.
- Minas Gerais – <https://www.tce.mg.gov.br/>.
- Pará – <https://www.tcepa.tc.br/>.
- Paraíba – <https://tce.pb.gov.br/>.
- Paraná – <https://www1.tce.pr.gov.br/>.
- Pernambuco – <https://www.tcepe.tc.br/internet/>.
- Piauí – <https://www.tcepi.tc.br/>.
- Rio de Janeiro – <https://www.tcerj.tc.br/portalnovo/>.
- Rio Grande do Norte – <https://www.tce.rn.gov.br/#gsc.tab=0>.
- Rio Grande do Sul – <https://tcers.tc.br/fiscalizado/>.
- Rondônia – <https://tcero.tc.br/>.
- Roraima – <https://www.tcerr.tc.br/>.
- Santa Catarina – <https://www.tcesc.tc.br/>.
- São Paulo – <https://www.tce.sp.gov.br/>.
- Sergipe – <https://www.tce.se.gov.br/SitePages/home.aspx>.
- Tocantins – <https://www.tceto.tc.br/>.

Tribunais de Contas dos Municípios (TCMs)

Elencamos, aqui, alguns dos principais TCMs do país, em termos de disponibilização de informações e importância:

- Tribunal de Contas dos Municípios da Bahia – <https://www.tcm.ba.gov.br/>.
- Tribunal de Contas dos Municípios do Ceará – <https://www.tce.ce.gov.br/205-municipios>.
- Tribunal de Contas dos Municípios do Goiás – <https://www.tcmgo.tc.br/site/>.
- Tribunal de Contas dos Municípios do Pará – <https://www.tcm.pa.gov.br/>.
- Tribunal de Contas do Município do Rio de Janeiro – <https://www.tcmrio.tc.br/WEB/Site/Destaques.aspx>.
- Tribunal de Contas do Município de São Paulo – <https://portal.tcm.sp.gov.br/>.

14. FERRAMENTAS DIVERSAS PARA CONSULTAS

Software público

O software livre tem como característica principal o uso de padrões abertos. Não são acobertados por direitos autorais e podem, para tanto, ser utilizados sem nenhuma restrição e adequados ao dia a dia de cada instituição. O principal exemplo é o Linux, que tem seu código-fonte disponível na Internet e é utilizado por diversos estabelecimentos particulares ou públicos.

O software público é um tipo específico de software para atender às necessidades de modernização da administração pública de maneira geral[153].

O Governo Federal é um dos grandes incentivadores do software livre, principalmente em razão da redução de custos que seu uso pode gerar. Para isso, criou uma página na Internet no endereço eletrônico <https://www.gov.br/governodigital/pt-br/software-publico> e estabeleceu o CISL (Comitê Técnico para Implementação do Software Livre) e o GTMigraSL (Grupo de Trabalho de Migração do Software Livre).

No site, podemos observar o relato de experiências bem-sucedidas com o uso do software livre pelo Banco do Brasil, Serpro e por Tribunais Regionais do Trabalho. O Tribunal de Contas da União, através de Parecer na Representação TC 003.789-3, recomendou que a implantação e a utilização dos chamados softwares livres ou softwares

---

153 Regulamentado pela Portaria nº 46, de 28 de setembro de 2016, do Ministério do Planejamento, Desenvolvimento e Gestão/Secretaria de Tecnologia da Informação. Define o software de governo como aquele cujo titular dos direitos seja um órgão da Administração Pública, para o qual há necessidade de compartilhamento entre os órgãos da Administração Pública, mas que não atende a todos os requisitos necessários para que seja considerado Software Público Brasileiro.

de código aberto no âmbito da Administração Pública federal devem ser (e estão sendo) séria e criteriosamente consideradas pelo governo, tendo em vista que essa alternativa pode significar, no futuro, economia, segurança e flexibilidade na gestão da tecnologia da informação que suporta a atividade administrativa pública (OLIVEIRA, 2010).

Phishing, malware e ransomware

A análise de códigos maliciosos exige um conhecimento técnico mais aprofundado. Mesmo assim, algumas funcionalidades na web permitem rápida análise e possibilidade de avaliar o direcionamento dos trabalhos de inteligência e investigação criminal. Várias aplicações de Internet podem ser utilizadas para isso:

- Phishtank – <https://www.phishtank.com/>. Verificação, pesquisas e estatísticas sobre phishing.
- PhishStats – <https://phishstats.info/>. Dados de phishing painelizados ao longo do tempo.
- Virus Total – <https://www.virustotal.com/gui/home/upload>. Analisa arquivos e URLs em busca de vírus, worms, cavalos de Troia e outros tipos de conteúdo malicioso.
- Hybrid Analysis – <https://www.hybrid-analysis.com>. Análise de malwares com tecnologia exclusiva.
- ID Ransomware – <https://id-ransomware.malwarehunterteam.com/>. Identifica mais de 1.130 tipos de ransomware, consultas sobre informações com pedidos de resgate e arquivos encriptados.
- No More Ransom – <https://www.nomoreransom.org/pt/>. Projeto desenvolvido por agências de aplicação da lei e empresas de segurança de tecnologia da informação para auxiliar as vítimas na recuperação dos arquivos encriptados, sem haver a necessidade de pagamento do resgate[154].
- Ransomware Database – <https://www.ransom-db.com/>. Banco de dados de ransomware.
- Malware Search – <http://decalage.info/en/mwsearch#gsc.tab=0>. Encontra amostras de malware com strings, nomes de arquivos, hashes ou outros lindicadores de comprometimento (IOCs) específicos.

Encurtador de URLs

O encurtamento de URL é uma técnica utilizada para diminuir o tamanho dos endereços a serem digitados nos navegadores e facilitar sua publicação nas mais diversas

154 No More Ransom é uma iniciativa da Unidade Nacional de Crimes de Alta Tecnologia da polícia dos Países Baixos, do Centro Europeu de Cibercriminalidade da Europol, da Kaspersky e da McAfee.

mídias sociais. Essa diminuição torna o link mais atraente e mais adequado para o compartilhamento de conteúdo. Alguns encurtadores permitem saber a quantidade de links dos usuários sobre um assunto difundido.

Apesar de suas funcionalidades, são empregados por criminosos para enviar links maliciosos para acesso a sites indesejados ou por usuários mal-intencionados na divulgação de conteúdo desinformador.

Alguns serviços estão disponíveis para informar qual é a URL original:

- Check Short URL – <http://checkshorturl.com/>.
- Expand URL – <https://www.expandurl.net/>.
- URL X-ray – <http://urlxray.com/>.
- Where Goes – <https://wheregoes.com/>.

Ferramentas de denúncia on-line

Há diversos canais ofertados para que o usuário ou representante legal denuncie um conteúdo diretamente. Essa ação garante, por vezes, a exclusão do conteúdo, independentemente de autorização judicial.

Com a vigência do Marco Civil da Internet, houve a judicialização para a remoção de conteúdo na Internet, conforme demonstrado no seu art. 19:

> *Com o intuito de assegurar a liberdade de expressão e impedir a censura, o provedor de aplicações de Internet somente poderá ser responsabilizado civilmente por danos decorrentes de conteúdo gerado por terceiros se, após ordem judicial específica, não tomar as providências para, no âmbito e nos limites técnicos do seu serviço e dentro do prazo assinalado, tornar indisponível o conteúdo apontado como infringente, ressalvadas as disposições legais em contrário.*

Não obstante, o diploma em apreço ressalta que, nos casos de exposição de conteúdo íntimo sem autorização[155], a exclusão de conteúdo não carece de decisão judicial:

---

[155] A divulgação de cena de sexo ou pornografia sem o consentimento da outra parte é crime previsto no Código Penal.
Art. 218-C. Oferecer, trocar, disponibilizar, transmitir, vender ou expor à venda, distribuir, publicar ou divulgar, por qualquer meio – inclusive por meio de comunicação de massa ou sistema de informática ou telemática -, fotografia, vídeo ou outro registro audiovisual que contenha cena de estupro ou de estupro de vulnerável ou que faça apologia ou induza a sua prática, ou, sem o consentimento da vítima, cena de sexo, nudez ou pornografia: Pena – reclusão, de 1 (um) a 5 (cinco) anos, se o fato não constitui crime mais grave.
Aumento de pena

> *Art. 21. O provedor de aplicações de Internet que disponibilize conteúdo gerado por terceiros será responsabilizado subsidiariamente pela violação da intimidade decorrente da divulgação, sem autorização de seus participantes, de imagens, de vídeos ou de outros materiais contendo cenas de nudez ou de atos sexuais de caráter privado quando, após o recebimento de notificação pelo participante ou seu representante legal, deixar de promover, de forma diligente, no âmbito e nos limites técnicos do seu serviço, a indisponibilização desse conteúdo.*

- Instagram – <https://help.instagram.com/contact/383679321740945>.
- Twitter – <https://help.twitter.com/pt/forms/safety-and-sensitive-content/private-information>.
- Google – Remover Innformações – <https://support.google.com/websearch/answer/6302812>.
- Microsoft – <https://www.microsoft.com/en-us/concern/nonconsensualintimateimagery>.

O site <https://www.delbarreto.app/> mantém as ferramentas para remoção de conteúdo íntimo atualizadas.

Por vezes, não retirar o conteúdo após a notificação da autoridade requisitante, notadamente nos casos de abuso e exploração sexual infantojuvenil, configurará crime previsto no Estatuto da Criança e do Adolescente:

> *Art. 241-A. Oferecer, trocar, disponibilizar, transmitir, distribuir, publicar ou divulgar por qualquer meio, inclusive por meio de sistema de informática ou telemático, fotografia, vídeo ou outro registro que contenha cena de sexo explícito ou pornográfica envolvendo criança ou adolescente:*
>
> *Pena – reclusão, de 3 (três) a 6 (seis) anos, e multa.*
>
> *§ 1º Nas mesmas penas incorre quem:*
>
> *– assegura os meios ou serviços para o armazenamento das fotografias, cenas ou imagens de que trata o caput deste artigo;*

---

§ 1º A pena é aumentada de 1/3 (um terço) a 2/3 (dois terços) se o crime é praticado por agente que mantém ou tenha mantido relação íntima de afeto com a vítima ou com o fim de vingança ou humilhação.
Exclusão de ilicitude
§ 2º Não há crime quando o agente pratica as condutas descritas no caput deste artigo em publicação de natureza jornalística, científica, cultural ou acadêmica com a adoção de recurso que impossibilite a identificação da vítima, ressalvada sua prévia autorização, caso seja maior de 18 (dezoito) anos.

> *– assegura, por qualquer meio, o acesso por rede de computadores às fotografias, cenas ou imagens de que trata o caput deste artigo.*
>
> *§ 2º As condutas tipificadas nos incisos I e II do § 1º deste artigo são puníveis quando o responsável legal pela prestação do serviço, oficialmente notificado, deixa de desabilitar o acesso ao conteúdo ilícito de que trata o caput deste artigo.*

Outra exceção para a exclusão de conteúdo sem haver a necessidade de autorização judicial é quando o conteúdo disponibilizado fere a política de privacidade ou termos de uso do serviço. Passaremos, então, a analisar diversas possibilidades.

Google

Em <https://safebrowsing.google.com/safebrowsing/report_badware/?hl=en> é possível denunciar sites que contenham programas maliciosos. Após a checagem do site, o Google cria alertas nos seus navegadores advertindo sobre o conteúdo da página.

Para sites de phishing, o endereço <https://safebrowsing.google.com/safebrowsing/report_phish/?hl=en> tem a finalidade de manter a Internet segura, ou seja, páginas com o intuito de capturar informações de usuários.

A página de remoção de conteúdo, disponível em <https://support.google.com/legal/troubleshooter/1114905>, auxilia na denúncia de conteúdo e na posterior remoção dos seus serviços. Ao clicar na pesquisa web do Google, aparecerão as seguintes opções:

- Gostaria de denunciar malware, phishing ou problemas similares.
- Uma parte do conteúdo que me preocupa já foi removida pelo webmaster, mas ainda aparece entre os resultados de pesquisa.
- Encontrei um site que está envolvido em comportamento suspeito.
- Uma ou mais páginas de meu site foram removidas devido a uma petição inicial legal, e eu gostaria de restaurá-las.
- Gostaria de remover minhas informações pessoais dos resultados da pesquisa Google.
- Tenho um problema relacionado a um *card* do Painel de informações ou Mapa de informações.
- Tenho um problema relacionado ao Google Meu Negócio (comentários, perguntas e respostas e listagens de empresas).
- Eu gostaria de denunciar imagens de abuso sexual infantil.
- Tenho uma questão legal que não foi mencionada.

Safernet

É uma instituição de direito privado tida como referência no recebimento de denúncias de crimes cometidos na Internet[156]. Para fazer uma denúncia basta acessar <https://new.safernet.org.br/>, clicar em "Crimes na web? DENUNCIE" e preencher o formulário. Deve-se colocar a URL na qual o conteúdo está hospedado juntamente com outros dados individualizadores do fato.

Podem ser denunciados os seguintes crimes:

a) Pornografia infantil.
b) Racismo.
c) Apologia e incitação a crimes contra a vida.
d) Xenofobia.
e) Neonazismo.
f) Maus tratos contra animais.
g) Intolerância religiosa.
h) Homofobia.
i) Tráfico de pessoas.
j) Violência ou discriminação contra as mulheres.

UOL (Universo Online)

A UOL também disponibilizou um espaço para denunciar os crimes de pornografia infantil, exploração de prostituição infantil, crimes contra honra, apologia ao crime, além de vários outros delitos. A página <https://denuncia.uol.com.br/> vai dar opção para enviar o fato de maneira anônima ou identificar-se para ser informado do andamento. Deve-se, para tanto, selecionar o tipo de conteúdo indevido, inserir a URL e detalhar o fato. Caso possua imagem, print screen, texto, áudio ou vídeo, faça o upload.

A denúncia pode ser feita sobre:

a) pedofilia e pornografia infantil;
b) exploração sexual de criança ou adolescente;

[156] Em 17 anos, a recebeu e processou 4.634.872 denúncias anônimas envolvendo 1.003.629 páginas (URLs) distintas (das quais 766.803 foram removidas) escritas em 10 idiomas e hospedadas em 88.714 domínios diferentes, de 303 diferentes TLDs e conectados à Internet através de 95.811 números IPs distintos, atribuídos para 110 países em 6 continentes. Fonte: <https://indicadores.safernet.org.br/indicadores.html>. As denúncias foram registradas pela população através dos três hotlines brasileiros que integram a Central Nacional de Denúncias de Crimes Cibernéticos. Consulta realizada em 15 mar. 2024.

c) apologia e incitação ao crime;
d) racismo, xenofobia e neonazismo;
e) intolerância religiosa;
f) violação de direitos autorais;
g) outras denúncias.

YouTube

O objetivo é fazer uma denúncia e retirar do ar um vídeo com conteúdo ofensivo. Ao abrir um determinado vídeo no desktop, clique no ícone "..." que fica logo abaixo e depois em "denunciar". Selecione o motivo (conteúdo sexual, violento ou repulsivo; incitação ao ódio ou abuso; comportamentos perigosos e nocivos; abuso infantil; terrorismo; spam ou enganoso; viola os meus direitos; e problemas com legendas) e depois é só enviar o conteúdo para análise.

Instagram

O Instagram permite a qualquer usuário denunciar comportamentos ofensivos na plataforma, independentemente de autorização judicial. Poderá, para tanto, relatar:

- contas invadidas por *hackers*;
- contas falsas;
- crianças menores de idade;
- conta com discurso de ódio;
- propriedade intelectual;
- informações particulares expostas;
- autoflagelação;
- abuso e spam;
- exploração; e
- outros tipos de denúncia.

Facebook

De acordo com os Padrões da Comunidade Facebook, diversos tipos de conteúdo não são permitidos nos seus serviços, dentre os quais destacamos:

a) Comportamento violento e criminoso: violência e incitação; organização e indivíduos perigosos (atividade terrorista, ódio organizado, assassinos em série ou em massa, tráfico humano, violência organizada ou atividade criminosa);

promoção ou divulgação de crimes; coordenação de danos reais e produtos controlados.

b) Segurança: automutilação e suicídio; nudez infantil e exploração sexual de crianças; exploração sexual de adultos; bullying e assédio; e violações de privacidade e direitos de imagem.

c) Conteúdo questionável: discurso de ódio (ataque direto a pessoas em razão da raça, etnia, nacionalidade, filiação religiosa, orientação sexual, casta, sexo, gênero, identidade de gênero e doença ou deficiência grave); violência e conteúdo explícito; nudez adulta e atividades sexuais; abordagem sexual; e conteúdo cruel e insensível.

d) Integridade e autenticidade: spam; representação falsa; notícias falsas; e perfil memorial.

e) Respeito à propriedade intelectual.

Para saber como denunciar algo, basta acessar o passo a passo disponível na URL <https://www.facebook.com/help/181495968648557?ref=community_standards>.

Tinder

As denúncias de abuso podem ser feitas tanto dentro do aplicativo quanto através de formulário, disponível em <https://www.help.tinder.com/hc/pt-br/requests/new>. No primeiro caso, é necessário clicar em "..." e posteriormente em denunciar. Deve incluir ainda: motivo da denúncia; nome completo, idade, biografia e fotos que aparecem no perfil denunciado (print screen); e outras informações (localização do usuário, número de telefone, endereço de e-mail e/ou link para a conta do Facebook).

Twitter

A plataforma oferece diversos campos para denúncia nos seguintes tópicos:

- Uso não autorizado de marca registrada.
- Uso não autorizado de material protegido por direitos autorais.
- Venda ou promoção de mercadorias falsificadas.
- Política de privacidade para crianças.
- Exploração sexual de menores.
- Pornografia.
- Falsa identidade de uma pessoa ou marca.
- Informações privadas publicadas no Twitter.

- Comportamento abusivo e ameaças violentas.
- Spam e abuso do sistema.
- Violação da política de anúncios do Twitter.

Ferramentas de localização, rastreabilidade e investigação de/com dispositivos móveis

Várias são as situações em que dispositivos móveis (celulares, smartphones, tablets etc.) são perdidos, furtados ou roubados. Nessas situações aplicativos previamente instalados auxiliam na localização do aparelho. Alguns podem vir com funcionalidades no próprio aparelho, bastando para isso ativá-las e realizar cadastros prévios.

Vamos discorrer sobre algumas ferramentas úteis, inclusive rastreamento de aparelhos, com visualização de rotas. Nem todos os aparelhos e marcas possibilitam a execução dessas funcionalidades. Vejamos.

Equipamentos da Apple

Buscar Meu iPhone é o app oficial da Apple para encontrar iPhones, iPads ou iPods Touch de quarta geração. Ao baixar o aplicativo, o usuário deve iniciar uma sessão com seu usuário Apple e ativar o serviço. Caso ele perca o celular ou tablet, basta ou instalar o app em outro dispositivo com iOS e iniciar a sessão com sua ID da Apple ou acessar pelo site <https://www.icloud.com/>, também usando sua identificação da Apple.

O usuário, então, conseguirá ver a localização do dispositivo em um mapa e poderá fazer com que ele mostre uma mensagem ou emita um som. Outras ações possíveis são o bloqueio remoto do aparelho e a eliminação de dados de forma permanente. É essencial que o dispositivo tenha o aplicativo Buscar Meu iPhone configurado e ativado (o que pode ser feito nas configurações). Caso o recurso "Buscar iPhone" não esteja ativado, altere as senhas e informe que o aparelho está perdido. Quando o compartilhamento familiar estiver ativado, qualquer pessoa da família poderá ajudar a localizar o dispositivo.

Aparelhos Android

Para Android, existem diversos apps disponíveis para localizar o aparelho perdido, furtado ou roubado.

Google

O Google possibilita ao usuário encontrar seu aparelho Android em caso de perda, roubo ou furto.

A função possibilita localizar, fazer tocar ou apagar o conteúdo remotamente através da Internet.

Para estar com o serviço disponível, o usuário deve associar seu aparelho a uma conta Google e ativar esta opção nas configurações da conta. Não poderá, no entanto, esquecer de ativar o acesso à localização, para que, caso necessite, possa utilizar a funcionalidade. Essa funcionalidade poderá ser acessada pelo Google Dashboard (<https://myaccount.google.com/intro/dashboard>).

Cerberus

Este app pode dar conta de localizar o smartphone perdido, tocar alarmes, bloquear a tela com um código ou até limpar as memórias interna e externa do dispositivo.

Cerberus é um aplicativo antirroubo completo, uma das melhores proteções que o usuário pode ter para recuperar seu dispositivo com Android esquecido, perdido, furtado ou roubado. Ao instalá-lo, a versão é de avaliação gratuita por uma semana, mas o usuário pode comprar uma licença vitalícia por um preço pequeno dentro da própria aplicação: não há taxas mensais ou anuais, apenas um único pagamento. A licença de uso é associada à sua conta do Cerberus.

Se o usuário possui vários dispositivos, poderá utilizá-los (até cinco dispositivos) com a mesma conta. Pode ser instalado via Google Play, até mesmo remotamente, usando a mesma conta do Google. Porém, algumas funcionalidades devem ser ativadas para a aplicação funcionar corretamente. O acesso se dá através do site da desenvolvedora, nesta URL: <https://www.cerberusapp.com/home>.

Por exemplo, o dispositivo pode ser configurado para enviar fotos a cada inserção de senha errada para acessar o aparelho. Quem estiver de posse do bem e tentar acessá-lo por tentativas de senha tem sua imagem enviada para o e-mail previamente cadastrado.

Os recursos avançados são:

- Localizar os dispositivos no mapa.
- Backup de dados.

- Inicialização de alarme.
- Bloqueio e exclusão de dados.
- Tirar fotografias remotamente.
- Controle remoto do aparelho pela Internet.

Android Lost

Depois da completude do Cerberus, o mais interessante é o Android Lost Free, que possui, entre os seus recursos, a instalação remota, ou seja, não há necessidade da prévia instalação. Outras funcionalidades são: ler mensagens enviadas e recebidas por SMS; limpar e/ou bloquear o telefone; apagar o cartão de memória SD; localizar o aparelho pelo GPS ou através da rede sem fio; ativar alarme e deixar a tela piscando; enviar SMS a partir da página web; enviar mensagem pop-up; encaminhamento de chamadas; status do telefone: bateria, IMEI etc.; SMS remoto de alarme; SMS remoto de bloqueio e desbloqueio; SMS remoto para apagar o cartão SD; SMS remoto para aplicar técnica Wipe (apagar dados) no telefone; iniciar ou parar GPS; iniciar ou parar wi-fi; enviar e-mail quando o cartão SIM é alterado; obter a lista de chamadas; imagem da câmera frontal e da câmera traseira; fazer o seu telefone falar com texto-para-voz; tempo limite de bloqueio; restaurar as configurações na inicialização; gravar som do microfone; iniciar e parar a conexão de dados de SMS; e iniciar e parar a conexão wi-fi a partir de SMS.

Assim, para ativar e usar o aplicativo, além de instalá-lo no telefone, basta acessar o site <https://www.androidlost.com/> com a conta do Google e "manejar" os controles (<https://www.androidlost.com/#controls_Basic>) conforme a investigação lhe aprouver.

A aplicação também permite, conforme visto, acesso remoto a imagens e sons, o que permite a interceptação ambiental, conforme se verá mais adiante.

Samsung Find Mobile

É uma solução nativa da Samsung. Para ser utilizado, é necessário adicionar sua conta Samsung no dispositivo e ativar o recurso controle remoto. Para localizar o seu dispositivo através de conexões sem fio e/ou wi-fi, você deve concordar com os termos e condições "Usar redes sem fio".

A localização remota é feita através da web.

Rastreabilidade de computadores e celulares com o Prey

O Prey é um sistema usado para proteger o patrimônio informático no caso de perda ou roubo de algum dispositivo móvel, como celular, netbook, notebook, ultrabook ou desktop. Ele possui versões disponíveis para download em Linux, Windows, Mac (iOS) e também Android, permitindo proteger até três dispositivos diferentes. Sugerimos também pesquisar outras ferramentas de rastreabilidade de dispositivos, incluindo as ferramentas integradas nos sistemas antivírus (Norton, McAfee etc.).

O Prey funciona, basicamente, com a instalação de um pequeno software no dispositivo a ser protegido/monitorado, que fica sendo executado em segundo plano, completamente parado. Se acontecer alguma coisa com seu laptop ou celular, o usuário faz login e envia um sinal (comando) pela página do Prey. O dispositivo "ouve" o chamado e pode executar remotamente várias instruções interessantes, como, por exemplo:

- Usar a webcam para filmar a pessoa que está utilizando o aparelho.
- Apagar seus dados pessoais.
- Trancar completamente seu dispositivo.
- Tirar um screenshot (imagem da tela) do que está sendo executado.

Além disso, pode ser configurado para se conectar secretamente à primeira rede sem fio disponível que o dispositivo localizar e enviar suas coordenadas geográficas (caso seja um celular que tenha GPS).

O Prey conta com uma versão paga que possui mais recursos: ela permite "ouvir" mais do que três dispositivos, conta com chave criptográfica SSL, maior frequência de relatórios enviados do dispositivo e, finalmente, um recurso bastante útil para planos empresariais: um sistema instalador automático. Conheça mais sobre o Prey Project em <https://preyproject.com/>.

Fraudes praticadas on-line

Os criminosos têm se valido dos avanços tecnológicos para potencializar suas ações, especialmente no que diz respeito às fraudes cometidas em ambiente virtual. Muito embora exista legislação determinando aos entes federativos a estruturação de setores ou delegacias especializadas na repressão dos crimes de Internet, o que vemos ainda são estruturas deficientes na investigação criminal dessas infrações.

A Internet tem se tornado um terreno fácil para a prática dos mais diversos crimes. A cada dia surgem novos golpes, dificultando, sobremaneira, a atuação da polícia judiciária. Quando tomam conhecimento de determinada prática, vários usuários desavisados tornam-se vítimas, com valores ou informações pessoais subtraídos.

O Catálogo de Fraudes da RNP – Rede Nacional de Ensino e Pesquisa – é uma excelente fonte de consulta de informações livremente disponíveis para agregar valor às investigações de crimes contra o patrimônio praticadas em meio eletrônico.

Desde o ano 2008, o CAIS – Centro de Atendimento a Incidentes de Segurança – cataloga diversas formas de fraudes praticadas especialmente contra instituições financeiras ou sites de comércio eletrônico. O site é <https://catalogodefraudes.rnp.br/> e nele você poderá consultar informações de:

- amostra de fraudes disseminadas por e-mail;
- estatísticas em tempo real;
- dicas para evitar esses golpes.

Nesse repositório, o investigador encontra diversas informações referentes ao modus operandi da fraude, imagens, data, assunto e tipo de arquivo malicioso.

Os dados fornecidos pela plataforma da RNP são de extrema importância na obtenção de conteúdo relacionado ao cometimento de fraudes eletrônicas na rede mundial de computadores. Os criminosos aproveitam-se dessa interconectividade e do alcance da Internet para aperfeiçoar suas ações. Portanto, para que a atividade investigativa acompanhe o modus operandi dos criminosos, não deve, de maneira nenhuma, abrir mão de recursos disponíveis como os citados.

Essa fonte possibilita ao investigador consultar informações adicionais desde o lavramento do boletim de ocorrência até agregar informações adicionais na investigação policial em seguimento.

Ademais, é muito comum receber, através de aplicativos de mensageria ou de redes sociais, ofertas de produto abaixo do preço de mercado ou links para o recadastramento de contas bancárias. Para tanto, recomendamos a utilização dessa fonte de consulta para aquele usuário que costuma realizar compras em sites de comércio eletrônico ou acessar aplicativos para fazer transações com instituições financeiras.

15. VALIDADE JURÍDICA DAS EVIDÊNCIAS DIGITAIS COLHIDAS NA WEB

O questionamento natural que surge é quanto à validade das evidências colhidas no âmbito da Internet, principalmente quando anexadas a procedimentos policiais ou administrativos e/ou processos judiciais, sejam penais, cíveis, trabalhistas ou eleitorais.

Portanto, o objetivo deste capítulo é justamente tratar sobre a validade dessas evidências digitais, coletadas no ambiente da Internet, principalmente as fontes abertas, abordando tanto os aspectos cíveis e penais como os aspectos processuais penais e cíveis, embora já tenhamos, durante o transcurso dos assuntos nos capítulos anteriores, trazido entendimentos do judiciário quanto aos temas em específico e quanto à usabilidade dos dados colhidos em ambiente digital aberto.

O primeiro aspecto que precisamos ter em conta é a fonte da informação coletada, se oficial ou não. No primeiro caso, tratando-se de sites dos três poderes, a informação tem validade e a contestação de sua "verdade" só poderá ser afirmada pelo próprio órgão disponibilizador da informação. Ainda, a validade será plena se associada à certificação digital[157].

---

[157] A certificação digital é regulamentada no Brasil pela Infraestrutura de Chaves Públicas Brasileira (ICP-Brasil – <https://www.gov.br/iti/pt-br/assuntos/certificado-digital>), criada pela Medida Provisória nº 2.200-2, de 24 de agosto de 2001, que tem como órgão fiscalizador o Instituto Nacional de Tecnologia da Informática, ITI (<https://www.gov.br/iti/pt-br>). A ICP-Brasil pode ser considerada um conjunto de técnicas, práticas e procedimentos, implementado por organizações governamentais e privadas nacionais, cuja meta é estabelecer as bases técnicas e metodológicas para a instituição de um sistema de certificação digital por meio de chaves públicas. A Infraestrutura de Chaves Públicas Brasileira (ICP-Brasil) é uma cadeia hierárquica e de confiança que viabiliza a emissão de certificados digitais para identificação virtual do cidadão. Observa-se que o modelo adotado pelo Brasil foi o de certificação com raiz única, sendo que o ITI, além de desempenhar o papel de Autoridade Certificadora Raiz (AC-Raiz), também tem o papel de credenciar e descredenciar os demais participantes da cadeia, supervisionar e fazer auditoria dos processos.

Dessa forma, ter prova plena depende de características e requisitos da Lei de Registros Públicos (Lei nº 6.015/73[158]). O Novo Código de Processo Civil também prevê a questão da prática eletrônica dos atos processuais em seu art. 193 ao mencionar que "os atos processuais podem ser total ou parcialmente digitais, de forma a permitir que sejam produzidos, comunicados, armazenados e validados por meio eletrônico, na forma da lei". Acrescenta ainda que "os atos processuais praticados por meio eletrônico até a transição definitiva para certificação digital ficam convalidados, ainda que não tenham observado os requisitos mínimos estabelecidos por este Código, desde que tenham atingido sua finalidade e não tenha havido prejuízo à defesa de qualquer das partes".

Conforme se verá adiante, não há uma previsão específica a respeito das evidências digitais e dos documentos eletrônicos. No entanto, é importante mencionar que existem aspectos culturais quando da valoração dessas evidências eletrônicas, já que há necessidade de quebra de paradigmas, pois **papel** e **originalidade** não têm equivalência (PINHEIRO, 2009). Vejamos um exemplo: o e-mail é o original e sua impressão seria a cópia!

Já do ponto de vista técnico, há necessidade de (re)definição do melhor procedimento para tratar da documentação digital (PINHEIRO, 2009). Um exemplo legal disso é que nossa "Lei da Microfilmagem" é de 1968 (Lei nº 5.433/68[159]). Os Códigos de Processo Civil e Penal exigem que a fotografia, para valer nos processos, venha acompanhada do "negativo". Então, o que dizer a respeito da fotografia digital? Sim, ela pode ser utilizada, pois existem mecanismos para apurar sua autenticidade.

Outro aspecto, é claro, é o jurídico, pois o raciocínio para validação da evidência digital exige que a técnica perfeita permita preservar a capacidade de prova de **autoria** e **integridade**. Além disso, que haja possibilidade de realização de perícia e auditoria, sem, no entanto, olvidar do aspecto fundamental da segurança da informação. Por último, quando for preciso, há que se agregar fé pública, não só pelos meios policiais como pelos tabeliães.

Continuando no raciocínio, agora do ponto de vista legal, há que se referir que não há legislação, no Brasil, que proíba ou vete a utilização de prova eletrônica, ou seja, a utilização das evidências eletrônicas. Aliás, devemos nos valer da vontade do legislador quando da elaboração do novo Código Civil, no art. 107:

---

[158] Dispõe sobre os registros públicos e dá outras providências.

[159] Regula a microfilmagem de documentos oficiais e dá outras providências.

> *A validade da declaração de vontade não dependerá de forma especial, senão quando a lei expressamente a exigir.*

Da mesma forma, este mesmo Código Civil traz uma importante referência com relação à aceitação de provas não convencionais ao estabelecer, no título especial destinado às provas:

> *Art. 212. Salvo o negócio a que se impõe forma especial, o fato jurídico pode ser provado mediante:*
>
> *I– confissão; II– documento;*
>
> *III– testemunha;*
>
> *IV– presunção;*
>
> *V– perícia.*

Portanto, se não há legislação prevendo como deve ser avaliada a prova eletrônica, basta a guarda de evidências digitais, procurando-se fazê-lo preservando a autoria e integridade, com possibilidade de auditoria e perícia, além de fazê-lo dentre os princípios e fundamentos da segurança da informação. Além do mais, o próprio Código Civil prevê:

> *Art. 225. As reproduções fotográficas, cinematográficas, os registros fonográficos e, em geral, quaisquer outras reproduções mecânicas ou eletrônicas de fatos ou de coisas fazem prova plena destes, se a parte, contra quem forem exibidos, não lhes impugnar a exatidão.*

Assim, as provas das evidências digitais devem ser apresentadas em sede de procedimentos policial e/ou administrativo e processos judiciais, cabendo a impugnação de quem não reconhecer neles validade.

Acrescenta-se a esse aspecto a previsão legal do Código de Processo Civil:

> *Art. 369. As partes têm o direito de empregar todos os meios legais, bem como os moralmente legítimos, ainda que não especificados neste Código, para provar a verdade dos fatos em que se funda o pedido ou a defesa e influir eficazmente na convicção do juiz.*

Ou seja, todos os meios, inclusive os digitais, são hábeis a fazer prova da verdade dos fatos, tanto para acusar quanto para defender.

Já o Código de Processo Penal prevê:

> *Art. 231. Salvo os casos expressos em lei, as partes poderão apresentar documentos em qualquer fase do processo.*
>
> *Art. 232. Consideram-se documentos quaisquer escritos, instrumentos ou papéis, públicos ou particulares.*
>
> *Parágrafo único. À fotografia do documento, devidamente autenticada, se dará o mesmo valor do original.*

Da mesma forma, o CPP não faz distinção de quais elementos de prova, desde que legais, podendo eles ser apresentados em qualquer fase do processo, exceto nos impedimentos legais.

Assim, ao que se percebe, a avaliação da evidência digital e dos documentos eletrônicos como prova dependerá de todo constante no processo, não podendo ser considerada individualmente. Ao analista ou investigador caberá mencionar a coleta da evidência no âmbito da Internet, em fontes abertas ou restritas, como a procedeu[160], qual a sua fonte e qual a credibilidade que lhe dá frente ao contexto em análise (de inteligência ou de investigação).

Apenas para corroborar o entendimento, no Direito Internacional, a Lei modelo da UNCITRAL[161] sobre comércio eletrônico (Resolução 51/162 da Assembleia Geral da ONU – Nova Iorque, 16 de dezembro de 1996) tem servido de parâmetro para muitos países regulamentarem o comércio eletrônico. No que interessa à presente matéria, Ângela Bittencourt Brasil (2000) assevera:

> *A UNCITRAL estabelece que para que o documento eletrônico tenha o mesmo valor probatório dos documentos escritos é preciso que eles tragam o mesmo grau de segurança contido nestes, sendo que para que isto aconteça é necessário o uso de recursos técnicos, que logo vemos que se trata do método cifrado.*

---

160 Por exemplo, no caso de uma fotografia digital retirada do âmbito da web, deverá haver, além da menção da fonte, a informação sobre as propriedades da foto quando existirem, representadas pelo exif.

161 United Nations Commission on International Trade Law (Comissão das Nações Unidas sobre Direito do Comércio Internacional).

> *Diz a Comissão que para que o documento virtual tenha a mesma função e seja considerado como documento escrito, tal qual o documento convencional, é preciso que ele fique disponível para consultas posteriores, sendo que o objetivo desta norma é a possibilidade de reprodução e leitura ulterior.*
>
> *Para o reconhecimento da assinatura no documento eletrônico a UNCITRAL prescreve que ela deve estar de modo a identificar a pessoa por algum método, e é óbvio que esse método a que se refere é a Criptografia, pois é a única forma segura de garantir a autenticidade do assinante. Vários países já adotaram o modelo da UNCITRAL, como os Estados Unidos, a Alemanha, a França, a Argentina, Colômbia e outros que estão ultimando as suas legislações. O Brasil, ainda que seja um dos países que mais utiliza a Internet, ainda não tomou a iniciativa de legislar sobre o assunto.*
>
> *Reconhecemos que no documento eletrônico não há como distinguir o original da cópia, e, para contornar este óbice, a regra da Comissão afirma que um documento eletrônico será original quando houver a garantia de que ele chegou íntegro ao destinatário e aqui, da mesma forma, temos o problema da segurança. Aliás, esta é a chave para resolver a grande maioria das questões cibernéticas e o passo que está faltando para que as questões jurídicas, no seu passo, também sejam solucionadas.*

Nos processos judiciais, ao julgador, por sua vez, caberá o julgamento final a respeito do contexto probatório, levando ou não em consideração a evidência digital colhida. Afinal, o Código de Processo Penal prevê em seu art. 155 que:

> *O juiz formará sua convicção pela livre apreciação da prova produzida em contraditório judicial, não podendo fundamentar sua decisão exclusivamente nos elementos informativos colhidos na investigação, ressalvadas as provas cautelares, não repetíveis e antecipadas.*

No mesmo sentido é o Código de Processo Civil, que prevê no seu art. 371 que:

> *Art. 371. O juiz apreciará a prova constante dos autos, independentemente do sujeito que a tiver promovido, e indicará na decisão as razões da formação de seu convencimento.*

Assim, o juiz observará, em seu processo de convencimento, todos os elementos probatórios, inclusive as evidências digitais que foram coletadas e analisadas durante o contraditório e a ampla defesa.

Para exemplificar, na sequência colecionamos situações e entendimentos jurisprudenciais quanto à produção de prova e validade de determinadas circunstâncias digitais, tanto para autorizar uma justa causa em sede de demissão de emprego quanto para uma condenação, cível ou penal.

O caso que mais chamou a atenção ocorreu em maio de 2012, quando a paulistana M. P. foi condenada por postar mensagens preconceituosas em seu Twitter (e Orkut também), onde escreveu: "Nordestino não é gente, faça um favor a SP, mate um nordestino afogado" (VAZ, 2015).

A frase "ganhou a mídia" e causou imensa repercussão, culminando com o ingresso de notícia-crime pela OAB de Pernambuco junto ao Ministério Público Federal de São Paulo. O Ministério Público Federal denunciou a ré, com base na Lei nº 7.716/89, por crime de discriminação ou preconceito de procedência nacional.

M. P. foi condenada na 9ª Vara Criminal Federal de São Paulo a um ano, cinco meses e 15 dias de reclusão, pena esta convertida em multa de quinhentos reais e prestação de serviços comunitários.

Outro caso noticiado foi a prisão em flagrante de um homem suspeito de criar perfis falsos e difamatórios em Santa Catarina (CISZEWSKI, 2008). G. G., um advogado de 26 anos, pensou que sairia impune após criar perfis falsos no Orkut de uma colega de trabalho e de seu noivo. G. foi preso em flagrante em uma LAN house enquanto colocava as fotos das vítimas nos perfis falsos.

Um dos perfis criados pelo advogado difamava o noivo da colega de trabalho, indicando que a vítima fosse homossexual. Já em outro perfil falso, G. usou o nome da funcionária do banco, onde trabalhava, com imagens pornográficas. O autor dos fatos ainda criou um terceiro perfil, com nome da colega de trabalho, para conhecer e conversar com outras pessoas. Depois de todos os crimes cometidos, G. G. respondeu por falsidade ideológica perante a Justiça.

Casos de e-mails:

> *RESPONSABILIDADE CIVIL. AÇÃO DE INDENIZAÇÃO. DIVULGAÇÃO E/OU RETRANSMISSÃO DE E-MAIL COM OFENSAS À HONRA E À DIGNIDADE DOS DEMANDANTES. Ainda que a autoria do conteúdo do e-mail divulgado, repassado ou retransmitido por funcionária da parte demandada, em estrita observância de ordens superiores, não tenha sido conhecida, responde a demandada por culpa*

no evento, considerando que contribuiu para a divulgação do seu conteúdo, ainda mais quando assumido pela demandada que a divulgação do e-mail se deu a partir dos seus computadores. Mensagens enviadas, encaminhadas ou remetidas pela demandada, pelos meios de comunicação eletrônica, e que contêm expressões injuriosas dirigidas aos demandantes, violam a honra dos mesmos e assegura o direito de indenização pelo dano moral causado (Art. 5º, X, da Constituição Federal). Indenização não deve ser em valor ínfimo, nem tão elevada que torne desinteressante a própria inexistência do fato. Atenção às particularidades das circunstâncias fáticas e aos precedentes da Câmara, na manutenção de equivalência de valores entre lides de semelhante natureza de fato e de direito. Descabe o prequestionamento, pois o magistrado não é obrigado a responder a toda e qualquer indagação de ordem legal formulada pelo recorrente. Sentença reformada. Apelação parcialmente provida. Unânime. (Apelação Cível Nº 70022318711, Décima Câmara Cível, Tribunal de Justiça do RS, Relator: Jorge Alberto Schreiner Pestana, Julgado em 29/05/2008).

AGRAVO DE INSTRUMENTO EM RECURSO DE REVISTA. SANÇÃO DISCIPLINAR. SUSPENSÃO. USO INDEVIDO DE E-MAIL CORPORATIVO.

O quadro fático delineado no acórdão regional demonstrou que não se trata de ingerência à vida privada do empregado, mas, sim, desrespeito à norma interna da empresa que, expressamente, proíbe o uso de correio eletrônico corporativo para divulgar material pornográfico. Processo nº AIRR – 1649/2001-001-03-00; 7ª Turma do TST.

Despedida por justa causa. Mau procedimento. Uso indevido de correio eletrônico. Quando se caracteriza. Prova que evidencia a utilização do e-mail funcional, pelo empregado, para difundir informações tendentes a denegrir a imagem da empregadora. Constitui justa causa para a despedida o uso indevido do correio eletrônico fornecido pelo empregador, não se podendo cogitar de infração ao disposto no artigo 5º, inciso XII da CF, já que o serviço de "e-mail" é ferramenta fornecida para uso estritamente profissional. Sentença mantida. Acórdão no 00168-2007- 203-04-00-3 RO, TRT 4ª Região.

Vazamento de dados empresariais e quebra de regras de Segurança da Informação:

O caso em espécie é de descoberta acidental pelo empregador que a Autora cometera falta gravíssima, contrariando expresso dispositivo do contrato de trabalho, avençado por escrito, e repassava segredos comerciais da Reclamada para empresa concorrente. (...) Como assistente de importação e exportação, detinha conhecimentos de segredos estratégicos e táticos da empresa. E tinha compro-

misso expresso de sigilo. E de tanto não se preocupou ao ceder, sem permissão, os dados que dispunha em razão do cargo ocupado. (...) Com os fundamentos supra dou provimento ao apelo da Reclamada para considerar justa a demissão tendo em vista a gravidade da falta cometida. (...)" TST, Ag. Instr. em RR nº 2771/2003 – 262-02-40, Rel. Min. Maria de Assis Calsing, jul. 02/04/2008.

RITO SUMARÍSSIMO. RECURSO ORDINÁRIO. JUSTA CAUSA.

ART. 482, "b", DA CLT. Burla de regras da empresa para acesso a sítios, o que era vedado. Norma regulamentar da qual o reclamante tinha conhecimento prévio. Computador e Internet, instrumentos de trabalho utilizados irregularmente, para uso pessoal. Incontinência de conduta e mau procedimento. Falta grave que está caracterizada. TRT02, RO 01875200843102004, Relator Carlos Francisco Berardo, julgado em 17/02/2009.

Justa causa. Caso em que há comprovação suficiente de que o autor integrava comunidade do site "Orkut" da Internet, criada com o propósito de hostilizar a empresa reclamada. Recurso desprovido. (TRT4, 00341-2007-662-04-00-3 RO. Rel. Denise Maria de Barros, Julgado em 11/12/2008).

É incontroverso que a ex-empregada criou a página, como também que por ali foram manifestadas várias agressões [...] O empregado, criador e moderador de comunidade em sítio de relacionamento (Orkut), que permite a veiculação de conteúdo com potencial ofensivo contra o empregador, está sujeito a responsabilidade civil. TRT02, Rel. Rafael e Pugliese Ribeiro, Processo no: 00266 – 2007-022-02-00-3, julgado em 30/03/2010.

Sobre responsabilidade civil:

Em relação ao corréu XXX, é patente a prática de ofensas passíveis de indenização por danos morais. Como bem destacado pelo juízo, os documentos de fls. XXX, (...), apontam para expressões utilizadas por XXX como "Hey Any vai tomar no (...)", "Nunca vi uma coordenadora tão chata e ignorante igual a ela", "vaca", "pu(...)" e outras indenizações ofensivas. TJ-SP, Rel. Vito Guglielmi, Apelação 994.09.288511-7, publicado em 23/02/2010.

Sobre não invasão de privacidade e validade das provas coletadas:

EMENTA PROCESSO PENAL. HABEAS CORPUS. CRIME MILITAR. MENSAGENS CRIMINOSAS ENVIADAS PELA INTERNET. ACESSO AO CONTEÚDO DAS COMUNICAÇÕES DISPONIBILIZADO PELOS DESTINATÁRIOS. ACESSO AOS DADOS

DE COMPUTADOR EM LAN HOUSE COM AUTORIZAÇÃO DO PROPRIETÁRIO JUDICIAL.

INTERROGATÓRIO POR PRECATÓRIA. INVALIDADES NÃO RECONHECIDAS.

Envio de comunicações criminosas, contendo injúria, desacato e incitação à prática de crimes, por meio de computador mantido em LAN House. Só há intromissão na esfera privada de comunicações, a depender de prévia autorização judicial, na hipótese de interferência alheia à vontade de todos os participantes do ato comunicativo. Caso no qual o acesso ao conteúdo das comunicações ilícitas foi disponibilizado à investigação pelos destinatários das mensagens criminosas. Autoria de crimes praticados pela Internet desvelada mediante acesso pela investigação a dados mantidos em computador de LAN House utilizado pelo agente. Acesso ao computador que não desvelou o próprio conteúdo da comunicação criminosa, mas somente dados que permitiram identificar o seu autor. Desnecessidade de prévia ordem judicial e do assentimento do usuário temporário do computador quando, cumulativamente, o acesso pela investigação não envolve o próprio conteúdo da comunicação e é autorizado pelo proprietário do estabelecimento e do aparelho, uma vez que é este quem possui a disponibilidade dos dados neles contidos. Não é inválida a realização de interrogatório por precatória quando necessária pela distância entre a sede do Juízo e a residência do acusado. Não se prestigia a forma pela forma e, portanto, não se declara nulidade sem prejuízo, conforme princípio maior que rege a matéria (art. 499 do Código de Processo Penal Militar). Ordem denegada. HC 103425 AM (STF).

A próxima decisão, também avaliando as provas coletadas na web, reformou decisão de juízo monocrático criminal alegando que dados registrais do Orkut estão equiparados a documentos, cuja quebra de sigilo não tem como base a Lei nº 9.296/96, permitindo, assim, a quebra de sigilo para crime apenado com detenção:

INCITAÇÃO À PRÁTICA DE INFRAÇÃO PENAL. INTERNET. INVESTIGAÇÃO POLICIAL. QUEBRA DE SIGILO. C.P.P. POSSIBILIDADE.

Reclamação. Sítio de relacionamento ***Orkut****. Investigação policial. Incitação de crimes. Comunidade "Eu sei Dirigir Bêbado" e "Sou Menor Mas Adoro Dirigir".*

Recusado representante legal da empresa que administra o sítio de relacionamentos na Internet em prestar informações sobre os membros e criadores das referidas comunidades. Conduta investigada que ostenta potencial para causar perda de vidas humanas, principalmente de jovens, que estariam sendo estimulados a conduzir veículos automotores sem habilitação ou em estado de embriaguez. Indeferimento pelo Juízo Criminal de pedido de requisição de informações e dados cadastrais de membros e criadores das comunidades, sob o fundamento de que a Lei nº 9.296 não autoriza a quebra do sigilo para apuração de crime apenado com detenção. Distinção entre comunicações telefônicas e telemáticas e dados registrais respectivos, estes equiparados a documentos, cuja quebra de sigilo não tem como base a Lei nº 9.296/96, mas sim o Código de Processo Penal. Necessidade da medida. Informações imprescindíveis à investigação. Ponderação de interesses. Proporcionalidade e razoabilidade da medida. Benefícios à coletividade superiores ao desconforto de alguns membros das comunidades investigadas. ***O direito à intimidade, que não é absoluto, deve ceder em função de interesse de maior dimensão. O direito à intimidade não se presta a impedir a apuração de crime, sob pena de converter-se em garantidor da impunidade****. Os princípios constitucionais delimitam a forma e a extensão do controle dos atos pelo Poder Público, estabelecendo o equilíbrio de armas entre a defesa e a acusação, mas não impedem a atuação estatal legítima e legal de* ***investigar*** *e punir condutas contrárias à lei penal. Procedência da Reclamação. (TJ-RJ. RECLAMAÇÃO – 2006.077.00062. JULGADO EM 21/12/2006.*

TERCEIRA CÂMARA CRIMINAL – Unânime. Relator: Desembargador Marco Aurelio Bellizze). ***(Grifos nossos.)***

No mesmo sentido:

INTERNET. QUEBRA DO SIGILO DE DADOS CADASTRAIS. MAUS TRATOS CONTRA ANIMAIS. LEI Nº 9296, DE 1996. INAPLICABILIDADE. RECLAMAÇÃO. SIGILO DE DADOS. PLEITO MINISTERIAL DE REFORMA DA DECISÃO QUE INDEFERIU MEDIDA CAUTELAR DE QUEBRA DO SIGILO DE DADOS CADASTRAIS DE USUÁRIOS DE INTERNET, PARA APURAÇÃO DE CRIMES DE APOLOGIA DE MAUS TRATOS CONTRA ANIMAIS, VEICULADOS PELO SITE DE RELACIONAMENTO ORKUT.

INAPLICABILIDADE, IN CASU, DA LEI Nº 9.296/96. MEDIDA RAZOÁVEL E INDISPENSÁVEL PARA IDENTIFICAR OS AUTORES DOS DELITOS E, POR CONSEGUINTE, VIABILIZAR A PERSECUÇÃO CRIMINAL. RECLAMAÇÃO

A QUE SE DÁ PROVIMENTO. 1. Sendo a quebra de sigilo de dados cadastrais de usuários de Internet, no caso concreto, medida indispensável eis que se apresenta como a única via capaz de possibilitar a identificação dos autores das infrações penais investigadas, a fim de possibilitar a respectiva persecução criminal –, deve ser ela deferida, até porque o direito à intimidade dos usuários do site de relacio-

namento ORKUT deve ceder em função de um interesse maior, coletivo, qual seja, o de apuração de crimes de apologia de fatos delituosos – no caso, específico, de apologia de crime de maus-tratos contra animais –, até porque não se trata de quebra de sigilo de comunicação telemática, mas tão-somente de quebra de dados cadastrais, não havendo, por conseguinte, que se falar em aplicação da Lei nº 9.296/96. 2. Recurso provido. (TJ-RJ. RECLAMAÇÃO – 2007.077.000304. JULGADO EM 11/12/2007. SEGUNDA CÂMARA CRIMINAL – Unânime. RELATOR: DESEMBARGADOR JOSE AUGUSTO DE ARAUJO NETO).

Assim, percebe-se que a evidência digital tem sido aceita em sede de tribunais, ou visando à validação de demissão por justa causa, ou visando à reparação de danos e, também, visando à restrição de direitos em matéria penal e processual penal e condenações penais, conforme as duas decisões a seguir:

PRISÃO PREVENTIVA. PRESUNÇÃO DE INOCÊNCIA. INOCORRÊNCIA DE VIOLAÇÃO. ORDEM DENEGADA. "Habeas Corpus". Tráfico de drogas. Associação para o tráfico. Prisão preventiva. Revogação. Ausência dos pressupostos da prisão cautelar. Violação ao princípio da presunção de inocência. Condições pessoais favoráveis. Encontrando-se devida e substancialmente fundamentada a decisão que indefere a revogação da prisão preventiva e demonstrado concretamente nos autos que a liberdade do paciente acarretará prejuízo à ordem pública, não há que se falar em constrangimento ilegal. Interceptações telefônicas, de mensagens de texto, ***páginas pessoais na Internet (ORKUT)*** *e depoimentos colhidos* ***demonstram, em tese, a articulação do paciente e dos corréus com o tráfico ilícito de drogas****. As condições pessoais favoráveis ao paciente, por si só, não representam um salvo conduto para a concessão da liberdade provisória. Não há que se falar em violação ao princípio da presunção de inocência ou da não culpabilidade, quando a garantia da ordem pública reclama a segregação do paciente. Ordem denegada. (TJ-RJ. HC – 2007.059.08122. JULGADO EM 13/12/2007.*

OITAVA CÂMARA CRIMINAL– Unânime. Relator: Desembargador Valmir Ribeiro). (Grifos nossos.)

EMENTA: HABEAS CORPUS. PROCESSUAL PENAL. CRIME DE RECEPTAÇÃO (ART. 180 DO CÓDIGO PENAL). PEDIDO DE TRANCAMENTO DA AÇÃO PENAL: FALTA DE JUSTA CAUSA E INÉPCIA DA DENÚNCIA. INICIAL ACUSATÓRIA AJUIZADA ANTES MESMO DO EXAME DE CORPO DE DELITO (ART. 158 DO CPP). POSSIBILIDADE. INDÍCIOS SUFICIENTES DE AUTORIA E MATERIALIDADE DELITIVA. ORDEM DENEGADA.

> *É pacífica a jurisprudência do Supremo Tribunal Federal em considerar excepcional o trancamento da ação penal pela via processualmente acanhada do habeas corpus. Via de verdadeiro atalho que somente autoriza o encerramento prematuro do processo-crime quando de logo avulta ilegalidade, ou abuso de poder (HCs 86.362 e 86.786, da minha relatoria; e 84.841 e 84.738, da relatoria do ministro Marco Aurélio). 2. No caso, a denúncia descreveu com suficiência os fatos supostamente ilícitos, não sendo exigível o grau de detalhamento requerido na impetração. Denúncia que permitiu ao acusado, então, o mais amplo exercício do direito de defesa. Pelo que não é de ser considerada como fruto de um arbitrário exercício do poder-dever de promover a ação penal pública. Noutros termos, o órgão acusatório não precisou aguardar a elaboração de um laudo pericial para enxergar, desde logo, nos elementos de prova então colhidos (inclusive depoimento testemunhal), a presença de indícios suficientes de autoria e da materialidade do delito. 3. O quadro empírico tracejado pelas instâncias originárias da causa não permite enxergar uma flagrante ausência de justa causa para a abertura da ação penal. Isso porque há indícios de que o paciente mantinha em depósito e expunha à venda* ***(inclusive com o auxílio da Internet)*** *mercadorias que "deveria saber" ser produto de crime. O que, em linha de princípio, preenche as coordenadas do § 1º do art. 180 do Código Penal. Presença de elementos concretos, de natureza indiciária, apontando o acusado como o autor do delito de receptação qualificada, descrito na inicial acusatória. Simples imputação que é de ser apreciada pelo Juízo natural da causa. 4. Ordem denegada. (HC 94875, Relator(a): Min. Ayres Britto, Segunda Turma, julgado em 31/08/2010, DJe-190 DIVULG 07-10-2010 PUBLIC 08-10- 2010 EMENT VOL-02418-02 PP-00229). (Grifo nosso.)*

Assim, a aceitação das evidências colhidas em meio digital é comum no Brasil, tendo de ser avaliada caso a caso e de acordo com as demais provas e indícios colhidos.

Referências

ABC NEWS. Drug Dealers Caught on Google Street View. **ABC News**, Nov. 11, 2010. Disponível em: <https://abcnews.go.com/Technology/google-street-view-busts-drug-dealers/story?id=12122569>. Acesso em: 12 mar. 2024.

ADGHIRNI, S. Irã faz testes de mísseis capazes de atingir Israel. **Folha de S. Paulo**, 04 de julho de 2012.

AFONSO, L. S. Fontes Abertas e Inteligência de Estado. **Revista Brasileira De Inteligência**, Brasília: Abin, vol. 2, n. 2, abr. 2006, p. 49-62.

ALMEIDA NETO, W. R. **Inteligência e Contrainteligência no Ministério Público.** Belo Horizonte: Dictum, 2009.

AMÂNCIO, T. Fotos em redes sociais ajudaram na prisão de invasores do Capitólio em 2021. **Folha de S. Paulo**, 09 jan. 2023. Disponível em: <https://www1.folha.uol.com.br/mundo/2023/01/fotos-em-redes-sociais-ajudaram-na-prisao-de-invasores-do-capitolio-em-2021.shtml>. Acesso em: 28 fev. 2024.

ANATEL. **Portabilidade numérica tem novos procedimentos.** 28 ago. 2023. Disponível em: <https://www.gov.br/anatel/pt-br/assuntos/noticias/portabilidade-numerica-tem-novos-procedimentos>. Acesso em: 11 mar. 2024.

ANATEL. Resolução nº 477, de 07 de agosto de 2007. **Agência Nacional de Telecomunicações**, 13 ago. 2007. Disponível em: <http://www.anatel.gov.br/legislacao/resolucoes/2007/9-resolucao-477>. Acesso em: 18 mar. 2024.

ANEEL. Site. Disponível em: <https://www.gov.br/aneel/pt-br/>. Acesso em: 19 jan. 2024.

ANTT. **Concessões Ferroviárias.** Disponível em: <https://www.gov.br/antt/pt-br/assuntos/ferrovias/concessoes-ferroviarias>. Acesso em: 12 mar. 2024.

AP. Polícia salva sequestrada que pediu socorro pelo Facebook nos EUA. **G1 Mundo**, 27 dez. 2011. Disponível em: <https://g1.globo.com/mundo/noticia/2011/12/policia-salva-sequestrada-que-pediu-socorro-pelo-facebook-nos-eua.html>. Acesso em: 19 mar. 2024.

APONTADOR. **Sobre o Apontador.** Disponível em: <https://institucional.apontador.com.br/>. Acesso em: 18 mar. 2024.

BARANIUK, C. Why printers add secret tracking dots. **BBC**, June 3rd, 2020. Disponível em <https://www.bbc.com/future/article/20170607-why-printers-add-secret-tracking-dots>. Acesso em: 11 mar. 2024.

BARRETO, A. G. Fake News e Utilização de Fontes Abertas. **Direito & TI**, vol. 1, n. 9, 04 mar. 2018. Disponível em: <https://direitoeti.emnuvens.com.br/direitoeti/article/view/108> Acesso em: 28 fev. 2024.

BARRETO, A. G.; WENDT, E.; CASELLI, G. **Investigação Digital em Fontes Abertas.** Rio de Janeiro: Brasport, 2017.

BERKELAAR, B. L. **Cyber-vetting:** Exploring the implications of online information for career capital and human capital decisions (Order No. 3444477). 2010. Tese (Doctor in Philosophy) – ProQuest Dissertations & Theses Global. (858608200). Disponível em: <https://www.proquest.com/dissertations-theses/cyber-vetting-exploring-implications-online/docview/858608200/se-2>. Acesso em: 28 fev. 2024.

BIANCHI, T. Social media usage in Brazil – Statistics & Facts. **Statista**, Jan. 10, 2024. Disponível em: <https://www.statista.com/topics/6949/social-media-usage-in-brazil/#topicOverview>. Acesso em: 06 mar. 2024.

BILTON, N. **A Eclosão do Twitter.** S.l.: Portfolio Penguin, 2013.

BLUSA ajudou a identificar suspeito de sequestrar empresário em Ribeirão Preto, diz polícia. **G1 Ribeirão Preto e Franca**, 19 jun. 2019. Disponível em: <https://g1.globo.com/sp/ribeirao-preto-franca/noticia/2019/06/19/blusa-ajudou-a-identificar-suspeito-de-sequestrar-empresario-em-ribeirao-preto-diz-policia.ghtml>. Acesso em: 28 fev. 2024.

BOATOS se espalham na web durante paralisação de caminhoneiros; veja as mensagens mais compartilhadas. **G1**, 28 maio 2018. Disponível em: <https://g1.globo.com/e-ou-nao-e/noticia/boatos-se-espalham-na-web-durante-paralisacao-de-caminhoneiros-veja-as-mensagens-mais-compartilhadas.ghtml>. Acesso em: 19 mar. 2024.

BODENHEIM, R. C. **Impact of the Shodan Computer Search Engine on Internet-facing Industrial Control System Devices.** Thesis. (Master of Science in Cyber Operations)

– Air Force Institute of Technology, Air University, Wright-Patterson Air Force Base, Ohio, Mar. 2014.

BRASIL, A. B. O documento físico e o documento eletrônico. **Revista Jus Navigandi**, ISSN 1518-4862, Teresina, ano 5, n. 42, 01 jun. 2000. Disponível em: <https://jus.com.br/artigos/1781>. Acesso em: 15 mar. 2024.

BRASIL. **Decreto de 26 de setembro de 1995.** Cria o Programa de Integração das Informações Criminais, e dá outras providências. Revogado pelo Decreto nº 6.138, de 2007. Disponível em: <http://www.planalto.gov.br/ccivil_03/DNN/Anterior%20a%202000/1995/Dnn3362.htm>. Acesso em: 19 jan. 2024.

BRASIL. **Decreto nº 4.244, de 22 de maio de 2002.** Dispõe sobre o transporte aéreo, no País, de autoridades em aeronave do Comando da Aeronáutica. Disponível em: <https://www2.camara.leg.br/legin/fed/decret/2002/decreto-4244-22-maio-2002-417363-normaatualizada-pe.html>. Acesso em: 19 jan. 2024.

BRASIL. **Decreto nº 7.538, de 01 de agosto de 2011**. Altera o Decreto nº 6.061, de 15 de março de 2007, que aprova a Estrutura Regimental e o Quadro Demonstrativo dos Cargos em Comissão e das Funções Gratificadas do Ministério da Justiça, remaneja cargos em comissão, e dá outras providências. Revogado pelo Decreto nº 10.473/2020. Disponível em: <https://www.planalto.gov.br/ccivil_03/_ato2011-2014/2011/decreto/d7538.htm>. Acesso em: 18 mar. 2024.

BRASIL. **Decreto nº 7.682, de 28 de fevereiro de 2012.** Altera o Decreto nº 7.538, de 1º de agosto de 2011, para alterar o rol de grandes eventos abrangidos pelas competências da Secretaria Extraordinária de Segurança para Grandes Eventos do Ministério da Justiça. Revogado pelo Decreto nº 10.473/2020. Disponível em: <https://www.planalto.gov.br/ccivil_03/_ato2011-2014/2012/Decreto/D7682.htm#art1>. Acesso em: 18 mar. 2024.

BRASIL. **Decreto nº 7.724, de 16 de maio de 2012.** Regulamenta a Lei nº 12.527, de 18 de novembro de 2011, que dispõe sobre o acesso a informações previsto no inciso XXXIII do caput do art. 5º, no inciso II do § 3º do art. 37 e no § 2º do art. 216 da Constituição. Disponível em: <http://www.planalto.gov.br/ccivil_03/_ato2011-2014/2012/decreto/d7724.htm>. Acesso em: 18 mar. 2024.

BRASIL. **Decreto nº 73.177, de 20 de novembro de 1973.** Regulamenta a Lei nº 5.534, de 14 de novembro de 1968, modificada pela Lei nº 5.878, de 11 de maio de 1973, de que dispõe sobre a obrigatoriedade da prestação de informações necessárias ao Plano Nacional de Estatísticas Básicas e ao Plano Geral de Informações Estatísticas e Geográficas. Disponível em: <http://www.planalto.gov.br/ccivil_03/decreto/Antigos/D73177.htm>. Acesso em: 18 mar. 2024.

BRASIL. **Decreto nº 8.432, de 09 de abril de 2015.** Restringe o uso de aeronaves do Comando da Aeronáutica em deslocamentos para o local de domicílio. Revogado pelo Decreto nº 10.267, de 2020. Disponível em: <http://www.planalto.gov.br/ccivil_03/_Ato2015-2018/2015/Decreto/D8432.htm>. Acesso em: 18 mar. 2024.

BRASIL. **Decreto nº 9.489, de 30 de agosto de 2018.** Regulamenta, no âmbito da União, a Lei nº 13.675, de 11 de junho de 2018, para estabelecer normas, estrutura e procedimentos para a execução da Política Nacional de Segura e Defesa Social. Disponível em: <http://www.planalto.gov.br/ccivil_03/_ato2015-2018/2018/decreto/D9489.htm>. Acesso em: 18 mar. 2024.

BRASIL. **Decreto-Lei nº 2.848, de 07 de dezembro de 1940.** Código Penal. Disponível em: <http://www.planalto.gov.br/ccivil_03/decreto-lei/del2848compilado.htm>. Acesso em: 18 mar. 2024.

BRASIL. **i3Geo.** Portal do Software Público Brasileiro. Disponível em: <https://softwarepublico.gov.br/social/i3geo>. Acesso em: 19 jan. 2024.

BRASIL. **Lei 13.982, de 02 de abril de 2020.** Altera a Lei nº 8.742, de 07 de dezembro de 1993, para dispor sobre parâmetros adicionais de caracterização da situação de vulnerabilidade social para fins de elegibilidade ao benefício de prestação continuada (BPC), e estabelece medidas excepcionais de proteção social a serem adotadas durante o período de enfrentamento da emergência de saúde pública de importância internacional decorrente do coronavírus (Covid-19) responsável pelo surto de 2019, a que se refere a Lei nº 13.979, de 06 de fevereiro de 2020. Disponível em <https://www.planalto.gov.br/ccivil_03/_Ato2019-2022/2020/Lei/L13982.htm>. Acesso em: 18 mar. 2024.

BRASIL. **Lei nº 12.462, de 04 de agosto de 2011.** Institui o Regime Diferenciado de Contratações Públicas – RDC; altera a Lei nº 10.683, de 28 de maio de 2003, que dispõe sobre a organização da Presidência da República e dos Ministérios, a legislação da Agência Nacional de Aviação Civil (Anac) e a legislação da Empresa Brasileira de Infraestrutura Aeroportuária (Infraero); cria a Secretaria de Aviação Civil, cargos de Ministro de Estado, cargos em comissão e cargos de Controlador de Tráfego Aéreo; autoriza a contratação de controladores de tráfego aéreo temporários; altera as Leis nºs 11.182, de 27 de setembro de 2005, 5.862, de 12 de dezembro de 1972, 8.399, de 7 de janeiro de 1992, 11.526, de 4 de outubro de 2007, 11.458, de 19 de março de 2007, e 12.350, de 20 de dezembro de 2010, e a Medida Provisória nº 2.185-35, de 24 de agosto de 2001; e revoga dispositivos da Lei nº 9.649, de 27 de maio de 1998. Disponível em: <https://www.planalto.gov.br/ccivil_03/_ato2011-2014/2011/lei/l12462.htm>. Acesso em: 18 mar. 2024.

BRASIL. **Lei nº 12.527, de 18 de novembro de 2011.** Regula o acesso a informações previsto no inciso XXXIII do art. 5º, no inciso II do § 3º do art. 37 e no § 2º do art. 216 da Constituição Federal; altera a Lei nº 8.112, de 11 de dezembro de 1990; revoga a Lei nº 11.111, de 05 de maio de 2005, e dispositivos da Lei nº 8.159, de 08 de janeiro de 1991; e dá outras providências. Disponível em: <https://www.planalto.gov.br/ccivil_03/_ato2011-2014/2011/lei/l12527.htm>. Acesso em: 18 mar. 2024.

BRASIL. **Lei nº 12.965, de 23 de abril de 2014.** Estabelece princípios, garantias, direitos e deveres para o uso da Internet no Brasil. Disponível em: <https://www.planalto.gov.br/ccivil_03/_ato2011-2014/2014/lei/l12965.htm>. Acesso em: 18 mar. 2024.

BRASIL. **Lei nº 13.718, de 24 de setembro de 2018.** Altera o Decreto-Lei nº 2.848, de 07 de dezembro de 1940 (Código Penal), para tipificar os crimes de importunação sexual e de divulgação de cena de estupro, tornar pública incondicionada a natureza da ação penal dos crimes contra a liberdade sexual e dos crimes sexuais contra vulnerável, estabelecer causas de aumento de pena para esses crimes e definir como causas de aumento de pena o estupro coletivo e o estupro corretivo; e revoga dispositivo do Decreto-Lei nº 3.688, de 03 de outubro de 1941 (Lei das Contravenções Penais). Disponível em: <https://www.planalto.gov.br/ccivil_03/_Ato2015-2018/2018/Lei/L13718.htm#art1>. Acesso em: 18 mar. 2024.

BRASIL. **Lei nº 13.772, de 19 de dezembro de 2018.** Altera a Lei nº 11.340, de 07 de agosto de 2006 (Lei Maria da Penha), e o Decreto-Lei nº 2.848, de 07 de dezembro de 1940 (Código Penal), para reconhecer que a violação da intimidade da mulher configura violência doméstica e familiar e para criminalizar o registro não autorizado de conteúdo com cena de nudez ou ato sexual ou libidinoso de caráter íntimo e privado. Disponível em: <https://www.planalto.gov.br/ccivil_03/_Ato2015-2018/2018/Lei/L13772.htm#art3>. Acesso em: 18 mar. 2024.

BRASIL. **Lei nº 13.772, de 1º de abril de 2021.** Lei de Licitações e Contratos. Disponível em: <https://www.planalto.gov.br/ccivil_03/_ato2019-2022/2021/lei/l14133.htm>. Acesso em: 18 mar. 2024.

BRASIL. **Lei nº 5.433, de 08 de maio de 1968.** Regula a microfilmagem de documentos oficiais e dá outras providências. Disponível em: <http://www.planalto.gov.br/ccivil_03/LEIS/L5433.htm>. Acesso em: 18 mar. 2024.

BRASIL. **Lei nº 5.534, de 14 de novembro de 1968.** Dispõe sobre a obrigatoriedade de prestação de informações estatísticas e dá outras providências. Disponível em: <http://www.planalto.gov.br/ccivil_03/leis/L5534.htm>. Acesso em: 18 mar. 2024.

BRASIL. **Lei nº 5.869, de 11 de janeiro de 1973.** Institui o Código de Processo Civil. Revogada pela Lei nº 13.105, de 2015. Disponível em: <http://www.planalto.gov.br/ccivil_03/LEIS/L5869.htm>. Acesso em: 18 mar. 2024.

BRASIL. **Lei nº 6.015, de 31 de dezembro de 1973.** Dispõe sobre os registros públicos, e dá outras providências. Disponível em: <http://www.planalto.gov.br/ccivil_03/leis/L6015compilada.htm>. Acesso em: 18 mar. 2024.

BRASIL. **Lei nº 8.069, de 13 de julho de 1996.** Dispõe sobre o Estatuto da Criança e do Adolescente e dá outras providências. Disponível em: <http://www.planalto.gov.br/ccivil_03/leis/l8069.htm>. Acesso em: 18 mar. 2024.

BRASIL. **Lei nº 9.296, de 24 de julho de 1996.** Regulamenta o inciso XII, parte final, do art. 5º da Constituição Federal. Disponível em: <http://www.planalto.gov.br/ccivil_03/Leis/L9296.htm>. Acesso em: 18 mar. 2024.

BRASIL. **Lei nº 9883, de 07 de dezembro de 1999.** Institui o Sistema Brasileiro de Inteligência, cria a Agência Brasileira de Inteligência – ABIN, e dá outras providências. Disponível em: <https://www.planalto.gov.br/ccivil_03/Leis/L9883.htm>. Acesso em: 19 jan. 2024.

BRASIL. **Portal da Transparência.** Controladoria-Geral da União. Disponível em: <https://portaldatransparencia.gov.br/>. Acesso em: 19 mar. 2024.

BRASIL. **Portal de Compras do Governo Federal.** Disponível em: <https://www.gov.br/compras/pt-br>. Acesso em: 18 mar. 2024.

BUBUKAYR, M.; FRIKHA, M. Effective techniques for protecting the privacy of web users. **Applied Sciences**, 2023, vol. 13, n. 5, 3191. Disponível em: <https://doi.org/10.3390/app13053191>. Acesso em: 28 fev. 2024.

BUTTRY, S. O básico da verificação: regras para seguir. *In*: SILVERMAN, C. (ed.). **Manual de Verificação:** um guia definitivo para a verificação de conteúdo digital na cobertura de emergências. Traduzido pela Agência Paradox Center. European Journalism Center, s.d.

CÂMARA DOS DEPUTADOS. **PL 5596/2013, de 16 de maio de 2013.** Proíbe o uso de aplicativos e redes sociais na internet para alertar motoristas sobre a ocorrência de blitz de trânsito. Disponível em: <https://www.camara.leg.br/proposicoesWeb/fichadetramitacao?idProposicao=577194>. Acesso em: 19 mar. 2024.

CÂMARA DOS DEPUTADOS. **PL 7094/2017, de 14 de março de 2017.** Altera a Lei no 9.503, de 23 de setembro de 1997, que "institui o Código de Trânsito Brasileiro", para definir como crime disseminar, divulgar, difundir, em redes sociais e aplicativos de mensagens instantâneas, locais, datas e horários de atividade de fiscalização dos agentes da autoridade de trânsito. Disponível em: <https://www.camara.leg.br/proposicoesWeb/fichadetramitacao?idProposicao=2125310>. Acesso em: 19 mar. 2024.

CAMINHÃO tanque explode e provoca incêndio em posto de gasolina em Imperatriz. **Norte do Tocantins**, 15 ago. 2013. Disponível em: <https://www.nortedotocantins.com.br/08/2013/caminhao-tanque-explode-e-provoca-incendio-em-posto-de-gasolina-em-imperatriz/>. Acesso em: 19 mar. 2024.

CEPIK, M. A. C. **Espionagem e Democracia:** agilidade e transparência como dilemas na institucionalização nos serviços de inteligência. Rio de Janeiro: FGV, 2003. 232p.

CHEFE da máfia calabresa é preso na Itália graças à 'ajuda' do Facebook. **G1**, 16 mar. 2010. Disponível em: <https://g1.globo.com/Noticias/Mundo/0,,MUL1531223-5602,00-CHEFE+DA+MAFIA+CALABRESA+E+PRESO+NA+ITALIA+GRACAS+A+AJUDA+DO+FACEBOOK.html>. Acesso em: 19 mar. 2024.

CHIERZI, V.; FUENTES, M. R. A Growing Goldmine: Your LinkedIn Data Abused For Cybercrime. **Trend Business**, Mar. 28, 2023. Disponível em: <https://www.trendmicro.com/vinfo/us/security/news/cybercrime-and-digital-threats/a-growing-goldmine-your-linkedin-data-abused-for-cybercrime>. Acesso em: 07 mar. 2024.

CHOW, E. Police Use Google Street View to Solve Kidnapping Crime. **Gizmodo**, Jan. 08, 2009. Disponível em: <https://gizmodo.com/police-use-google-street-view-to-solve-kidnapping-crime-5126020>. Acesso em: 28 fev. 2024.

CISZEWSKI, A. Orkut fake dá cadeia. **IG Jovem**, 15 ago. 2008.

CNIS. **Cadastro Nacional de Informações Sociais.** Disponível em: <https://cnisnet.inss.gov.br/cnisinternet/faces/pages/perfil.xhtml>. Acesso em: 19 mar. 2024.

CNJ. **Banco Nacional de Mandados de Prisão.** Disponível em: <http://www.cnj.jus.br/bnmp/>. Acesso em: 19 mar. 2024.

COSTA, R. **Inteligência policial judiciária:** os limites doutrinários e legais na assessoria eficaz à repressão ao crime organizado. Rio de Janeiro: Brasport, 2018.

COULTER, C. Crew tied to 200 burglaries busted after boasting in social media pics: AG. **Fox News**, Aug. 07, 2023. Disponível em: <https://www.foxnews.com/us/crew-tied-200-burglaries-busted-after-boasting-social-media-pics-ag>. Acesso em: 12 mar. 2024.

CRESCENTI, M. Polícia italiana usa redes sociais para prender pichadores. **BBC News Brasil**, 03 set. 2014. Disponível em: <https://www.bbc.com/portuguese/noticias/2014/09/140826_grafite_redes_mc_lk>. Acesso em: 28 fev. 2024.

DA REDAÇÃO. 'Prefeita ostentação' é presa pela polícia civil no Maranhão. **Veja**, 25 out. 2017. Disponível em: <https://veja.abril.com.br/brasil/prefeita-ostentacao-e-presa-pela-policia-civil-no-maranhao>. Acesso em: 12 mar. 2024.

DA REDAÇÃO. Polícia descobre plantação de maconha na Suíça por meio do Google Earth. **O Tempo,** 29 jan. 2009. Atualizado em 28 abr. 2013. Disponível em: <https://www.otempo.com.br/mundo/policia-descobre-plantacao-de-maconha-na-suica-por-meio-do-google-earth-1.534868>. Acesso em: 28 fev. 2024.

DAVEY, M. Suspect in 10 Kansas Murders Lived an Intensely Ordinary Life. **New York Times**, Mar. 06, 2005. Disponível em: <http://www.nytimes.com/2005/03/06/us/suspect-in-10-kansas-murders-lived-an-intensely-ordinary-life.html>. Acesso em: 19 mar. 2024.

DIAS, V. R. C. S.; SILVA, V. de A. **Psicopatologia e Psicodinâmica na Análise Psicodramática.** Vol. V. São Paulo: Ágora, 2016.

FALCONI, C. E. Navegação Aérea – Como converter coordenadas geográficas. **Piloto Policial**, 21 set. 2009. Disponível em: <http://www.pilotopolicial.com.br/navegacao-aerea-como-converter-coordenadas-geograficas/>>. Acesso em: 19 mar. 2024.

FANTINATO, G. Perfil no Instagram tenta identificar invasores do Congresso. **Tecmundo**, 09 jan. 2023. Disponível em: <https://www.tecmundo.com.br/mercado/257955-perfil-instagram-tenta-identificar-invasores-congresso.htm>. Acesso em: 28 fev. 2024.

FATIH, T.; BEKIR, C. Police Use of Technology to Fight Against Crime. **European Scientific Journal**, vol. 11, n. 10, Apr. 2015, p. 286-296. Disponível em: <http://eujournal.org/index.php/esj/article/download/5426/5322>. Acesso em: 28 fev. 2024.

FERRO, C. M. **A Inteligência e a Gestão da Informação Policial:** conceitos, técnicas, tecnologias definidos pela experiência profissional e acadêmica. Brasília: Fortium, 2008.

FORDELONE, Y. Dados de 6,4 milhões de clientes são expostos no site da Eletropaulo. **Estadão,** 24 jun. 2015. Atualização em: 07 dez. 2022. Disponível em: <https://www.estadao.com.br/economia/radar-tecnologico/dados-de-64-milhoes-de-clientes-sao-expostos-no-site-da-eletropaulo/>. Acesso em: 27 mar. 2024.

FOTOS em redes sociais ajudaram polícia a desarticular quadrilha no RS. **G1 Rio Grande do Sul**, 10 nov. 2014. Disponível em: <http://g1.globo.com/rs/rio-grande-do-sul/noticia/2014/11/fotos-em-redes-sociais-ajudaram-policia-desarticular-quadrilha-no-rs.html>. Acesso em: 28 fev. 2024.

FREIRE, F. Polícia prende homem foragido há 18 anos após identificar imagem dele no Google Maps. **G1 Rio de Janeiro**, 10 ago. 2022. Disponível em: <https://g1.globo.com/rj/rio-de-janeiro/noticia/2022/08/10/policia-prende-homem-foragido-ha-18-anos-apos-identificar-imagem-dele-no-google-maps.ghtml>. Acesso em: 28 fev. 2024.

FREITAS, L. **20 Dicas para você detonar no Google.** 21 jun. 2012. Disponível em: <https://pt.scribd.com/document/102486450/20-Dicas-para-voce-detonar-no-Google>. Acesso em: 19 mar. 2024.

G1 RS; RBS TV. Golpe dos nudes: grupo criminoso ostentava em fotos nas redes sociais; 'nem tráfico dá tanto din'. **G1 Rio Grande do Sul**, 29 maio 2023. Disponível em: <https://g1.globo.com/rs/rio-grande-do-sul/noticia/2023/05/29/golpe-dos-nudes-grupo-criminoso-ostentava-em-fotos-nas-redes-sociais-nem-trafico-da-tanto-din.ghtml>. Acesso em: 12 mar. 2024.

G1 RS; RBS TV. Instituto de Previdência do RS cancela pagamento de 118 pensões irregulares desde 2015. **G1 Rio Grande do Sul**, 11 jul. 2019. Disponível em: <https://g1.globo.com/rs/rio-grande-do-sul/noticia/2019/07/11/instituto-de-previdencia-do-rs-cancela-pagamento-de-118-pensoes-irregulares-desde-2015.ghtml>. Acesso em: 28 fev. 2024.

G1 SC. Sequestrador diz ter planejado crime com informações de rede social. **G1 Santa Catarina**, 04 jun. 2014. Disponível em: <http://g1.globo.com/sc/santa-catarina/noticia/2014/06/sequestrador-diz-ter-planejado-crime-com-informacoes-de-rede-social.html>. Acesso em: 28 fev. 2024.

GILL, R. What are Sock Puppets in OSINT. **SANS**, Apr. 17, 2023. Disponível em: <https://www.sans.org/blog/what-are-sock-puppets-in-osint/>. Acesso em: 28 fev. 2024.

GOODMAN, M. **Future Crimes:** tudo está conectado, todos somos vulneráveis e o que podemos fazer sobre isso. São Paulo: HSM, 2015.

GOOGLE MAPS helps Italian police capture mafia fugitive. **CNN**, Jan. 06, 2022. Disponível em: <https://edition.cnn.com/2022/01/05/tech/gioacchino-gammino-google-maps-italy-mafia-intl-hnk/index.html>. Acesso em: 12 mar. 2024.

GOOGLE MAPS shows sunken car where missing man's body was found. **BBC**, Sep. 12, 2019. Disponível em: <https://www.bbc.com/news/world-us-canada-49677843>. Acesso em: 12 mar. 2024.

GOOGLE SEARCH. Site. Disponível em: <https://www.google.com/intl/pt-BR_ALL/search/about/>. Acesso em: 19 mar. 2024.

GOOGLE. **Denunciar conteúdo no Google.** Disponível em: <https://support.google.com/legal/troubleshooter/1114905>. Acesso em: 19 mar. 2024.

GRANVILLE, L. Z. et al. Investigação de Crimes Relacionados à Pedofilia Utilizando Metadados de Imagens. *In*: Eighth International Conference on Forensic Computer Science, 2013. **Proceedings...** Disponível em: <http://www.academia.edu/32192654/

Investiga%C3%A7%C3%A3o_de_Crimes_Relacionados_%C3%A0_Pedofilia_Utilizando_Metadados_de_Imagens>. Acesso em: 11 mar. 2024.

GRINBERG, F. Lutador acusado de espancar, matar e postar foto da vítima nas redes sociais é preso na Tijuca. **Extra**, 22 maio 2019. Atualizado em 23 maio 2019. Disponível em: <https://extra.globo.com/casos-de-policia/lutador-acusado-de-espancar-matar-postar-foto-da-vitima-nas-redes-sociais-preso-na-tijuca-23686484.html>. Acesso em: 28 fev. 2024.

HERN, A. Five stupid things Dread Pirate Roberts did to get arrested. **The Guardian**, Oct. 03, 2013. Disponível em: <https://www.theguardian.com/technology/2013/oct/03/five-stupid-things-dread-pirate-roberts-did-to-get-arrested>. Acesso em: 06 mar. 2024.

IACP SOCIAL MEDIA. **International Association of Chiefs of Police 2014 Social Media Survey Results.** Fall 2014. Disponível em <https://s3-eu-west-1.amazonaws.com/s3-euw1-ap-pe-ws4-cws-documents.ri-prod/9780323357722/Ch7/7-01-IACP-2014-Survey-Results.pdf>. Acesso em: 28 fev. 2024.

INTERNET WORLD STATS. Site. Disponível em: <https://www.internetworldstats.com/stats.htm>. Acesso em: 19 mar. 2024.

JESUS, A. Mídias sociais estão sendo usadas para vender drogas aos jovens. **TechTudo**, 01 mar. 2012. Disponível em: <https://www.techtudo.com.br/noticias/2012/03/midias-socias-estao-sendo-usadas-para-vender-drogas-aos-jovens.ghtml>. Acesso em: 19 mar. 2024.

JORGE, H. V. N.; WENDT, E. **Crimes Cibernéticos:** ameaças e procedimentos de investigação. 2.ed. Rio de Janeiro: Brasport, 2013.

JOSEPH, A. Laughing in the face of terror: Belgians respond to police request not to tweet details of their hunt for the Paris killers by posting hilarious pictures of their cats. **Daily Mail**, 23 nov. 2015. Disponível em: <https://www.dailymail.co.uk/news/article-3329998/Police-ask-Belgians-not-tweet-Brussels-raids-posted-pictures-cats.html>. Acesso em: 19 mar. 2024.

JUCESP. Site. Disponível em: <https://www.institucional.jucesp.sp.gov.br/>. Acesso em: 19 mar. 2024.

JULIAN Assange, fundador do WikiLeaks, é preso na embaixada do Equador em Londres. **G1**, 11 abr. 2019. Disponível em: <https://g1.globo.com/mundo/noticia/2019/04/11/policia-britanica-detem-assange.ghtml>. Acesso em: 28 fev. 2024.

JUSTIÇA DO TRABALHO – TRT DA 11ª REGIÃO (AM/RR). **Juiz do Trabalho usa as redes sociais para localizar reclamante que possuía créditos a receber.** 10 set. 2015. Disponível em: <https://portal.trt11.jus.br/index.php/main/666-juiz-do-trabalho-usa-as-redes-sociais-para-localizar-reclamante-que-possuia-creditos-a-receber> Acesso em: 28 fev. 2024.

JUSTIÇA DO TRABALHO. **Certidão Negativa de Débitos Trabalhistas.** Tribunal Superior do Trabalho, s.d. Disponível em: <https://www.tst.jus.br/certidao1>. Acesso em: 19 mar. 2024.

KAYA, A. E.; OĞUR, N. B. The impact of the COVID-19 pandemic on the interest in antidepressants: An analysis of worldwide internet searches with Google Trends Data. **Cureus**, vol. 15, n. 9, Sep. 19, 2023. Disponível em: <https://doi.org/10.7759/cureus.45558>. Acesso em: 28 fev. 2024.

KIRKPATRICK, D. **O Efeito Facebook:** os bastidores da história da empresa que está conectando o mundo. Rio de Janeiro: Intrínseca, 2011.

LAGO, C. do. Candidatos ricos receberam mais de R$ 13 milhões em auxílio emergencial. **Exame**, 12 nov. 2020. Atualizado em 13 nov. 2020. Disponível em: <https://exame.com/brasil/candidatos-ricos-receberam-mais-de-r-13-milhoes-em-auxilio-emergencial/>. Acesso em: 14 mar. 2024.

LEONARDI, M. **Tutela e Privacidade na Internet.** São Paulo: Saraiva, 2011.

LESSA, B. M. A invalidade das provas digitais no processo judiciário. **Conteúdo Jurídico**, 02 dez. 2009. Disponível em: <https://conteudojuridico.com.br/consulta/Artigos/18908/a-invalidade-das-provas-digitais-no-processo-judiciario>. Acesso em: 19 mar. 2024.

LEXISNEXIS. **Social Media use in Law Enforcement:** crime prevention and investigative activities continue to drive usage. Nov. 2014.

LUTAI, R. European intelligence services just signed up on social media: An analysis of secret services and social media platforms. **Studia Universitatis Babes-Bolyai,** Studia Europaea, vol. 67, n. 2, 2022, p. 199-223. Disponível em: <https://doi.org/10.24193/subbeuropaea.2022.2.08>. Acesso em: 06 mar. 2024.

MACEDO, D. Caught Web-Handed: Social Media Become Valuable Tool in Crime-Fighting. **Fox News**, Mar. 18, 2010, Last Update: Oct. 21, 2015. Disponível em: <https://www.foxnews.com/tech/caught-web-handed-social-media-become-valuable-tool-in-crime-fighting>. Acesso em: 28 fev. 2024.

MALINI, F.; ANTOUN, H. **A internet e a rua:** ciberativismo e mobilização nas redes sociais. Porto Alegre: Sulina, 2013.

MARON, D. F. How Social Media Is Changing Disaster Response. **Scientific American**, June 07, 2013. Disponível em: <https://www.scientificamerican.com/article/how-social-media-is-changing-disaster-response/>. Acesso em: 12 mar. 2024.

MÉXICO prende fugitivo exibicionista graças ao Facebook. **BBC News Brasil**, 14 out. 2009. Disponível em: <http://www.bbc.co.uk/portuguese/noticias/2009/10/091008_mexico_facebook_dg.shtml>. Acesso em: 28 fev. 2024.

MICROSOFT BING. **Palavras-chave de pesquisa avançada.** Disponível em: <https://help.bing.microsoft.com/#apex/18/pt-BR/10001/-1>. Acesso em: 28 fev. 2024.

MILLER, C. Facebook Fugitive Chris Crego Gives Police Plenty of Help, Current Status: "Arrested". **CBS News**, Feb. 09, 2010. Disponível em: <https://www.cbsnews.com/news/facebook-fugitive-chris-crego-gives-police-plenty-of-help-current-status-arrested/>. Acesso em: 28 fev. 2024.

MINISTÉRIO DA JUSTIÇA E SEGURANÇA PÚBLICA. **Ministério da Justiça e Segurança Pública auxilia Polícia Civil de GO na desarticulação de grupo especializado em fraudes por aplicativo de mensagens.** 04 set. 2020. Atualizado em 10 nov. 2022. Disponível em: <https://www.gov.br/mj/pt-br/assuntos/noticias/ministerio-da-justica-e-seguranca-publica-auxilia-policia-civil-de-go-na-desarticulacao-de-grupo-especializado-em-fraudes-por-aplicativo-de-mensagens>. Acesso em: 18 mar. 2024.

MINISTÉRIO DA JUSTIÇA. **Doutrina Nacional de Inteligência de Segurança Pública.** Revisão das Normas Metodológicas: Renato de Araújo Cardoso e Emerson Wendt. 3.ed. Brasília: Coordenadoria-Geral de Inteligência, Secretaria Nacional de Segurança Pública, 2010.

MORRIS, M. **The utilization and management of sockpuppets within online communities.** 2014. ProQuest Dissertations & Theses Global. (1535293528). Disponível em: <https://www.proquest.com/dissertations-theses/utilization-management-sockpuppets-within-online/docview/1535293528/se-2>. Acesso em: 28 fev. 2024.

MOSES, A. Snapped: camera thieves meet their match. **The Sydney Morning Herald**, Dec. 29, 2011. Disponível em: <http://www.smh.com.au/digital-life/cameras/snapped-camera-thieves-meet-their-match-20111229-1pdkw.html>. Acesso em: 19 mar. 2024.

NASCIMENTO, A. Juíza investiga Facebook e nega pedido de jovens por defensor no AC. **G1 Acre**, 02 maio 2015. Atualizado em: 04 maio 2015. Disponível em: <http://g1.globo.com/ac/acre/noticia/2015/05/juiza-investiga-facebook-e-nega-pedido-de-jovens-por-defensor-no-ac.html>. Acesso em: 28 fev. 2024.

NOBRE, M. **Choque de Democracia:** razões de revolta. São Paulo: Companhia das Letras, 2013.

NOTESS, G. R. Custom search engines: tools & tips. **Computers in Libraries**, vol. 28, n. 5, May 2008, p. 16-17. Disponível em: <https://eric.ed.gov/?id=EJ793034>. Acesso em: 06 mar. 2024.

O'HARROW JR., R. Cyber search engine Shodan exposes industrial control systems to new risks. **The Washington Post**, June 03, 2012. Disponível em: <https://www.washingtonpost.com/investigations/cyber-search-engine-exposes-vulnerabilities/2012/06/03/gJQAIK9KCV_story.html>. Acesso em: 06 mar. 2024.

OBSERVATÓRIO DA IMPRENSA. Relatório de inteligência confia em fontes abertas. **Observatório da Imprensa**, 11 dez. 2007, n. 463. Disponível em: <http://observatoriodaimprensa.com.br/e-noticias/relatorio-de-inteligencia-confia-em-fontes-abertas/>. Acesso em: 28 fev. 2024.

OLIVEIRA, B. G. de. **Google:** Ferramentas de ataque (e defesa) a sistemas. Grupo de Resposta a Incidentes de Segurança (GRIS), 2004. Disponível em: <https://securityinformationnews.files.wordpress.com/2014/02/gris-2005-a-001.pdf>. Acesso em: 28 fev. 2024.

OLIVEIRA, K. F. de. Estudo sobre os fatores que influenciam a decisão pela adoção do software livre em instituições públicas. **Tribunal de Contas da União**, 28 out. 2010. Disponível em: <http://portal.tcu.gov.br/biblioteca-digital/estudo-sobre-os-fatores-que-influenciam-a-decisao-pela-adocao-do-software-livre-em-instituicoes-publicas.htm>. Acesso em: 15 mar. 2024.

OMAND, D.; BARTLETT, J.; MILLER, C. Introducing Social Media Intelligence (SOCMINT). **Intelligence and National Security**, vol. 27, n. 6, 2012, p. 801-823, DOI: 10.1080/02684527.2012.716965.

PINHEIRO, P. P. **Direito Digital.** 3.ed. São Paulo: Saraiva, 2009.

PINHO, D. Advogado usa o Orkut para localizar devedor de pensão. **Consultor Jurídico**, 16 ago. 2008. Disponível em: <http://www.conjur.com.br/2008-ago-16/advogado_usa_orkut_localizar_devedor_pensao>. Acesso em: 28 fev. 2024.

PODER JUDICIÁRIO DE SANTA CATARINA. **Assaltante tem pena mantida pelo Tribunal por ostentação excessiva nas redes sociais.** 31 out. 2023. Disponível em: <https://www.tjsc.jus.br/web/imprensa/-/assaltante-tem-pena-mantida-pelo-tribunal-por-ostentacao-excessiva-nas-redes-sociais>. Acesso em: 12 mar. 2024.

POLÍCIA localiza suspeito de assassinato por fotos publicadas em rede social. **R7**, 14 nov. 2014. Disponível em: <https://noticias.r7.com/minas-gerais/policia-localiza-suspeito-de-assassinato-por-fotos-publicadas-em-rede-social-14112014>. Acesso em: 28 fev. 2024.

PRECISION COMPUTER INVESTIGATIONS. **How Computer Forensics Solved the BTK Killer Case.** Apr. 14, 2010. Disponível em: <https://precisioncomputerinvestigations.wordpress.com/2010/04/14/how-computer-forensics-solved-the-btk-killer-case/>. Acesso em: 11 mar. 2024.

PROULX, K. **Anonymity online and the perfect environment for cybercrime** (Order n. 29169290). 2022. ProQuest Dissertations & Theses Global. (2659299209). Disponível em: <https://www.proquest.com/dissertations-theses/anonymity-online-perfect-environment-cybercrime/docview/2659299209/se-2>. Acesso em: 28 fev. 2024.

PULERI, J. **Law enforcement and open source intelligence:** Evolution, technologies, and privacy issues. 2021. (Order n. 28496532). ProQuest Dissertations & Theses Global. (2532617701). Disponível em: <https://www.proquest.com/dissertations-theses/law-enforcement-open-source-intelligence/docview/2532617701/se-2>. Acesso em: 28 fev. 2024.

QUEEN'S final trip is most tracked flight in history. **Reuters**, Sep. 13, 2022. Disponível em: <https://www.reuters.com/world/uk/queens-final-trip-is-most-tracked-flight-history-2022-09-13/>. Acesso em: 12 mar. 2024.

RAKUTEN VIBER. **Política de Privacidade Viber.** Última atualização em: 22 ago. 2023. Disponível em: <https://www.viber.com/pt-pt/terms/viber-privacy-policy/>. Acesso em: 19 mar. 2024.

REDAÇÃO CONJUR. Com base em fotos do Facebook, juiz suspende auxílio-doença de trabalhadora. **Consultor Jurídico**, 31 maio 2015a. Disponível em: <https://www.conjur.com.br/2015-mai-31/base-fotos-facebook-juiz-suspende-auxilio-doenca>. Acesso em: 28 fev. 2024.

REDAÇÃO CONJUR. GOOGLE é condenado por imagem vexatória no serviço Street View. **Consultor Jurídico**, 20 dez. 2015b. Disponível em: <https://www.conjur.com.br/2015-dez-20/google-condenado-imagem-vexatoria-servico-street-view>. Acesso em: 12 mar. 2024.

REGISTROS pela internet diminui 30% do movimento nas delegacias do PR. **G1 Paraná RPC**, 04 set. 2012. Disponível em: <http://g1.globo.com/parana/noticia/2012/09/registros-pela-internet-diminui-30-do-movimento-nas-delegacias-do-pr.html>. Acesso em: 19 mar. 2024.

REINALDO FILHO, D. A exibição da prova eletrônica em juízo – necessidade de alteração das regras do processo civil? **Migalhas**, 06 out. 2006. Disponível em: <http://www.migalhas.com.br/dePeso/16,MI31031,21048-A+exibicao+da+prova+eletronica+em+juizo+necessidade+de+alteracao+das>. Acesso em: 19 mar. 2024.

REMIZOWSKI, L. Police identify Twitter user accused of making threat. **CNN**, Aug. 09, 2012. Disponível em: <https://edition.cnn.com/2012/08/08/justice/new-york-twitter-threat/index.html>. Acesso em: 28 fev. 2024.

RIBEIRO, A. G. Mulher morta após boato em rede social é enterrada em Guarujá, SP. **G1 Santos e Região**, 06 maio 2014. Disponível em: <http://g1.globo.com/sp/santos-regiao/noticia/2014/05/mulher-morta-apos-boato-em-rede-social-e-enterrada-nao-vou-aguentar.html>. Acesso em: 28 fev. 2024.

RODRIGUES, A. Abin confirma autenticidade de ameaça terrorista contra o Brasil. **Agência Brasil**, 14 abr. 2016. Disponível em: <http://agenciabrasil.ebc.com.br/geral/noticia/2016-04/abin-confirma-autenticidade-de-ameaca-terrorista-contra-o-brasil>. Acesso em: 28 fev. 2024.

ROMANO, R. A. Documento eletrônico pode ser utilizado como prova. **Consultor Jurídico**, 23 fev. 2011. Disponível em: <https://www.conjur.com.br/2011-fev-23/possivel-verificar-autenticidade-prova-documental-eletronica/>. Acesso em: 19 mar. 2024.

SAFERNET. **36.609 atendimentos e 4.634.872 denúncias.** Disponível em: <https://indicadores.safernet.org.br/indicadores.html>. Acesso em: 19 mar. 2024.

SHACHTMAN, N. How to Restore Spies Credibility: Go Open Source. **Wired**, Dec. 14, 2007. Disponível em: <https://www.wired.com/2007/12/how-to-restore/>. Acesso em: 28 fev. 2024.

SINIVEM. Site. Disponível em: <https://www2.sinivem.com.br/>. Acesso em: 19 mar. 2024.

SITES usam código escondido para encontrar câmeras roubadas na web. **BBC News Brasil**, 29 dez. 2011. Disponível em: <http://www.bbc.co.uk/portuguese/noticias/2011/12/111229_site_cameras_tp.shtml>. Acesso em: 19 mar. 2024.

STATISTA. **Leading countries based on number of LinkedIn audience as of January 2023 (in millions).** Disponível em: <https://www.statista.com/statistics/272783/linkedins-membership-worldwide-by-country/>. Acesso em: 19 mar. 2024.

STEELE, R. D. Site. Disponível em: <http://robertdavidsteele.com/>. Acesso em: 28 fev. 2024.

SULLIVAN, F. **The utilization of sock puppets in cyber intelligence operation.** ProQuest Dissertations & Theses Global. (1646872181). Dec. 2014. Disponível em: <https://www.proquest.com/dissertations-theses/utilization-sock-puppets-cyber-intelligence/docview/1646872181/se-2>. Acesso em: 28 fev. 2028.

SUPERIOR TRIBUNAL DE JUSTIÇA. Recurso Especial 947274. Relator: Ministro Castro Meira. Revista Eletrônica de Jurisprudência.

SUPERIOR TRIBUNAL DE JUSTIÇA. REsp. nº 1.660.168 – RJ (2014/0291777-1). Rel. Ministra Nancy Andrighi. Rel. para Acórdão Min. Marco Aurélio Belizze. Julgado em 08 maio 2018.

TAGTEKIN, O. **Open source intelligence:** A new era of information gathering. 2014. ProQuest Dissertations & Theses Global. (1615789970). Disponível em: <https://www.proquest.com/dissertations-theses/open-source-intelligence-new-era-information/docview/1615789970/se-2>. Acesso em: 28 fev. 2024.

TAILS. **Como Tails funciona.** Disponível em: <https://tails.net/about/index.pt.html>. Acesso em: 28 fev. 2024.

TARDÁGUILA, C. Correntes falsas de WhatsApp provocam linchamentos e mortes na Índia. **Época**, 02 jul. 2018. Disponível em: <https://epoca.globo.com/Analise/noticia/2018/07/correntes-falsas-de-whatsapp-provocam-linchamentos-e-mortes-na-india.html>. Acesso em: 28 fev. 2024.

TELEGRAM. **Política de Privacidade do Telegram.** Disponível em: <https://telegram.org/privacy/br>. Acesso em: 19 mar. 2024.

TRIBUNAL DE JUSTIÇA DO ESPÍRITO SANTO. Banco de mandados ajuda na prisão de foragido no Sul. 23 ago. 2012.

TRIBUNAL DE JUSTIÇA DO ESTADO DE SÃO PAULO. AG.INT.Nº: 1000393-30.2017.8.26.0189/50000. Relator(a): Roberto Mac Cracken. Comarca: Fernandópolis. Órgão julgador: 22ª Câmara de Direito Privado, Data do julgamento: 28 fev. 2019.

TRIBUNAL DE JUSTIÇA DO RIO GRANDE DO SUL. Agravo Interno nº 70015426174. 17ª Câmara Cível. Relator: Desembargadora Elaine Harzheim Macedo.

TRIBUNAL SUPERIOR DO TRABALHO. Processo: AIRR–170040-58.2005.5.12.0041. Data de Julgamento: 22 abr. 2009. Relator Ministro: Vantuil Abdala, 2ª Turma. Data de Publicação: DEJT 26 jun. 2009.

TRT DA 11ª REGIÃO. **Juiz do Trabalho usa as redes sociais para localizar reclamante que possuía créditos a receber.** 10 set. 2015. Disponível em: <https://portal.trt11.jus.br/index.php/main/666-juiz-do-trabalho-usa-as-redes-sociais-para-localizar-

reclamante-que-possuia-creditos-a-receber#:~:text=Foi%20com%20esse%20intuito%20que,vencido%20do%20munic%C3%ADpio%20de%20Parintins>. Acesso em: 19 mar. 2024.

UOL. EUA desmantelam rede online internacional de tráfico que vendia drogas para 3.000 usuários. **Tilt UOL**, 17 abr. 2012. Disponível em: <https://www.uol.com.br/tilt/noticias/redacao/2012/04/17/eua-desmatela-rede-online-internacional-de-trafico-que-vendia-drogas-para-3-mil-usuarios.htm>. Acesso em: 06 mar. 2024.

VAZ, C. Condenação de estudante que ofendeu nordestinos terá efeito educativo nas redes sociais. **Jusbrasil**, 24 jul. 2015. Disponível em: <https://www.jusbrasil.com.br/noticias/condenacao-de-estudante-que-ofendeu-nordestinos-tera-efeito-educativo-nas-redes-sociais/212151057>. Acesso em: 15 mar. 2024.

VESPA, T. Polícia identifica 5 suspeitos de linchamento no Maranhão. **Veja**, 13 jul. 2015. Disponível em: <https://veja.abril.com.br/brasil/policia-identifica-5-suspeitos-de-linchamento-no-maranhao/>. Acesso em: 28 fev. 2024.

WENDT, E.; BARRETO, A. G. **Inteligência Digital.** Rio de Janeiro: Brasport, 2013.

WENDT, E.; LOPES, F. M. **Investigação Criminal:** ensaios sobre a arte de investigar crimes. Rio de Janeiro: Brasport, 2014.

WHATSAPP. **Conteúdo Jurídico do WhatsApp.** Disponível em: <https://www.whatsapp.com/legal/>. Acesso em: 19 mar. 2024.

WILSON, T. Botnets and google dorks: New recipe for hacking. **Informationweek – Online**, London, Aug. 17, 2011. Disponível em: <https://www.proquest.com/trade-journals/botnets-google-dorks-new-recipe-hacking/docview/884146950/se-2>. Acesso em: 06 mar. 2024.

X CENTRAL DE AJUDA. **Como publicar fotos ou GIFs no X.** Disponível em: <https://help.twitter.com/pt/using-x/posting-gifs-and-pictures>. Acesso em: 19 mar. 2024.

YAMIN, M. M. *et al.* Mapping tools for open source intelligence with cyber kill chain for adversarial aware security. **Mathematics**, 2022, vol. 10, n. 12, 2054. Disponível em: <https://doi.org/10.3390/math10122054>. Acesso em: 28 fev. 2024.